dem lieben Vetter
Christian Bruhn;
dieses Buch zum
Amüsement, weil der
gemeinsame Grossvater
auch drin vorkommt.
Herzliche Grüsse an
der Jahreswende 1990/91:

Walther Deuser

WALTHER BENSER

Mein Leben mit der Leica

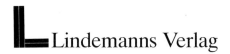
Lindemanns Verlag

Walther Benser
Mein Leben mit der Leica

© 1990 Deutsche Ausgabe
        Walther Benser und
        Lindemanns Verlag
        Nadlerstraße 10
        7000 Stuttgart 1

ISBN 3-928126-15-6

Lektorat: Joachim Krautz
Umschlaggestaltung: Miriam Lambert
Druck: Dr. Cantz'sche Druckerei, Ostfildern 1

INHALTSVERZEICHNIS

WALTHER BENSER:
»MEIN LEBEN MIT DER LEICA«

Walther Benser. Foto Dr. Benno Müller.

EINLEITUNG

Die Kölner »Photokina« habe ich seit den fünfziger Jahren fast jedes Mal besucht. Auch die Tatsache, daß ich mich seit 1975 fast ausschließlich meiner Bildagentur widmete, hielt mich nicht davon ab, auf der »Weltschau des Bildes« zahlreiche Freunde zu treffen, meist Mitarbeiter von Leitz- und Agfavertretungen aus der ganzen Welt. Mit allen hatte ich in den vergangenen Jahrzehnten während meiner Vortragsreisen Kontakt gehabt.

Einmal kam es zu einer Begegnung mit englischen Leica-Freunden, die mich auf irgendeinem Messestand erkannten und ansprachen. Das heißt, jemand, den man dreißig Jahre zuvor in einem Leica-Vortrag erlebt hat, ist natürlich kaum auf den ersten Blick zu erkennen. Sie hatten vielmehr das Namenschild an meinem Revers gesehen, und das brachte nun wiederum meine Vorträge in Erinnerung.

Es stellte sich heraus, daß sie die Verleger von »Hove Foto Books«, einem kleinen Verlag in Sussex, waren und sich auf Leicaliteratur spezialisiert hatten. Sie fragten mich, ob ich nicht Lust hätte, ein Buch über mein Leben mit der Leica zu schreiben. Ich schüttelte nur den Kopf: »Wen interessiert das heute noch?« Doch die beiden Leica-Freunde zeigten sich zuversichtlich: »Es gibt noch zahlreiche ältere Fotofreunde, die sich sehr gut an Ihre Vorträge sowie an ihr Buch COLOUR MAGIC erinnern. Und nicht nur sie haben Interesse an Ihren Erfahrungen.«

Die Erinnerung an lang zurückliegende Ereignisse und nicht zuletzt die freundliche Begegnung mit den beiden Engländern ließen mich schließlich einwilligen, daß bis zur Photokina 1990 ein Buch mit meiner Biographie vorliegen würde.

Bei meinen Erinnerungen an die frühen Wetzlarer Jahre war mir Dr. Ludwig Leitz, der letzte aus der Generation der Kinder des liebenswerten Dr. Ernst Leitz, eine wertvolle Hilfe. Dem 83-jährigen Sohn des Mannes, der den Entschluß faßte, die Leica-Kamera bauen zu lassen, verdanke ich viele Hinweise auf die von ihm mitgetragene weitere Entwicklung des Leica-Systems nach dem Tod von Oskar Barnack im Jahre 1936.

1

KAPITEL 1

»Bitte nicht anklopfen!«

... stand an der Tür zum Büro von Dr. Ernst Leitz, dem Seniorchef der Firma. Man hatte mich zu einem Vorstellungsgespräch bestellt und so war ich ganz bewußt etwas früher gekommen. Es gab kein Vorzimmer und somit auch keine Fragen nach meinen Personalien. Stattdessen befand ich mich in einer für mich ganz ungewöhnlichen Situation. Durch diese Tür sollte ich einfach so eintreten, ohne vorher wenigstens höflich anzuklopfen? Ich würde, wie man mir erzählt hatte, auf einen jovialen und freundlichen Herrn treffen. Dieser sei es gewesen, der 1924 – also vor knapp fünf Jahren – das Risiko auf sich genommen hatte, trotz eindringlicher Warnungen die neuartige Leica-Kamera bauen zu lassen: Dr. Ernst Leitz II, der heutige Seniorchef der optischen Werke Ernst Leitz in Wetzlar.

Nachdem ich meinen ganzen Mut zusammengenommen hatte und eingetreten war, sah ich einen älteren, weißhaarigen Herrn an seinem Schreibtisch sitzen, der mich freundlich musterte. Mit einer einladenden Handbewegung wies er auf den Stuhl ihm gegenüber, und fragte: »Hattest Du eine gute Reise von Berlin nach Wetzlar gehabt?« Diese freundliche Anrede löste auch den letzten Rest der scheuen Zurückhaltung, die mich einen kurzen Moment an der Tür hatte verharren lassen. »Ich habe nur drei Tage gebraucht.« Sein offenkundiges Erstaunen ließ mich dann aber hinzufügen: »... mit meinem Motorrad.

Er machte ein amüsiertes Gesicht und ließ mich sichtlich neugierig in meinem Bericht fortfahren. »Die Fahrt mit den zwei Übernachtungen in Jugendherbergen für zusammen drei Mark und den knapp 20 Litern Benzingemisch für den Zweitaktmotor kam mich auf den 500 Kilometern viel billiger als die Zugfahrt III. Klasse.« Der Seniorchef hörte sich meine Milchmädchenrechnung ruhig an und fragte dann ganz unscheinbar: »Und so ein Motorrad kostet rein gar nichts?« Da wurde ich puterrot und gab verlegen zu: »Das habe ich mir in Berlin als Laufbursche verdient!«

Dr. Leitz hatte mein Bewerbungsschreiben vor sich liegen, das ich im Spätsommer von Berlin an ihn geschickt hatte. Daraus las er mir einen Satz vor, den ich nun nur zu gerne zurückgenommen hätte: »Ich möchte bei Leitz das Filmen lernen und habe keine Lust mehr, in die Schule zu gehen.

Er räusperte sich und meinte, bevor ich auch nur den Versuch einer Rechtfertigung unternehmen konnte: »Zu Deiner Vorliebe für die Filmerei habe ich Dir schon geschrieben. Was Deine Abneigung gegen die Schule anbetrifft, so habe ich dafür aus eigener Erfahrung Verständnis.«

Dies war nun für mich ein ganz unerwarteter Rettungsanker: »Herr Doktor, das fing bei mir schon in der Sexta hier in Wetzlar an, als mich mein Klassenlehrer, der nur allzu schlagfertige Herr … (ich verschluckte den Namen) … mehrmals geohrfeigt hatte.«
Nun war es also heraus. Der Chef wußte, daß ich nicht zum ersten Mal in Wetzlar war. Aber ich fühlte mich wegen meiner Abneigung gegen die Schule verstanden.

Wir hatten 1923 in den Tagen der galoppierenden Inflation die gleichen Schlüsselerlebnisse gehabt – wenn auch in völlig unterschiedlichen Dimensionen. Der Geldwert war in den Oktobertagen so rasch verfallen, daß Dr. Leitz firmeneigenes, von ihm signiertes Notgeld herausgab. Die sogenannten »Gutscheine«, wie man sie intern nannte, wurden zunächst in Beträgen von 10, 20 und 50 Milliarden Mark ausgestellt. Die Geldentwertung verlief so schnell, daß Leitz am 9. November, gewissermaßen im Vorgriff auf die unmittelbar bevorstehende Währungsreform, ein Viertel der Löhne in Gutscheinen ausgab, die schon auf Pfennigbeträge lauteten. Diese Gutscheine konnten in vier Bäckereien und zwölf Lebensmittelgeschäften im Bezirk Wetzlar für den Einkauf der wichtigsten Lebensmittel verwendet werden. (Ein Laib Brot von vier Pfund kostete z. B. 80 Pfennig; ein Preis, der wie die anderen auf einer Liste verzeichneten Waren zwei Wochen später nach der Währungsreform dem neuen Preisniveau entsprach.) Diese nur für Mitarbeiter bestimmten Waren wurden mittels Devisen eingekauft, über die Leitz im Ausland dank der wieder angelaufenen Exporte frei verfügen konnte.
Gemessen an den beeindruckenden Anstrengungen von Leitz zum Wohl der damals 1500 Mitarbeiter war das Schicksal der Angehörigen anderer Wetzlarer Betriebe härter. Mein Vater zum Beispiel erhielt als Diplom-Ingenieur bei den Buderus-Eisenwerken in der Zeit, als ein Laib Brot über eine Milliarde kostete, sein Gehalt in täglichen Raten. Ich lief deshalb nach der Schule immer mit Mutters Einkaufszettel zu Vaters Büro Geld holen, um dann möglichst rasch Lebensmittel zu kaufen. Vor allem ging es um die Besorgung von Brot, das zuallererst ausverkauft, bzw. am Abend bereits wieder teurer geworden war.

In der Währungsreform wurde schließlich eine Billion – das ist eine Eins mit zwölf Nullen! – auf den Wert einer Rentenmark festgelegt.

Natürlich habe ich Dr. Leitz nicht mit all meinen Erfahrungen als 11-jähriger aufgehalten; er wußte ja viel mehr darüber als ich. Und doch war er nur zu gerne bereit, sich Begebenheiten aus jenen Tagen anzuhören oder mir mitzuteilen. Gelegentlich hielt er während unseres Gesprächs die rechte Hand hinter sein Ohr, sozusagen als stumme Bitte an mich, deutlicher und lauter zu sprechen. Ich war darauf vorbereitet worden, und hielt meine Berliner Quasselstrippe wohlweislich etwas im Zaum.

Daß ich aber nun in Wetzlar eine Laufbahn als technisch-kaufmännischer Lehrling begann, statt einem vagen Traum von mir nachzujagen, verdanke ich im Grund einem Irrtum. Ich muß daher etwas weiter ausholen und aus meiner Kindheit berichten, als wir ohne unseren Vater nach Berlin zogen. Und wie schließlich nach fünf Jahren erneut ein Kontakt mit Wetzlar und dem Haus Leitz zustande kam, der mich letztendlich zur Leica-Fotografie führte.

Der Umzug nach Berlin

Im Sommer 1924 zog meine Mutter mit uns drei Kindern nach Berlin, während unser Vater in Wetzlar blieb. Für diese Trennung fanden unsere Eltern eine diplomatische Begründung, nachdem sie die Scheidung beschlossen hatten. Sie sollte vorerst vor uns geheimgehalten werden, denn das Wissen um eine endgültige Trennung der Eltern hätte für Kinder unseres Alters, der Bruder 14, die Schwester 6 und ich knapp 12 Jahre, schwere psychische Folgen haben können.

Man sagte uns, daß der Vater einen festen Arbeitsplatz in Wetzlar hätte, während die Mutter sich in Berlin um die pflegebedürftigen Großeltern kümmern müßte.

Kaum in Berlin, war ich mit knapp 12 Jahren zum ersten Mal in einem richtigen Kino. Ich sah all die berühmten Filme der damaligen Zeit, soweit sie jugendfrei waren. 1924 gab es natürlich nur Stummfilme, doch ich fand sie alle wunderbar. Insgeheim faßte ich den Entschluß, zum Film zu gehen.

Als ich endlich sechzehn war, machte sich zu meinem großem Kummer der Stimmbruch bei mir immer noch nicht bemerkbar. Mit meiner Piepsstimme wurde ich für jünger geschätzt, als ich war. Wegen der ewigen Fragerei nach meinem Alter an den Kinokassen bat ich manchmal wildfremde Leute, mir ein Billet zu kaufen, um Filme sehen zu können, die für mich eigentlich erlaubt! – waren.

4

Auch meine Mutter half. Sie hatte in Berlin bei den Wilmersdorfer »Amorlichtspielen« ein Engagement, in dem sie als ehemalige Konzertpianistin einem sonderbaren Beruf nachging: Sie begleitete das flimmernde Leinwandgeschehen hoch über ihrem Kopf am Klavier. Was diese bedauernswerte Frau jeden Tag – und bei beliebten Programmen manchmal wochenlang – von fünf Uhr nachmittags bis elf Uhr abends am Klavier erdulden mußte, ist in der Rückschau kaum vorstellbar.

Immerhin gelang es mir, mit ihrer Hilfe interessante Filme zu sehen – und dazu noch gratis. Natürlich erlaubte sie mir nicht jeden Film. Sie konnte sehr gut beurteilen, was für mich nicht geeignet war. So ließ sie mich beispielsweise Murnaus »Nosferatu« mit dem neugierweckenden Untertitel »Die Symphonie des Grauens« nicht sehen. Mein drei Jahre älterer Bruder, der sich mitten im Jurastudium befand, hatte kein Verständnis für meine Sorgen. Zu meinem großen Ärger beriet er die Mutter in vielen Erziehungsfragen. Er las gerne und war dem Medium Film gegenüber viel kritischer eingestellt. (Den Film »Nosferatu« sollte ich erst 60 Jahre später im Fernsehen erleben!)

Ende 1927 gab es die letzten Stummfilme in den palastähnlichen Premierenkinos am Kurfürstendamm und in der Tauentzienstraße, ehe der Tonfilm sie ablöste. Mit dessen Siegeszug endeten auch die Gastspiele der großen Orchester. Der riesige Ufa-Palast beispielsweise bot bei Uraufführungen von Stummfilmen ein Orchester mit 65 Mann einschließlich Dirigenten auf.

In ihrem verhältnismäßig kleinen Kino sorgte meine Mutter auf dem Klavier ganz allein für den musikalischen Rahmen. Soweit ich mich erinnern kann, erhielt sie auch zum Film passende Noten, die sie allerdings nicht immer benutzte. Sobald sie den Hergang des Streifens kannte, begann sie zu improvisieren. Sie besaß ein großes musikalisches Repertoire, das sie sich während ihrer Laufbahn als Pianistin angeeignet hatte. Oft erntete sie mit besonders gelungenen Improvisationen spontanen Applaus.

Weil sie uns drei Kinder alleine zu ernähren hatte, suchte ich mir bald einen Job nach der Schule, um mein Taschengeld aufzubessern. Ich begann für einen bekannten Herrenschneider frisch gebügelte Hosen und fertige Maßanzüge zu seinen prominenten Kunden auszutragen. Bei dem freigebigen Kreis der illustren Berliner Gesellschaft stellte dies eine lohnende Nebentätigkeit dar.

Wegen der nur holprigen Deutschkenntnisse meines polnischen Schneidermeisters fiel mir bald die Rolle eines nahezu unentbehrlichen Dolmetschers zu. Vor allem für Telefongespräche war das wichtig, wobei ich zu meinem Verdruß nur allzuoft mit »Frollein«

angeredet wurde. Ich konnte auch ziemlich gut mit einer alten Schreibmaschine umgehen, auf der ich mit beiden Zeigefingern Mahnbriefe tippte. Je nach Höhe und Dauer der Außenstände verfaßte ich mehr oder weniger höfliche Zahlungsaufforderungen.

Zu den Anproben kamen nicht wenige der bekannten Stars von Bühne und Film, so z. B. der Regisseur Max Ophüls, der später mit dem Film »Der Reigen« noch berühmt werden sollte. Einmal erlebte ich auch Conrad Veidt, den einzigartigen Darsteller besonders unheimlicher und grusliger Gestalten in – leider nie jugendfreien – Filmen. Zu Hause erzählte ich, daß ich Conrad Veidt bei der Anprobe nur mit langen Unterhosen bekleidet gesehen hätte, worauf mein für seinen trockenen Humor bekannter Bruder lediglich meinte: »Zwischen Erhabenem und Lächerlichem ist es oft nur ein Schritt!«

Der damals schon berühmte Werner Krauss kam öfter. Er schenkte mir einmal eine Eintrittskarte für Max Reinhards »Deutsches Theater« als Botenlohn. Krauss spielte als viel bejubelter Mime den »Hauptmann von Köpenick«.

In meinem Herrenschneider- und Filmmilieu hörte ich eines Tages zufällig, daß zwei junge Regisseure auf der Suche nach Statisten für einen Dokumentarfilm seien. Die Chance, einmal nicht als neugieriger Zaungast, sondern ganz legal in der Ufa-Filmstadt Neubabelsberg sein zu dürfen, reizte mich sehr. Mehrere Anrufe im »Filmbabylon«, wo ich dank der Kundenliste des Schneiders einige Leute ansprechen konnte, ergaben nur, daß die jungen Regisseure vielleicht Robert Siodmak und Wilhelm Wilder sein könnten. (Aus letzterem wurde später der legendäre Billy Wilder.) Ich erfuhr auch, daß die beiden einen Dokumentarfilm planten, in dem sie nur mit Laienschauspielern typische Berliner Alltagssituationen darstellen wollten. Sie verfügten aber nur über bescheidene Mittel. Man gab mir ihre Telefonnummer, und als ich dort anrief, war Herr Siodmak am Apparat, der auch sogleich ein Treffen mit mir vereinbarte. Es war überraschend, mit welcher Selbstverständlichkeit er mir kurz die Pläne für den Film »Menschen am Sonntag« auseinandersetzte.

Da sie kein Geld hätten, könnten sie auch nicht in Studios drehen, was aber wiederum ihrem Thema sehr gut bekäme. Nur müßten sie halt auf trockenes, möglichst etwas sonniges Wetter warten. Er nannte mir eine Stelle im Zoo, die ich kannte. Dort würden sie einige Einstellungen und Szenen drehen, die im Manuskript vorgesehen wären. »Kommen Sie ruhig an einem sonnigen Tag; es muß kein Sonntag sein« scherzte er und meinte – obwohl er

6

nur mit mir telefoniert hatte – ganz spontan: »Ich kann so'n jungen Typ wie Sie gut gebrauchen!« Fortan behauptete ich, von einem Filmregisseur auf seiner Suche nach begabten Laienschauspielern entdeckt worden zu sein.

Ende Mai war das Wetter fast immer schön. Mit Rücksicht auf den Titel des Films zog ich meinen engen und viel zu warmen Konfirmationsanzug an und fand im Zoo bald die Stelle, wo einige so gar nicht nach Kino aussehende Leute emsig tätig waren. Siodmak war mit einem älteren Ehepaar beschäftigt, während ich zur Kamera gebeten wurde. Mein Auftritt bestand aus einem kurzen Lacher, den ich zuvor mehrmals proben mußte. Dann kam die Aufnahme, die ganze anderthalb Sekunden dauerte. Danach sagte der Kameramann »Gestorben!«, wobei er ein ganz zufriedenes Gesicht machte. Erst später erfuhr ich, daß die makabre Bemerkung im Filmjargon soviel wie »Aufnahme okay« bedeutet. Robert Siodmak, der in der Nähe stand, begrüßte mich. Spontan hielt ich seine ausgestreckte Hand fest, zog mich an ihn heran, als wollte ich ihm ein Geheimnis anvertrauen und brachte mein Anliegen vor: »Ich will zum Film!« Daraufhin legte er mir beide Hände auf die Schulter und meinte mit ernster Stimme: »Wenn Du unbedingt zum Film willst, solltest Du erstmal Kameramann werden.« Da hat es bei mir gefunkt!

Ein Motorrad und der Ursprung des Taxameters

Zu dieser Zeit verließ ich vorzeitig das Gymnasium mit der mittleren Reife – damals Obersekundareife genannt. Mit Feuereifer machte mich daran, verläßliche Auskünfte über den Beruf des Kameramanns einzuholen.

Von den ersparten Schneiderlöhnen und Laufburschentrinkgeldern gelang es mir endlich, einen lang gehegten Wunsch zu erfüllen: Ich erwarb ein Kraftrad. So nannte man die damals noch seltenen Motorräder. Meines war aber nicht irgendein Krad, sondern eine regelrechte Rennsportmaschine. Mit ihr wurden 1925/26 auf der Berliner AVUS erfolgreich Rennen gefahren. Hergestellt wurde das Rad merkwürdigerweise in einer Berliner Meßuhrenfabrik, die eigentlich nur Taxameter-Uhren und Fahrtenschreiber herstellte. Wegen der schlechten Geschäfte während der Weltwirtschaftskrise konstruierte man 1924 ein für damalige Begriffe sehr modernes Motorrad, das als Markenzeichen wie die Taxameter-Uhren ein »T.X.« führte. Der Benzintank bestand aus einem dicken Rohr, das gleichzeitig als Hauptrahmenträger diente. Wie dieser Tank vom tieferen Sattel bis zum Lenker und darüber hinaus schräg nach oben

Mit meiner heißgeliebten T.X.

zielte, erinnerte das Rad an eine Rakete auf Rädern, wobei der wuchtige Wasserkühlergrill ihm noch eine besonders professionelle Note verlieh.

Ich möchte dieses Krad zum Anlaß für eine Erinnerung nehmen, als ich 1919 kaum 7-jährig auf dem Schoß des Direktors dieser Taxameterfirma saß und atemlos seinen Berichten über seine abenteuerlichen Reisen durch das Italien des späten neunzehnten Jahrhunderts lauschte. Wer damals eilig zum Bahnhof mußte, der nahm eine Pferdedroschke; Autos gab es noch nicht. Solch eine Fahrt kostete einen bestimmten Betrag, der vorher abgesprochen wurde. Hier in Berlin funktionierte dies anstandslos, aber im Ausland war es oft schwierig. Um über Preise verhandeln zu können, mußte man etwas von der Sprache verstehen. So erzählte mir der alte Direktor Bruhn einmal von einem fürchterlichen Krach mit einem Droschkenkutscher in Rom. Der wollte ihn nämlich übers Ohr hauen ... »Nein, nein«, beruhigte er mich wegen meines entsetzten Gesichts: »Das sagt man so, wenn jemand einen beschummeln will.« ... und verlangte viel mehr, als die Fahrt eigentlich kosten durfte. In Erinnerung an den heftigen Disput, der darüber entbrannt war, fuchtelte der alte Herr aufgeregt mit beiden Händen in der Luft herum und gebrauchte viele fremd klingende Wörter wie »Carozza«, »troppo caro«, »non possibile« und »porcheria miseria«. Dies gehörte alles zum Aushandeln der Preise und manchmal kam sogar die Polizei hinzu.

Ärger und Ungerechtigkeit ließen Herrn Bruhn, der damals natürlich noch nicht Direktor war, keine Ruhe. Er hatte da so eine Idee, über die er mit einem geschickten Uhrmacher sprach. Der bastelte lange an einer speziellen Uhr, die durch eine besondere Konstruktion die Radumdrehungen eines Fahrzeugs in Metern registrierte und diese Messung in Preistaxen umsetzte. So entstand der Taxameter, der weltweit dem zeitvergeudenden und kostspieligen Feilschen um Fahrpreise für Pferdedroschken – und später für Mietautos, die man heute kurz »Taxis« nennt – ein Ende setzte. Ich saß bei diesem spannenden Bericht auf dem Schoß des Erfinders und war sehr stolz auf meinen Großvater, denn um ihn und keinen anderen handelte es sich dabei.

Als ich im Frühjahr 1929 in seiner Fabrik ein T.X.–Motorrad kaufen wollte, war mein Opa schon zwei Jahre tot. Seine Nachfolger, die mittlerweile die Produktion von Motorrädern wieder einstellen mußten, hatten mächtigen Spaß an den Berichten aus meiner Berliner Kindheit. Sie verkauften mir die einzige, noch vorhandene Rennsportmaschine zu einem Preis, der fast geschenkt war. Wie mir der nette Chefkonstrukteur und vormalige Werkfahrer versicherte, hatte mein Rad damals auf der AVUS eine Spitzengeschwindigkeit von 90 km erreicht. Ich habe mich nicht weiter nach Einzelheiten erkundigt, aber diese Rennerfolge waren neben dem laut knatternden Auspuff der – wenn auch nie eingestandene – Grund für den Kauf der Maschine.

Die neue Transportmöglichkeit war natürlich in den Augen meines Herrenschneiders völlig ungeeignet für das Ausliefern feiner Maßanzüge. Das brachte mich auf die Idee, in meiner übrigen Zeit für einen Gewürzgroßhändler auf dem kleinen, aber kaum gepolsterten Gepäckträger meiner Maschine Pakete mit Tuben, Beuteln, Päckchen und Gläsern auszufahren.

Mein Plan, auf diese Weise das Rad samt Betriebskosten zu amortisieren, schlug fehl. Bald gingen mir einige Kaperngläser zu Bruch, deren grüner Inhalt sich auf die übrigen Papierbehälter verteilte. Der Gewürzhändler runzelte nur die Stirn und ich versprach Besserung. Als aber das Motorrad umkippte und erneut etwas zu Bruch ging, verschwieg ich den Schaden. In der Lebensmitteletage des großen Kaufhauses »KDW« kaufte ich Ersatz für die verdorbenen Gewürze. Dort war es natürlich teurer als bei meinem Großhändler, aber ich konnte das Zeug doch nicht in den Läden kaufen, die ich belieferte. Das Geld dafür mußte ich bei meiner Mutter leihen. Nach sachlicher Erörterung im Kreis der Familie gab ich diesen Job schließlich auf. Mein Bruder konnte sich die Bemerkung nicht verkneifen: »Wir können es uns leider nicht leisten, Walther Geld verdienen zu lassen.«

Auf nach Wetzlar

Inzwischen war meine Mutter in ihrem Kino durch die ersten Tonfilme arbeitslos geworden. Sie gab nun wieder Klavierstunden. Gelegentlich musizierte sie mit einer befreundeten Dame aus Wetzlar, einer gewissen Frau Leitz.

Beide Frauen sprachen natürlich auch über ihre Kinder und Erziehungsprobleme. So auch über meine Ambitionen hinsichtlich der Welt des Films. Beide waren sich einig, daß die Großstadt Berlin Ende der Zwanziger Jahre für meine weitere Entwicklung nicht das richtige Pflaster wäre. Eine ordentliche technisch-kaufmännische Lehre in einer weniger turbulenten Umwelt wäre geeigneter für mich. Frau Leitz riet meiner Mutter, daß ich wegen dieser Lehre ganz offen ihrem Mann schreiben solle. Sie muß ihr dabei auch über eine »ganz neuartige Kamera« berichtet haben, die »mit Kinofilm« arbeite.

10

Meine in Foto- und Filmdingen völlig ahnungslose Mutter, machte die mir dort bevorstehenden drei Lehrjahre mit der verlokkenden Aussicht auf eine bei Leitz gebaute »Kinofilmkamera« schmackhaft. Ich hätte mit etwas mehr kritischem Sachverstand und einem kurzen Gespräch mit Frau Leitz selbst herausfinden können, daß man in Wetzlar nur einen Fotoapparat herstellte, der mit Kinofilm zum Fotografieren einzelner Bilder geladen wurde. So nahm ich aber in meiner Bewerbung unsinnigerweise auf eine Ausbildung zum »Kinokameramann« Bezug. Meine daran anknüpfende Begründung, ich hätte keine Lust mehr, zur Schule zu gehen, hätte mir wahrscheinlich bei jeder anderen Bewerbung jegliche Chance verwirkt, überhaupt eine Antwort zu erhalten.

Bald darauf kam jedoch ein Brief aus Wetzlar. In seiner freundlichen Antwort meinte Dr. Ernst Leitz, man könne mich zwar nicht an einer Filmkamera ausbilden, mich jedoch mit einer neuartigen und interessanten Fotokamera vertraut machen, die seit fünf Jahren einen deutlichen Wandel in der ganzen Welt der Fotografie verursacht hätte. Mit diesem Hinweis machte er mich auf eine Kamera namens Leica richtig neugierig. Nach einem Gespräch mit meinem Bruder, der sich schon länger mit fotografischen Dingen befaßt und ebenfalls von dieser bahnbrechenden Kleinkamera für Cinefilm gelesen hatte, beschloß ich, der Einladung zu folgen.

Wetzlar war mir natürlich von meiner Schulzeit her noch vertraut. Ich dachte weniger an den strengen Klassenlehrer, als vielmehr an einige gute Freunde aus der Schule, die ich nun wiedersehen würde. Leider war mein Vater zwei Jahre zuvor einem Ruf an ein wirtschaftswissenschaftliches Institut im Ruhrgebiet gefolgt. Ich hätte ihn gerne während dieses wichtigen Lebensabschnittes in meiner Nähe gewußt.

Mit Herrn Leitz hatte ich in einem höflichen Dankschreiben vereinbart, daß ich mich am 1. November 1929 bei ihm vorstellen würde. Einige Briefe an frühere Schulfreunde halfen alte Kontakte wieder aufzufrischen. Sicher würde ich sie in der ersten Zeit brauchen können. Mein Motorrad sollte mich nach Wetzlar bringen. Auf Bitten meiner – wegen der langen Strecke besorgten – Familie begann ich ein regelrechtes Reisetraining mit einem Ausflug an die etwa 160 Kilometer entfernte Ostsee. Das dauerte zwei Tage, wobei ich feststellte, daß ich pro Tag maximal ca. 150 Kilometer zurücklegen konnte. Die Landstraßen damals waren absolut nicht mit den heutigen zu vergleichen. Sie waren geradezu gespickt mit im wahrsten Sinn des Wortes »unvorhersehbaren« Schlaglöchern, die mir auf meinem Krad zum Verhängnis werden konnten.

Kurz nach meinem siebzehnten Geburtstag machte ich mich dann endgültig auf den Weg nach Wetzlar. Nach meiner Ankunft konnte ich mich bei einem alten Klassenkameraden erst einmal von den Strapazen der Reise erholen. Wir fanden bald ein kleines möbliertes Dachzimmer mit Ofenheizung und einer blechernen Waschschüssel auf einem dreibeinigen Eisengestell für monatlich 30 RM Miete, was angesichts meiner begrenzten Mittel angemessen war.

Um Kosten und Preise von damals mit den heutigen zu vergleichen, kommt man – von Ausnahmen abgesehen – mit einem Umrechnungsfaktor von 1:6 auf einen annähernden Vergleichswert. Mein monatliches Budget, das sich aus den 100 RM meiner Mutter plus meinem Anfangslehrlingsgehalt von 30 RM zusammensetzte, würde also 1:6 umgerechnet heute rund DM 780.– gleichkommen. Das dürfte heute hierzulande auch etwa dem Existenzminimum für eine Einzelperson gleichkommeen.

Ich fühlte mich aber keineswegs als Sozialfall. Vergleiche hinken immer etwas, und die Ansprüche eines Jugendlichen von damals sind mit denen eines Jugendlichen von heute nicht zu vergleichen.

In der Leitz'schen Lehrlingswerkstatt

Mit dem Umzug in eine Kleinstadt von rund 14000 Einwohnern brach für mich eine ganze Welt zusammen. Täglich stand ich nun mit 30 anderen Lehrlingen acht Stunden lang an meiner Werkbank in der Lehrlingswerkstatt von Leitz. Jeder Neue, auch ein kaufmännischer Anfänger, mußte zuerst da durch. Meine erste Aufgabe bestand darin, aus einem dicken, etwa faustgroßen Stück Rundeisen einen absolut gleichmäßigen, rechteckigen Würfel zu feilen. Neben meinem Schraubstock lagen diverse andere Werkzeuge, deren Handhabung ich noch kennenlernen sollte.

Ich langweilte mich sehr und hatte nur den einen Wunsch, diese erste Zeit bald hinter mich zu bringen. Deshalb rückte ich dem Eisenklumpen in meinem Schraubstock mit Feuereifer zu Leibe. Ich hatte mir fest vorgenommen, alle sechs Flächen in gleichmäßigen Winkeln akkurat zugefeilt möglichst bald vorzeigen zu können, mußte jedoch mit wachsendem Ingrimm erleben, wie der große Klumpen durch immer neue Korrekturen kleiner und kleiner wurde. Mehrmals kam es vor, daß ich fünf Flächen endlich maßgerecht geschafft hatte. Wenn dann die sechste Fläche nur minimal zu stark abgefeilt wurde, mußten natürlich die anderen fünf erneut korrigiert werden. Verzweifelt sah ich es noch so weit kommen, daß mein Endprodukt klein wie ein Maggiwürfel sein würde.

12

Eines Abends steckte ich das Ärgerstück in die Hosentasche und ließ es von einem mitfühlenden Mechanikus im Handumdrehen korrigieren. Am anderen Morgen zog ich mit dem Würfelchen eine kleine Schau ab. Ich maß mit strenger Miene die Winkel, um dann mit großer Sorgfalt die Feile so sanft über die Flächen zu ziehen, daß sie auch ja keinen Span mehr wegnehmen konnte. Doch als ich das fertige Stück zur Abnahme trug, schämte ich mich insgeheim doch ein bißchen.

Ich habe dieses »corriger la fortune« während der 40 Jahre meiner engen Verbindung mit der Firma Leitz immer geheim gehalten. Die relativ kurzen Erfahrungen in den verschiedenen Wetzlarer Werkstätten begründeten meine von Jahr zu Jahr wachsende Hochachtung für die dort geleisteten feinmechanischen und optischen Präzisionsarbeiten.

Erste Bilder mit der Leica

Inzwischen war es Frühjahr geworden. Viel Regen und auch die Schneeschmelze nach einem strengen Winter hatten die sonst so harmlose Lahn über die Ufer treten lassen. Das steigende Hochwasser überspülte mehrere Zufahrtstraßen nach Wetzlar. So etwas hatte ich in meinem ganzen Leben noch nicht gesehen. Augenzeugen berichteten, wie trotz der gesperrten Braunfelserstraße einige Autos durch das noch flache Wasser gefahren seien. Regelrechte Wasserfontänen hätten dabei nach links und rechts gespritzt. Ich wollte das unbedingt fotografieren. Das Wochenende stand bevor, wobei es damals bereits einen halben freien Samstag gab. Die Erwartung der kommenden Ereignisse versetzte mich in Hochstimmung, oder besser in »Hochwasserstimmung«. Denn ganz im Stillen hatte ich gehofft, daß die Lahn in den nächsten Tagen noch weiter steigen möge. Dabei dachte ich an die Flutwasserkatastrophe von 1920, als Oskar Barnack mit seiner Ur-Leica – später oft veröffentlichte! – Bilder von Booten machte, in denen Einwohner durch die überflutete Langgasse ruderten.

In meiner Werkstatt hatte ich noch am Samstagmorgen während der Frühstückspause meinen Wunsch nach einer »richtig echten, fotogenen Hochwasserkatastrophe« etwas zu laut artikuliert. Der sonst eher gemütliche Werkmeister war regelrecht in Rage geraten, als ihm das irgendjemand zugetragen hatte. Ich ging daraufhin zu ihm, um ihn mit einiger Mühe wieder zu beruhigen. Wie konnte ich auch ahnen, daß sein Elternhaus ausgerechnet in der Straße stand, wo das Hochwasser damals buchstäblich bis in die gute Stube gedrungen war.

Meine ausgeliehene Leica I mit dem
aufgesetzten FOFER-Entfernungsmesser.

Für das Wochenende hatte ich mir eine Leica I geborgt. Alle
Leitz-Mitarbeiter konnten sich für eine bestimmte Zeit eine
Kamera ausleihen. Natürlich bekam ich nur eine gebrauchte
Leica I. Intern wurde diese schon seit 1925 gebaute Kamera
»Modell A« genannt, um sie von der Leica mit Compurverschluß –
»Modell B« – zu unterscheiden. Nicht ganz zufrieden war ich mit
dem periskopartig aufragenden Entfernungsmesser, der verhinderte, daß man die Kamera einfach in die Hosentasche stecken
konnte. Es gab damals als Neuheit auch schon einen Entfernungsmesser, der waagrecht – also liegend – auf die Leica I geschoben
werden konnte.

Ein fortgeschrittener Lehrling unterwies mich in einem Schnell-
kursus in ihrer Handhabung. Er selbst konnte mit der Leica schon
recht souverän umgehen. Sein ebenfalls bei Leitz arbeitender Vater
hatte Julius, so hieß der Lehrling, schon frühzeitig zu einem Leica-
Fan herangezogen. Julius hatte mir bald die Grundzüge beige-
bracht, also Film einlegen, Entfernung messen sowie Blende und
Belichtung feststellen. Dann überließ er mir noch zwei volle
Filmkassetten für meine sonntägliche Hochwasserexkursion.

So ging ich also nun allein mit »meiner« Leica spazieren.
Natürlich war sie noch nicht geladen, da ich mich zuerst mit der
Kamera vertraut machen wollte – und mußte! In der malerischen

14

Die Altstadt von Wetzlar, die das Thema meiner ersten Leica-Bilder war. Das helle Gebäude auf der linken Seite ist das Hausertorwerk, wo ich in der Leica-Justierabteilung gearbeitet habe. Das Hauptwerk der Firma Leitz liegt im Rücken des Fotografen auf der anderen Seite der Lahn.

Wetzlarer Innenstadt visierte ich mit ernster Miene alle möglichen Motive prüfend im Quer- und Hochformat an. Wie ich von den sonntäglichen Spaziergängern angestaunt wurde, kam ich mir dabei ungeheuer wichtig vor.

Unversehens sprach mich ein wildfremder Herr an und wies auf meine Leica: »Sie müssen allerdings den Deckel vom Objektiv nehmen, wenn Sie ein Bild machen wollen.« Er lächelte dabei, und in seiner Stimme schwang kein Spott mit. Das half mir die Peinlichkeit meines dilettantischen Vorgehens zu überspielen: »Oh Gott, herzlichen Dank! Aber das ist das erste Mal; ich bin noch am Üben. Deshalb habe ich auch gar keinen Film drin.« Am gleichen Abend beschäftigte ich mich zum ersten Mal mit Literatur zur Leica, und zwar mit einem Lehrbuch des Wetzlarer Leica-Enthusiasten Fritz Vieth. Wieder einmal stellte ich fest, daß für mich jede nicht mündlich vermittelte Anleitung schwerer nachzuvollziehen war, als die direkte Unterweisung durch einen erfahrenen Kenner. Das galt auch für die damals erhältlichen Gebrauchsanweisungen. Hätte mir Julius das an sich einfache Einsetzen der Filmkassette zuvor nicht so gut erklärt, hätte ich nun bei dem Versuch, die erste Kassette selbstständig in die Leica einzulegen, Schwierigkeiten gehabt.

Am Sonntagmorgen war ich mit der Leica wie ein Jäger unterwegs. Mein Ziel war die überschwemmte Straße, zu der mir andere Schaulustige den Weg wiesen. Die Leica trug ich trotz des Tragriemens wie eine Reliquie vor mir her. Vor Ort fühlte ich mich, einem professionellen Reporter gleich, ganz in meinem Element. Eifrig machte ich mich ans Knipsen, und es dauerte auch nicht lange bis mein Film voll war – mit lauter Blödsinn.

Plötzlich kam Bewegung in die schaulustige Menge, als ein Auto laut hupend die Wasserfurt passierte. Links und rechts spritzten Fontänen – wirklich eine Szene von bildjournalistischem Wert. Die an den Straßenrand gedrängten Menschen machten bei ihrer Flucht vor dem Wasser groteske Sprünge. Und meine Leica? Kein Film mehr – ich mußte erst wieder neu laden!

In der Hoffnung auf eine Wiederholung ähnlicher Szenen drehte ich den Film schnell in die Kassette zurück und zog den sperrigen Entfernungsmesser von der Kamera. Natürlich gab es weit und breit keinen Tisch. Ich kniete mich daher auf den noch trockenen Asphalt, öffnete den Bodendeckel und nahm die Kassette aus der Kamera, die ich solange auf die Straße setzte. Ich wollte gerade mit der Zeremonie des Filmeinlegens beginnen, da ertönte hinter mir eine energische Frauenstimme: »Was denken Sie sich eigentlich dabei, Ihre Leica einfach in den Dreck zu legen? Sie sind wohl nicht ganz bei Trost!« Erschrocken erkannte ich die Frau des kaufmännischen Direktors bei Leitz. Sprachlos vor Schreck, aber froh, daß ein hilfreicher Mensch die Leica vom Pflaster aufgehoben hatte und sie mir hielt, legte ich den Film vollends ein.

Für diesen Tag war mir die Lust am Fotografieren allerdings genommen. Ich brach meine erste Fotoexkursion ab und trottete kleinlaut wie ein begossener Pudel zurück in die Stadt. Tagelang wartete ich mit Bangen auf eine Rüge wegen der nachlässigen Behandlung einer geliehenen Leica. Aber nichts geschah.

»Da kommt der Chef...«

...zischte mir plötzlich mein Nachbar an der Werkbank der großen Leica-Justierabteilung im Hausertorwerk zu. Ich drehte mich zum Eingang im hinteren Teil der Halle um. Dort stand tatsächlich der Seniorchef, Dr. Ernst Leitz, in der Tür. Wie mir mein Nachbar später erzählte, fänden die Visiten des Chefs stets unangesagt und für alle überraschend statt. Meistens träte er in einen der Gänge zwischen den Werkbänken, um dann systematisch durch die ganze Halle zu schreiten, bis er zum Schluß den Werkstattleiter in seinem Büro aufsuchte. Einmal eingetreten nahm der Chef zuerst die Schirmmütze – die sogenannte »Batschkapp« – vom Kopf und klemmte sie sich unter die linke Achsel. Die Rechte auf seinen Stock gestützt stand er barhäuptig vor dem Werkstattsaal, neigte

Dr. Ernst Leitz II

kurz den Kopf zum allgemeinen Gruß und begann seinen Rund-
gang. Diese Zeremonie besaß schon Tradition.

Natürlich konnte er nicht an jeder Werkbank Halt machen.
Dafür war die Zahl der Belegschaft – im Sommer 1930 immerhin
1878 Angestellte – bereits zu groß geworden. Aber jeder, den der
würdige, nunmehr bald 61-jährige Herr mit seinen scharfen Jäger-
augen erkannte, konnte gewiß sein, daß er zumindest mit einem
»Guten Morgen!«, vielleicht sogar mit einem Händedruck begrüßt
wurde. Die Form der Begrüßung konnte sehr unterschiedlich
ausfallen. Junge Mechaniker, manchmal die Söhne oder gar Enkel
noch beschäftigter Mitarbeiter, wurden oft mit ihrem Vornamen
und meist sogar mit »Du« angeredet, wobei ein familiäres »Na,
Bub, wie geht's uns denn?« nicht selten war. Das war dann auch ein
hilfreicher Gesprächsbeginn, wenn er sich nicht an den Namen,
wohl aber an das Gesicht erinnern konnte.

Der Chef erfuhr auf diesen Rundgängen natürlich auch viel
Neues von Wetzlarer Familien, was ihn manchmal zu spontanen
Ratschlägen oder auch Hilfeleistungen bewegte. Nie wurde es mir
so klar wie an diesem Morgen, warum im Werk ein solches Gefühl
der Zusammengehörigkeit möglich geworden war.

Ich ahnte im Übrigen, daß ich in wenigen Augenblicken ebenfalls
angesprochen und als »Bub« – in unmittelbarer Nähe neugieriger
Zuhörer – in ein möglicherweise vertrauliches Gespräch verwickelt

17

werden könnte. Ich fürchtete zudem, daß er mich nach meiner alten Leidenschaft fürs Kino fragen könnte; oder ob ich seinem Rat folgend mir in der Zwischenzeit mal eine Leica ausgeliehen hätte, um das Fotografieren zu üben. Vielleicht war ihm sogar der Vorfall mit der Leica, die ich einfach aufs Straßenpflaster gelegt hatte, zu Ohren gekommen. Bevor es soweit käme, mußte ich mich aus dem Staub machen. Also ergriff ich vorsorglich ein Holztablett, mit dem wir jeweils die zum Justieren notwendigen Einzelteile in der Materialausgabe zu holen pflegten, und schlich mich durch den schmalen Gang an dem gerade in eine angeregte Plauderei vertieften Chef vorbei aus der Halle hinaus.

Eine kleine Sensation in Wetzlar

Vielleicht haben Sie sich bei meinem Bericht über die mißlungene Leica-Hochwasserreportage schon gefragt, warum ich mich nicht einfach auf mein Motorrad gesetzt hatte, um die verschiedenen Orte, an denen während des Hochwassers Aufnahmemöglichkeiten entstanden waren, schnell zu erreichen. Aber in meiner Unerfahrenheit bin ich gar nicht darauf gekommen, was jedem Berufsfotografen heute eine Selbstverständlichkeit ist; nämlich einen für seine fotografischen Pläne geeigneten Ort zu suchen, d. h. »Location« zu machen, wie man heute sagt.

Außerdem hatte ich einen weiteren Grund, die T.X. nur zu fahren, wenn es unbedingt nötig war. Wenn ich mit dem nicht gerade leisen Krad durch die engen Wetzlarer Gassen donnerte, scharten sich bei jedem Halt sofort Neugierige um mich, die sich das seltsame Vehikel aus der Nähe ansehen und allerlei Fragen stellen wollten. Bei einer dieser Gelegenheiten erfuhr ich, daß der bekannte Rennfahrer Fritz von Opel in Berlin mit seinem Raketenauto »Rak 1« Höchstgeschwindigkeiten gefahren habe. Und genauso nannte man in Wetzlar mein Rad, nämlich RAK EINS.

Als ich 59 Jahre später wieder einmal nach Wetzlar kam, um meine Erinnerungen für dieses Buch aufzufrischen, hatte ich Schwierigkeiten. Der nun fast 90-jährige Werkmeister, in dessen Justierwerkstatt ich 1930 das Justieren lernte, konnte sich beim besten Willen nicht mehr an mich erinnern. So erzählte ich ihm von dem Motorrad aus Berlin, das jeden Morgen auf den Hof des Hausertorwerks angeknattert kam. Dabei simulierte ich mit der rechten Hand das Drehen am Gasgriff und imitierte das Aufheulen des Motors. Der alte Mann warf die Hände in die Höhe und rief auf gut Hessisch: »Rak Eins, de Binsr is do mit sei Muturud!«

18

KAPITEL 2

Gespräche mit Oskar Barnack

So formlos und ungezwungen, wie ich den ersten Kontakt mit dem Chef, Dr. Ernst Leitz, in Erinnerung habe, war auch die Begegnung mit Oskar Barnack, dem Erfinder der Leica. Ich sah diesem Tag mit einer Mischung aus Ehrfurcht und gespannter Erwartung entgegen. Vor meiner Versetzung in die Werkstatt von Oskar Barnack hatte ich manches über diesen außergewöhnlichen Mann erfahren. Er selbst erzählte mir nun von Berlin, wo er im Ortsteil Lichterfelde zur Schule gegangen und später auch Mechanikerlehrling gewesen war.

Als wir auf die Berliner Theater- und Filmwelt zu sprechen kamen, zeigte er sich sehr interessiert. Ich fühlte mich in diesem Moment von der heimlichen Furcht befreit, daß Barnack ein Gespräch über Fotografie mit mir anfangen könnte, bei dem sich meine geringen fotografischen Kenntnisse, vor allem in Bezug auf die Leica, offenbart hätten. Das Gegenteil war der Fall. Ich spürte bald, daß ihm ein Gespräch über Filmfotografie mehr als willkommen war. Die Art und Weise, wie er von seinem Fachwissen mitteilte, war bezeichnend für seine ruhige, verhaltene Art. Er dozierte nie, ja gelegentlich stellte er sogar seine eigene Meinung in Frage.

Offensichtlich sprach er gerne über das Thema Film. So blieb ich bemüht, unser Gespräch in Gang zu halten. Recht interessant war, seine Meinung über den Tonfilm zu erfahren, der ja 1930 noch ziemlich neu war. Bei aller Würdigung der erstaunlichen Fortschritte durch den Ton sah Barnack auch die Gefahr einer Niveauverflachung. Dies mache der »Rausch am Geräusch« bei den amerikanischen Revuefilmen besonders deutlich. Er fragte mich, ob ich das ablehnende Urteil des genialen Regisseurs Ernst Lubitsch kenne, der seinem Ärger über das »um sich greifende Gequatsche im Tonfilm« Luft gemacht habe. Ich kannte es nicht, fand aber Barnacks Berliner Ausdrucksweise höchst amüsant.

Sehr beachtlich fand Barnack einen der neuesten Tonfilme, der gerade im nahen Frankfurt gespielt wurde: »Sous les toits de Paris« (»Unter den Dächern von Paris«) von dem angesehenen Regisseur René Clair. Hierbei sei ein künstlerisch wertvoller Tonfilm entstanden, bei dem Sprache allerdings kaum vorkomme. In den Kritiken, die ihn mit Recht als meisterhafte Leistung würdigten, sei sogar die Frage aufgeworfen worden, ob der nahezu vollständige Verzicht des Regisseurs auf den Dialog nicht auch ein Protest des Regisseurs gegen den Tonfilm sei.

Ich vermutete das auch, aber Barnack glaubte an einen ganz anderen Grund. Seit Beginn des Tonfilms mußte nämlich die Kamera mit dem Operateur – so nannte man damals den Kameramann – in schalldichte Kabinen verbannt werden. Dadurch wurden die Kameras aber wieder so unbeweglich, wie sie es bis 1909 immer gewesen waren. René Clair hätte also auf die besonderen Stärken seiner Kunst verzichten müssen und fand so einen Mittelweg. »Sous les toits de Paris«, das Lied, das den ganzen Film begleitet, sei wohl nur das Ergebnis des zeitweiligen Verzichts auf die unbewegliche Tonfilmkamera gewesen. Und diese Melodie scheine sich mit Windeseile zu einem Schlager zu entwickeln. Wir beide wußten damals weder etwas über Playback-Aufnahmen, noch über die Möglichkeit, Bild und Ton nachträglich zu synchronisieren.

Während dieser aufschlußreichen Betrachtungen schaute Oskar Barnack auf seine Uhr, die ihn an eine abendliche Verabredung zum Schach erinnerte. Verschmitzt lächelnd gab er mir zum Abschied die Hand, mit dem freundlichen Hinweis, daß ihn das gemeinsame Interesse am Film sehr gefreut hätte und wir das Gespräch gelegentlich fortsetzen sollten. Ich bedankte mich und erwiderte, daß mich seine Bemerkungen über Umbrüche in der Filmkameratechnik seit 1909 sehr neugierig gemacht hätten. Doch die Wahrheit war, daß mich Oskar Barnack mit seinen fundierten historischen Filmkenntnissen interessierte, und ich ihn mir für weitere Gespräche bereit halten wollte.

Unmittelbar danach kehrte ich in meine kleine Dachkammer zurück, um das Gespräch mit Barnack in Stichworten festzuhalten. Erst viele Jahre später sollte es sich als Glücksfall herausstellen, daß ich in Wetzlar von Anfang an ein kleines Tagebuch geführt hatte, dessen Seiten ich, auf Anraten meines älteren Bruders, regelmäßig der Mutter nach Berlin schickte. Weil mein Bruder zum Jurastudium an der Kieler Universität ebenfalls das Elternhaus verlassen hatte, waren wir uns beide einig geworden, der Mutter den Trennungsschmerz durch die Lektüre unserer Tagebuchseiten leichter zu machen.

Alle diese losen Blätter glaubte ich in den Ruinen unserer Berliner Wohnung restlos verbrannt. Erst 1988 tauchte durch Zufall ein alter Koffer wieder auf, der im Krieg zu Verwandten ausgelagert worden war. Er enthielt außer meinen Tagebuchaufzeichnungen auch die Aufzeichnungen der Gespräche mit Barnack und anderer Wetzlarer Ereignisse sowie die lange vermißten Tagebücher meiner Zeit als Kriegsberichter in Rußland und Italien.

20

Not macht erfinderisch

In den folgenden Wochen heftete ich mich regelrecht an Barnacks Fersen. Wann immer wir unser nächstes Gespräch haben würden, wollte ich besser vorbereitet sein; beispielsweise was das für Barnack so wichtige Jahr 1911 anbelangte. 1930 lebten natürlich noch einige Zeitgenossen Barnacks aus der Vorkriegszeit, ja sogar noch aus den Tagen, als er bei Leitz angefangen hatte. Dank der Tatsache, daß bei Leitz oft mehrere Generationen der gleichen Familie tätig waren, konnte ich durch die Vermittlung von Lehrlingskollegen einige recht informative Gespräche mit den Vätern, in einigen Fällen gar mit den Großvätern führen. Mich interessierte besonders, unter welchen Umständen Barnack bei Leitz angefangen hatte.

Was ich im Frühsommer 1930 so zusammentrug, war fast eine komplette »Lebensgeschichte der Leica«. Selbst solche Freunde der Fotografie, die nicht einmal daran denken könnten, jemals eine Leica in der Hand zu halten, wissen, daß mit der Leica die Fotografie auf perforiertem Film begann. Kenner, die den Werdegang der Leica ganz genau in Erfahrung bringen möchten, stoßen allerdings auf die verschiedensten Versionen dieser Geschichte.

Allgemein bekannt ist, daß Barnack ehe er zu Leitz kam, bei Zeiss in Jena gearbeitet hatte. 1911 wurde er der Firma von seinem ehemaligen Jenaer Arbeitskollegen Emil Mechau wärmstens empfohlen. Mechau hatte inzwischen bei Leitz eine interessante Tätigkeit gefunden.

Barnack hatte ursprünglich gezögert, eine Leitz'sche Einladung anzunehmen. Er schrieb nach Wetzlar, daß es doch nicht den Interessen der Firma dienlich wäre, einen Mann zu verpflichten, der auf Grund seines labilen Gesundheitszustandes regelmäßig ein bis zwei Monate im Jahr seinen Aufgaben nicht nachgehen könnte. Er sei auch nicht in der Lage, die medizinische Versorgung aus eigener Tasche zu bezahlen. Dr. Ernst Leitz I schlug trotz dieser Absage vor, Barnack solle zu einem persönlichen Gespräch nach Wetzlar kommen. Vielleicht war diese Einladung, um sie vielversprechender klingen zu lassen, auch mit dem Angebot verbunden gewesen, eine Woche zur Probe bei Leitz zu bleiben. So wurde es jedenfalls seinerzeit kolportiert. Wie dieser Kontakt dann auch immer zustande gekommen sein mag, sicher hat die Toleranz und Verständnis ausstrahlende Persönlichkeit von Dr. Ernst Leitz I einen väterlichen Eindruck auf Barnack gemacht. Er konnte in der Gewißheit, Verständnis für seine Situation gefunden zu haben, seine Arbeit in der Versuchsabteilung antreten.

Oskar Barnack (rechts) mit Ernst Leitz I

In Berichten über Barnacks Arbeit in Wetzlar ist oft eine wichtige Phase vergessen oder nur am Rande erwähnt worden. Seit 1912 hatte er sich intensiv mit einer professionellen Kinokamera beschäftigt. Diese baute er – damit die kommende Entwicklung vorwegnehmend – aus Ganzmetall. Das war zu jener Zeit, als man noch an Holzkonstruktionen festhielt, etwas ganz Neues gewesen. Das große Problem mit dieser Kinokamera war aber nicht die Konstruktion, sondern die Ungewißheit in Bezug auf die Belichtung der Filme gewesen. Um es genauer zu sagen: die damals schon in Scheiner-Graden angegebene Empfindlichkeit war von Mal zu Mal verschieden. Um die Vergeudung von vielen Metern Film zu vermeiden, sah Barnack nur die Lösung, den gerade gelieferten Film mit einem Fotoapparat Probe zu belichten. Diese Vorgehensweise würde statt mehrerer Meter nur wenige Zentimeter Film kosten. Und so baute Barnack eine kleine Kamera, in der Kinofilm an einem 18x24 mm großen Fenster mit Einzelbildtransport vorbeigeführt wurde. Die Kamera wurde mit einem kleinen Schlitzverschluß versehen. Das System der Verschlüsse war bereits bekannt.

Nun mußte eine Übereinstimmung von Foto- und Kinofilmkamera bei der Belichtung des Kinofilms erreicht werden. Wenn man mit einer bestimmten Schlitzbreite und Blendeneinstellung eine optimale Dichte des Negativs erreichte, so müßte bei gleichem Film und gleicher Entwicklung dasselbe Resultat mit der Kinofilmkamera zu erzielen sein.

22

Oskar Barnack hat vor fast 60 Jahren im ersten Heft von Emmermanns »Leica-Fotografie« (1931) in einem Bericht die Erfindung der Leica folgendermaßen beschrieben:

»Ich konstruierte 1912 meine erste Kinofilmkamera und kam dank des feineren Korns schnell auf den richtigen Weg. Eine Vergrößerung vom Kinobildformat auf Postkartengröße konnte sich schon sehen lassen. Doch ich war anspruchsvoller geworden. Für mich begann das eigentlich richtige Bild erst bei 13x18cm oder besser noch bei 18x24 cm. Dazu war aber das Kinobild zu klein. Da der normale Kinofilm wegen seiner Normung natürlich nicht breiter sein durfte, mußte ich ihn zu seiner äußersten Ausnutzung möglichst weit in der Länge verwenden. Ich nahm gleich die doppelte Kinobildbreite, also 24 mm breit und 36 mm lang, und siehe da: es wirkte gut. So entstand das Leica-Format. Nun begann die eigentliche Konstruktion der Leica...«

Barnack erwähnt hier mit keinem Wort die Zwangslage, in der er sich befand. Spätere Gespräche mit Paul Wolff untermauerten nur meine Schlußfolgerung: Barnack hat den Weg zur Leica auf dem Umweg über die Konstruktion eines »Hilfsgeräts zur vergleichenden Bestimmung der optimalen Belichtung seiner Kinofilme« gefunden.

Not macht eben erfinderisch. Diese Feststellung mindert den Ruhm des Pioniers der Kleinbildfotografie keineswegs. Ich frage mich allerdings heute, warum weder Barnack noch seine Zeitgenossen je dazu gestanden haben. Fürchtete man etwa, durch den Hinweis auf einen glücklichen Zufall die Einmaligkeit der epochemachenden ersten, in großen Serien gebauten Kleinbildkamera und das Genie ihres Erfinders zu schmälern? Es mag sein, daß sich die ersten Vorkämpfer der Fotografie auf Kinofilm scheuten, der Leica indirekt eine Zwitterherkunft nachzusagen. Zahlreiche Kommentare aus jener Zeit zeugen für diese Hemmungen. So hat beispielsweise Barnacks Sohn Konrad anläßlich des hundertjährigen Jubiläums der Leitz-Werke 1949 in seinem Artikel »Aus der Frühzeit einer Kamera« (Augustausgabe der Zeitschrift »Photo-Magazin«) die Kamera in der Hand seines Vaters »das erste Bastelmodell der späteren Leica« genannt. Mit keinem Wort erwähnt er die zweite große Leidenschaft seines Vaters, nämlich das Filmen. Auch in den Erinnerungen der nächsten Mitarbeiter Barnacks wurde die fast zufällige Entdeckung des Kinofilms als geeignetes neues Medium der Fotografie entweder gar nicht oder doch kaum mit solcher Offenheit wie von Paul Wolff erwähnt.

Immer wieder bekam ich von Anhängern des Kleinbildformats den Stoßseufzer zu hören: »Warum hat Oskar Barnack nur dieses viel zu breite Handtuch gewählt?« Dies war und ist die Ansicht zahlreicher Freunde eines kürzeren Formats: z. B. 24x32 mm oder gar 24x30 mm als Kleinbildformat. Formate über oder unter den klassisch gewordenen 36 Millimetern der Leica-Formatbreite würden aber einen ganz anderen Perforationsschritt – oder Lochabstand für den Laien! – bedingen. Die Leica-Breite fußt auf einem Perforationsschritt von 4,75 mm. Damit liegen jeweils acht Perforationslöcher auf den beiden Filmrändern. Eine Sonderperforation zugunsten anderer Formate würde ebenso abgelehnt werden wie etwa ein Vorschlag zur Veränderung des Abstands zwischen Eisenbahnschienen. (Man denke hierbei nur an die unterschiedlichen Spurbreiten in Rußland und im übrigen Europa.)

Barnacks Format wurde auch gelegentlich als »Goldener Schnitt« bezeichnet, was in der Tat den 1:1,666 cm dieses »Goldenen Seitenverhältnisses« auch entspricht. Die Tatsache, daß in der traditionellen Großformat-Fotografie – vor der Leica! – Formate wie 4x5, 6x7 cm oder Poster von 24x30 cm sehr beliebt gewesen waren, zwingt nun häufig viele Kleinbildfreunde zum Griff nach der Schere oder dem Korrekturstift. Wir haben daraus schon 1930 kein großes Thema gemacht, weil alles, was der erfahrene Oskar Barnack für richtig hielt, für uns eine Art Evangelium war.

Ich verzichte auf eine Aufzählung der Erfolge, die Oskar Barnack mit seiner nach und nach wesentlich verbesserten Ur-Leica hatte. Der ihm wohlgesonnene Dr. Ernst Leitz II nahm im Frühjahr 1914 sogar eine der beiden Prototypen auf eine USA-Reise mit. Trotz der sichtbaren Beweise der erstaunlichen Leistungen dieser Kamera war vorerst keine Rede davon, sie ins Produktionsprogramm aufzunehmen. Leitz hatte sich seit jeher hauptsächlich mit dem Bau von mikroskopischen Apparaturen, von Projektoren und Ferngläsern befaßt.

Als dann die wirtschaftliche Lage in den ersten Jahren nach Kriegsende auch für die international renommierte Firma Leitz das Schreckgespenst drohender Arbeitslosigkeit ankündigte, spielte man endlich mit dem Gedanken, mit der Kamera in Produktion zu gehen. 1923/24 wurden die ersten 31 Kameras, die damals noch nicht »Leica« hießen, als Prototypen mit den Nummern 100 – 130 von Hand gefertigt. Mit ihnen sollte erst einmal Marktforschung betrieben werden. Das Objektiv, ein Leitz Anastigmat 1:3,5/50mm wurde von Professor Max Berek berechnet, einem Wissenschaftler mit großer Erfahrung in der Herstellung hochwertiger Objektive. Der Schlitzverschluß der Kamera überlappte nun selbsttätig. Er glich die Geschwindigkeiten der beiden Rollos automatisch an, während das Bildzählwerk gleichzeitig beim Einzelbildtransport

24

weiterschaltete. Zum ersten Mal in der Geschichte der Fotografie schützte die Kamera den Benutzer vor unbeabsichtigten Doppelbelichtungen.

Die in Handarbeit hergestellten »Probe«-Kameras sollten nun von einer Reihe Berufsfotografen, Fotospezialisten, Wissenschaftlern etc. beurteilt werden. Die Meinungen waren zwiespältig. Unter denen, die die Kamera ablehnten, waren auch namhafte professionelle Fotografen. Selbst innerhalb der Firma entstanden regelrechte Fraktionen für und wider die Kamera. Eine endgültige, bis nach Mitternacht dauernde Sitzung im Jahre 1924 entschied schließlich Dr. Ernst Leitz II mit den Worten: »Barnacks Kamera wird gebaut.« Das Leica-Modell »A« – auch bekannt als Leica I ohne Auswechselfassung – ging zunächst mit dem Objektiv Elmax 1:3,5/50mm, später dasselbe Objektiv mit der veränderten Gravur Elmar 1:3,5/5cm, in Serienfertigung.

Über die »Karriere der Leica« ist bis heute von den verschiedensten Personen in aller Breite geschrieben worden. Dies ist mein Bericht darüber, wie die Leica entstand.

Das Bild wird zur Botschaft

Mehrere Wochen nach unserem ersten Gespräch suchte ich Oskar Barnack unter einem Vorwand auf. Ich hätte erfahren, daß ein bekannter Berufsfotograf aus dem Rheinland abfällig über die Leica, »diesen winzigen Fotoapparat«, geurteilt hätte. Das Selbstbewußtsein innerhalb der Firma in Bezug auf Dinge, die die Leica betrafen, hatte in der Zwischenzeit erheblich zugenommen.

Durch mein Klagen glaubte ich ihn ein wenig aus der Reserve locken zu können. Weit gefehlt! Barnack wußte zwar davon, schien aber gar nicht aufgebracht oder gar empört zu sein, wie ich es erwartet hatte. In seiner ernsten, aber humorvollen Art meinte er nur: »Gott sei Dank bin ich kein Berufsfotograf mit einem renommierten Fotostudio! Wäre ich's, würde ich kaum anders gedacht haben als er; vielleicht hätte ich mich nur etwas zurückhaltender ausgedrückt.«

Ich war verblüfft über dieses Maß an Toleranz. Und schon waren wir beim Thema, weil er mir anscheinend eine plausible Erklärung für den Widerstand mancher Berufsfotografen gegen die Leica geben wollte.

»Wir leben«, so meinte er, »schon seit Anfang der Zwanziger Jahre in einer Zeit, in der eine streng materialgerechte Fotografie besonders geschätzt wird. Von Jahr zu Jahr ist die Technik immer mehr verfeinert worden. Sogenannte Materialstudien sind nun groß in Mode, und die Werbung hat das neue Ausdrucksmittel lebhaft aufgegriffen. Objekte aus Metall, Holz und anderen Werkstoffen werden aus immer kleineren Bildwinkeln groß fotografiert. Die Schärfe dieser Bilder ist heute durch den Einsatz großer Plattenformate wie auch durch verbesserte Objektive unübertroffen. Nun halten diese Vorkämpfer des Großformats...«, meinte Barnack mit einem Anflug von Spott in der Stimme, »...überhaupt nichts vom Vergrößern. Nicht einmal vom Vergrößern nach Plattennegativen der 13 x 18 cm-Kameras! Die müssen ja aus der Haut fahren, wenn da von 24 x 36 mm-Negativen große Papierbilder gemacht werden. Wobei sich dabei kaum jemand über das gröbere Korn aufregt, von dem viele behaupten, die Bilder wirkten dadurch noch viel lebendiger!«

Dann fiel der Name eines Fotografen, den man bei Leitz seit längerer Zeit einen Leica-Pionier nannte: Dr. Paul Wolff. Barnack sprach mit Hochachtung von ihm und bezeichnete seine Bilder als einmalig. Er sagte mir nicht, daß Wolff sich vom Saulus zum Paulus gewandelt hatte. (Dies hörte ich wenige Tage später, als ich mich bei meinem Lehrlingskollegen Julius über Dr. Wolff erkundigte.) Von Barnack erfuhr ich, daß Paul Wolff bis Ende 1925 mit hohem Sachverstand und in bester Absicht vor dem Risiko einer Kleinbildkamera gewarnt hatte. Er änderte jedoch bald seine Meinung, nachdem er sich ernsthaft mit der Leica beschäftigt hatte. Von ihm stammten ein großer Teil der Bilder, die man bei Leitz für die Werbung verwendete.

Mein Interesse an der Leica und der Fotografie ganz allgemein hatte in der Zwischenzeit erheblich zugenommen. Und doch fühlte ich mich bei Gesprächen über Kinematografie vorläufig noch auf sichererem Terrain. So fragte ich Barnack, ob er sich noch an unsere Unterhaltung über die »unbewegte Kamera« erinnerte, was uns prompt wieder auf unser damaliges Thema zurückführte.

Seine erste Begegnung mit dem Film habe lange nach seiner Lehrzeit, aber noch in Berlin stattgefunden. Er habe 1895 einige kurze Filme von Louis Lumière gesehen, die im Vergleich mit anderen, mehr auf Albernheiten ausgerichteten Werken ein weit höheres künstlerisches Niveau aufgewiesen hatten.

«Der Name Lumière sagt Ihnen vielleicht im Moment wenig, aber Sie werden, wenn Sie sich mal mit der Geschichte der Fotografie seit Daguerre befassen, auf diesen Mann stoßen, der zu seiner Zeit auch ein bekannter Fotograf war. Seine Erfahrungen im Fotoatelier müssen sich auf seine Filmversuche ausgewirkt haben. Er hat mit seinen eher reportagehaften Filmen die Wirkungsmöglichkeiten des Filmschnitts aufgezeigt. Damals entwickelte sich die

Schnitttechnik aus dem Verlangen heraus, Reportagen zu zeigen. Bis 1908«, meinte Barnack, der sich nicht so genau an die Jahreszahlen erinnern konnte, »hatte man die Spielhandlungen eines Filmes genau so erlebt, wie man sie aus dem Theater kennt. Im Grunde hat die Filmkamera so gearbeitet, als ob sie im Parkettsessel säße und sich nicht vom Fleck bewegte. Jedes Filmbild – heute sagt man »Filmeinstellung« – hat also etwa die Länge einer Theaterszene gehabt.«

Während er all dies erzählte, nahm Barnack ein kleines Buch aus dem Schreibtisch, das von historischer Filmarbeit handelte, und las daraus vor, wie der Engländer David W. Griffith damalige Begriffe der Filmästhetik revolutionierte. Zwar bewegte sich die Kamera zu jener Zeit noch nicht, aber sie wechselte mit dem Schnitt den Standort und damit auch den Bildausschnitt. In den Filmen von Griffith habe es Nah- und Großaufnahmen gegeben, aber dank des Schnitts auch Einstellungen, die entferntere Szenen zeigten. Ebenso sei es Griffith gewesen, der bereits früh erkannt habe, welche suggestive Wirkung vom Licht ausgehe. Bis zu dieser Zeit seien die Filmfotografen zufrieden gewesen, ihre kunstvoll aufgebauten Szenen so zu beleuchten, daß nur kein Schatten entstände. Details, die im Dunkeln versanken, wurden nicht geduldet. Man machte etwa in der Weise Licht, wie ein heimkehrender Kleinbürger abends die alles erhellende Deckenbeleuchtung einschaltete. Mit den Produzenten habe Griffith allerdings erhebliche Schwierigkeiten gehabt, da sie sich anfangs auf diese »törichten Experimente, die nur Geld kosteten« nicht einlassen wollten.

Oskar Barnack bedauerte bei dieser Gelegenheit, daß er in der Zeit des Ersten Weltkrieges natürlich keinerlei Möglichkeit gehabt hatte, die Entwicklung des Films weiter zu verfolgen. Er habe jedoch mit seiner 1912 und 1913 konstruierten Filmkamera jede Gelegenheit genutzt, neben seinen Fotos mit der Ur-Leica auch einige kurze Filme zu drehen. Zwar habe ihm bald nach Ende des Krieges die weitere Arbeit an der Leica nicht viel Zeit für dieses Hobby gelassen, jedoch sei es ihm dann wieder möglich gewesen, mehr über amerikanische und englische Filmproduktionen in Erfahrung zu bringen.

Er kam auf den Monumentalfilm »Intolerance« zu sprechen, den Griffith 1916 gedreht hatte. Dafür soll sich ein von 70 Meter hohen Türmen umsäumter babylonischer Tempel 1,6 km in den Raum erstreckt haben. In dem Film sei ein Gelage des Königs Belsazar gezeigt worden, das allein eine Viertelmillion Dollar gekostet habe, und das babylonische Heer sei allen Ernstes von 16'000 Komparsen verkörpert worden.

Um diese kolossalen Szenen überhaupt in einem Bild erfassen zu können, habe Griffith seinen Kameramann nicht nur die Heerschar der 16'000 Babylonier, sondern auch die Riesenbauten der Tempel, Türme und Mauern von einem Fesselballon aus filmen lassen. Der war an seinen langen Seilen vom Erdboden aus zu dirigieren.

Der geniale Griffith habe sicherlich, wie Barnack meinte, späteren Regisseuren als Vorbild gegolten. Man brauche nur an den 1923 in den USA von Cecil Bound de Mille gedrehten Monumentalfilm »Die zehn Gebote« zu denken.

Stummfilme zu planen, die ohne Zwischentitel auskamen, sei erst in den Zwanziger Jahren gelungen. Der erste Film in reiner, unverfälschter filmischer Bildsprache sei ein Meisterwerk mit dem Titel »Der letzte Mann« unter der Regie des berühmten F. W. Murnau gewesen. In der Erinnerung an meine Berliner Jahre und an den mehrmaligen Besuch dieses Films konnte ich nur zustimmend mit dem Kopf nicken.

»Fühle mich unterbelichtet!«

Inzwischen war ich zusammen mit anderen Lehrlingen aus der Fotomontage in die Abteilung Projektion versetzt worden. Ebenso wie Barnacks Werkstatt lag diese im Werk am Hausertor. Zur Ausbildung zum technischen Kaufmann gehörte bei Leitz auch die Praxis an den Projektionsapparaten. Neben zwei winzigen Kleinbildprojektoren gab es sonst nur große Diaprojektoren bzw. Epidiaskope. »Uleja« hieß der kleine, schon 1926 herausgekommene »Lichtbildwerfer« – so der Prospekttext. Er war mit einem 80mm-Objektiv und einer 100-Watt-Birne ausgestattet. Mein in Berlin stehender Apparat – eine Laterna Magica mit Kerzenbeleuchtung – war von der Form her ähnlich, aber mit der Lichtquelle nicht zu vergleichen. Dagegen schien der Kleinbildprojektor »Gnom« zwar ein Zwerg, war aber mit dem beweglichen Dia-Bildschieber für meine Begriffe eine Wucht.

Ich mochte mich noch so in jene Leica-Abteilungen sehnen, die mir interessanter schienen; durch die Projektionsabteilung mußte ich durch – da führte kein Weg vorbei. Da Oskar Barnacks Werkstatt im gleichen Flügel darunter lag, sah ich ihn gelegentlich. Als wir uns eines Tages auf der Treppe begegneten, mußte er wohl an meinem Gesicht gesehen haben, daß mir meine augenblickliche Situation nicht so recht paßte, und forderte mich auf, mit in sein Arbeitszimmer zu kommen. Da saß ich völlig sprachlos da. Beide sagten wir kein Wort, bis ich schließlich das unerträgliche Schweigen mit einem »Ich fühle mich total unterbelichtet!« brach.

28

Ich wußte, daß er diesen Satz verstehen würde, da er selbst Mißgeschicke und ähnliches gelegentlich auf diese Weise kommentierte. Dann platzte ich mit dem lange zurückgehaltenen Geständnis heraus, wie ich mich voriges Jahr unter der falschen Voraussetzung beworben hatte, da ich doch im Grunde zum Film wollte. Mir war zum Heulen zumute. Barnack schien über meinen Gefühlsausbruch verwundert, aber gleichzeitig auch belustigt zu sein. Nach einer kurzen Pause fügte ich etwas verschämt noch hinzu: »Aber ich finde auch die Leica ganz toll. Ich will auf jeden Fall meine Lehrzeit hier abschließen.«

Mit diesem Bekenntnis mußte ich wohl in Barnack den Impuls ausgelöst haben, mir in dieser zwiespältigen Situation wieder auf die Beine zu helfen. Mit leiser Stimme sagte er, daß meine Laufbahn bei Leitz mir alle Möglichkeiten zu einer steilen Karriere böte. Ob ich – ohne Beziehungen in der Filmbranche zu haben – wirklich glaubte, dort bessere Aussichten zu besitzen, als sie mir hier durch die Leica-Fotografie offenständen? Ich wüßte doch selbst, daß noch Ende 1930 durch drei neue Wechselobjektive mit verschiedenen Brennweiten ein regelrechtes System zur Leica entstände. Leitz brauchte jetzt dringend technische Kaufleute mit vielfältigen Aufgabenbereichen. Als Beispiel nannte er Anton Baumann, einen früheren technischen Zeichner im Konstruktionsbüro. In seiner Freizeit hätte dieser gute Leica-Fotos gemacht und sie auf Diaplatten kopiert. Und nun sei er bei Fotoclubs mit großem Erfolg unterwegs und könne sich kaum vor Einladungen retten.

Barnack blickte mich freundlich an und entließ mich mit einem Händedruck. »Nun haben Sie erst mal Geduld und lernen Sie die Leica genau kennen!«

Knapp vier Jahre später, im Frühjahr 1934, hielt ich im »Großen Saal« des Zoos in Frankfurt die meist bis auf den letzten Platz besetzten Leica-Lichtbildvorträge. Wenn sie zu Ende waren, pflegte ich immer vorne auf der Bühnenrampe zu sitzen, denn von diesem erhöhten Platz aus konnte ich dem großen Kreis von Fragestellern Rede und Antwort stehen. Bei einem der Vorträge erblickte ich in der Zuschauermenge ganz plötzlich das Gesicht Oskar Barnacks. Meine erste Regung war, mit einer theatralischen Gebärde in den Saal zu rufen: »Dort steht Oskar Barnack, der Erfinder der Leica!« Ich tat es dann Gott sei Dank doch nicht, sondern stieg flugs von der Rampe und bahnte mir den Weg zu ihm durch. Er gab mir die Hand und sagte nur: »Ich freue mich für Sie und ich freue mich für uns.« Ich ergriff in diesem Augenblick mit beiden Händen seine Rechte, brachte aber kein einziges Wort heraus.

KAPITEL 3

»Warum Leica?«

Mein zweites Lehrjahr bei Leitz ging im Spätherbst 1931 nach langer und interessanter Mitarbeit in der von Heinrich Stöckler geleiteten Leica-Schule zu Ende.

Ich hätte den Wechsel in die »Photo-Korrespondenz« schon früher vornehmen können. Aber die Aufgaben in der Leica-Schule waren mir inzwischen so ans Herz gewachsen, daß es mir schwer gefallen wäre, die täglichen Erfolgserlebnisse bei meinen oft skeptischen und manchmal wesentlich älteren Schülern nicht mehr haben zu können.

Es war erstaunlich, die anfangs ungläubigen Fotohändler und die sich selbst als skeptisch bezeichnenden Amateure regelrecht umfallen zu sehen. Einen Teil der späteren Erfolge in den Leica-Vorträgen führe ich auf diese Erfahrungen zurück. Sie gaben mir mehr Selbstvertrauen, was ich angesichts von tausend und mehr erwartungsvollen Besuchern meiner Vorträge Abend für Abend auch dringend brauchte.

Bei der Vorführung des Gebrauchs des zusammenklappbaren Reprostativs STARE. Man beachte die FLOTH Senkschnur, die mit einer Klammer am 50mm-Elmar-Objektiv befestigt ist. Diese Vorrichtung wurde zur Bestimmung des Bildmittelpunktes verwendet.

Doch die neue Arbeit in der Photo-Korrespondenz versprach ebenfalls interessant zu werden. Ich wußte zwar, daß ich die erste Zeit fast nur hinter der Schreibmaschine verbringen würde, da nur die fertig ausgebildeten Kaufleute Texte diktieren durften. Man mußte sich im dritten Lehrjahr entscheiden, ob man sich künftig um »Makro und Mikro« oder um »Photo und Projektion« kümmern wollte. Die bedeutende Sparte »Photo«, d. h. die zum System herangereifte Leica, hatte inzwischen – was den Umsatz anging – alle anderen Bereiche deutlich überrundet. Meine Entscheidung für die Photo-Korrespondenz stand ja schon lange fest – nicht zuletzt dank des starken Einflusses Oskar Barnacks.

In der Photo-Korrespondenz saßen wir damals eng gedrängt in einem großen Saal des Hauptwerks. Dieser Arbeitsplatz hat sich mir während einer entscheidenden Zeit meines Leitz'schen Werdegangs optisch stark eingeprägt. Ich brauche nur die Augen zu schließen, um mich in Gedanken durch die Tür im dritten Stockwerk eintreten zu sehen. Mehrere Reihen von Schreibtischen. Auf der rechten Seite saßen sich jeweils zwei Herren an ihren Schreibtischen gegenüber; wir waren insgesamt zwanzig. Links dann die Einzeltische mit den acht Damen an ihren Schreibmaschinen. Nicht zu vergessen die drei weiblichen Angestellten in der Aktenregistratur, die uns an einer Theke in Stehpulthöhe die jeweils benötigten Aktenordner übergaben, die nur dort eingesehen werden durften.

Unter den Damen befand sich die hilfsbereite Tochter von Oskar Barnack. In Notfällen konnte man sich auf ihre flink über die Tasten eilenden Finger verlassen, wenn ein Brief mal bei Postschluß noch nicht fertig sein sollte.

Das hatte dann vielleicht an Herrn Ahl gelegen. Dem gestrengen Chef unserer Photo-Korrespondenz entging kein Kommafehler, geschweige denn irgendeine grammatische oder gar orthographische Entgleisung. Wer sich die häufige Korrektur stilistischer Eigenarten ersparen wollte, an der meist der halbe Saal akustisch teilnahm, der versuchte der Forderung nach klarer Diktion mit weniger Nebensätzen nachzukommen.

Dispute gab es bei meinen Versuchen, die oft kritisierten Gebrauchsanweisungen in eine verständliche Lesart zu übertragen. Ich konnte dank meiner gründlichen Praxis in der Leica-Schule gewisse Meinungsverschiedenheiten klären, weil der überpenible Herr Ahl die Leica mehr oder weniger nur in der Theorie kannte. Wenn Argumente sachlich, aber höflich vorgetragen wurden, zeigte er sich jedoch durchaus einsichtig.

Eine regelrechte Werbeabteilung existierte in Wetzlar noch nicht, wohl aber ein Drucksachenbüro, das – meist in Leipzig – die notwendigen Arbeiten bestellte. Allerdings gab es eine sehr gute, mittlerweise als klassisch anzusehende Leica-Werbung: Dies war die farbige Zeichnung des Münchner Werbegrafikers Ludwig Hohlwein. Sie zeigte einen beleibten, lachenden Herrn, der seine Brille auf die Stirn geschoben hatte, und die Leica ans Auge holt. Mit diesem Poster wartete Leitz jahrelang in den Speisewagen der D-Züge auf. Es zielte ganz bewußt auf Kunden aus dem gutbürgerlichen Milieu.

Der heute so geläufige Begriff des Werbefeldzugs war noch unbekannt. Die in jenen Tagen rasch bekannt gewordene Leica verdankte ihren Erfolg einerseits der Mundpropaganda, zum anderen den erfolgreichen Lichtbildervorträgen Anton Baumanns. Leica-Aufträge aus Städten, in denen seine Vorträge stattfanden, nahmen merklich zu. Man sprach damals nicht von Kleinbild, sondern sagte einfach nur »Leicaformat« und »Leicafilm«.

Diese Monopolstellung konnte natürlich auf Dauer nicht gehalten werden. 1932 kam die »Contax« von Zeiß-Ikon auf den Markt. Bei Leitz trug man es mit Fassung; die Kamera der Konkurrenz konnte schon rein äußerlich der Leica kaum das Wasser reichen. Trotzdem mußte mit Blick auf einige weniger sattelfeste Fotohändler eine Art Argumentationshilfe für die Leica geschaffen werden.

Im Mai 1932 wurde ich zu Direktor Henri Dumur gebeten, der um meine Bemühungen um angehende Leica-Pioniere und gute Leica-Fotos wußte. Er machte mich mit seinem Plan vertraut, für die besonderen Vorteile der Leica mittels einer Broschüre zu werben und brachte einige Beispiele, die darin Erwähnung finden sollten. »Lassen Sie sich das mal durch den Kopf gehen«, meinte Herr Dumur abschließend.

»Warum Leica?«, mein Vorschlag für den Titel dieser Broschüre, fand Zustimmung. Fortan saß ich hinter meiner Schreibmaschine und begann nach und nach mit zwei Fingern zwanzig Vorteile der Leica in die Tasten zu hämmern. Jedes Argument ersann ich mit einem – nicht eingestandenen – Seitenblick auf die aus Dresden aufgetauchte Konkurrenz. Deren Schlitzverschluß war aus Metall und lief senkrecht ab. Als Argument Nummer 11 hatte ich deshalb behauptet, daß der Ablauf des Leica-Schlitzverschlusses in Längsrichtung des Formats von allergrößter Wichtigkeit sei, da »Bewegungsvorgänge naturgemäß immer in Richtung ihrer größten Ausdehnung aufgenommen würden. Beispiele: Rennwagen von der Seite im Querformat und ein Turmspringer entsprechend im Hochformat.«

»Warum Leica?« – Direktor Dr. Dumur bat mich 1932 diese Broschüre zu entwerfen.

So weit, so gut. Aber dann verstieg ich mich im Dschungel der reinen Theorie: »Will man schnelle Bewegungen mit einem Schlitzverschluß verzeichnungsfrei fotografieren, muß der Schlitz der Bewegung des Bildes auf dem Film entgegenlaufen. Wird ein Rennwagen von rechts nach links fahrend fotografiert, so muß unter Berücksichtigung der Bildumkehrung der Verschluß ebenfalls von rechts nach links ablaufen. Dies ist der Fall, wenn man die Kamera wie üblich vor sich hält. Fährt der Rennwagen jedoch von links nach rechts, so muß man die Kamera einfach umgekehrt(!), also auf den Kopf gestellt(!), halten und hat dann dieselben Verhältnisse wie vorher. Wobei der Auslöser allerdings von unten(!) mit dem Daumen(!) bedient wird.«

Diese unmöglichen Fototips gehörten natürlich in den Bereich der reinen Fiktion. Wie überflüssig oder unsinnig es war, den Ablauf des Verschlußtuches für die Bildqualität der von rechts oder links kommenden Objekte verantwortlich zu machen, ist mir dann sehr bald klar geworden.

In diesem Zusammenhang möchte ich über eine wichtige Erfahrung berichten, die ich drei Jahre später machte. 1935 hatte ich die Gelegenheit, berühmte Rennfahrer wie Rudolf Carraciola, Bernd Rosemeyer und den kleinen »Teufelsfahrer« Nuvolari bei einem Autorennen zu erleben. Ein ehemaliger Besucher der Leica-Schule verschaffte mir Zutritt zur Pressetribüne, die genau gegenüber dem Startplatz auf dem berühmten Nürburgring lag. Links und rechts neben mir saßen wahre Spezialisten der Motorsportfotografie. Einige arbeiteten bereits mit der kurz zuvor herausgekommenen Leica IIIa. Ich genierte mich etwas, daß ich als der »Leica-Spezialist aus der Leica-Schule in Wetzlar«, wie mich mein ehemaliger Schüler vorgestellt hatte, nur die »alte« Leica III von 1933 umhängen hatte. Diesem Modell fehlte zwar nur die 1/1000 Sekunde, aber gerade hier schien mir dieses Manko entscheidend zu sein.

Auf der Pressetribüne, unter all den alten Hasen, wurde mir der Trick des Mitziehens der Kamera zum ersten Mal gezeigt. Ich erfuhr nach aufmerksamer Beobachtung, daß die Reporter von links vorbeirasende Wagen offensichtlich mit einem Schwenk in der Suchermitte zu halten und während der Kamerabewegung auszulösen verstanden. Ein Berichterstatter hatte besonders interessante Leica-Vergrößerungen bei sich. Sie waren beispielhaft für das Mitziehen, weil der Fahrer und der Wagen relativ scharf, alles übrige jedoch verwischt wiedergegeben waren. So wurde der Eindruck enormer Geschwindigkeit vermittelt. Die Fotos wollte er hinterher Rosemeyer geben, der darauf gut zu erkennen war. Sie stammten von einem der letzten Rennen, bei dem bereits Spitzengeschwindigkeiten von knapp 300 km erreicht worden waren. Wie viel ich aber bei diesen Leuten noch hinzulernen konnte, zeigte sich, als ich – naiv wie ich war – die 1/1000 Sekunde der Leica IIIa zu preisen begann. Man belehrte mich, daß diese viel zu kurz sei und den Wagen auf dem Bild scheinbar zum Stehen bringe. Eine geringe Bewegungsunschärfe sei unbedingt notwendig. Das bewiesen auch die Bilder von Rosemeyer, die gerade vor mir lagen. Gekonntes Mitziehen ergebe sogar noch bei 1/250 Sekunde durchaus brauchbare Rennbilder. Wie ja die Technik des Kameramitziehens nicht nur bei schnellen Autos, sondern auch bei anderen Bewegungen in der Horizontalen das erwünschte Verwischen der umgebenden Bildteile zustande bringen könne.

Dies entspricht übrigens auch der Wahrnehmung rascher Bewegungen durch das menschliche Auge. Wir bewegen dabei ja auch die Augen, bzw. wenden den ganzen Kopf.

Das 9 cm-Objektiv war genau richtig für den Abstand von der Tribüne zur Rennstrecke. Zwei oder drei der Fotografen hatten den 1933 schon lieferbaren Sportsucher RASUK auf ihrer Leica montiert, der die Bildfelder der Objektive 3,5 cm, 5 cm, 7,3 cm und 9 cm anzeigte. Andere verwendeten den faltbaren optischen Sucher SEROO zur Begrenzung des 9 cm-Bildfeldes. Eine wichtige Eigenschaft aller Sportsucher ist, daß ein sich schnell bewegendes Objekt schon vor Eintritt in das Sucherfeld gesehen werden kann.

Meine Kampfschrift »Warum Leica?« wurde mir auch später nicht um die Ohren geschlagen. Als aber ein Scherzbold in der Photo-Korrespondenz die von mir grob skizzierte Titelseite auf meinem Schreibtisch entdeckte, schrieb er mit großen Tintenstrichen darunter: »Warum nicht Contax?«

Natürlich hatte ich nicht nur unsinnige, sondern auch mit Recht überzeugende Vorteile der Leica genannt. So galt es zum Beispiel als eine Art eingebauter Garantieschein, daß auch die älteste Leica in das jeweils neueste Modell umgebaut werden konnte. Dieses Versprechen von 1925 konnte für alle Leicas vom Modell I bis IIIa eingehalten werden. Erst mit dem Übergang vom geformten Blech zum Spritzgußgehäuse der Leica IIIc war ein Umbau nicht mehr möglich. Diese Art einer unbegrenzten Garantie ist aber angesichts der Flut von alljährlich auf den Markt drängenden Modellen einmalig gewesen. Und es gibt auch heute noch Leica-Freunde, deren Väter und Großväter einst diesen einzigartigen Kundendienst aus Wetzlar in Anspruch genommen hatten und ihre 1925er Leica I mit dem Elmax 5 cm und dem alten Federblockierungshebel zu einem günstigen Preis modernisieren ließen. Darüber sind die Erben heutzutage groteskerweise recht betrübt. Wie konnten ihre Vorväter auch ahnen, daß eine alte Orginal-Leica ihnen heute nahezu mit Gold aufgewogen würde!

Wenn man sich die »Warum Leica?«-Broschüre heute anschaut, erscheint es als merkwürdig, daß ich zwar das gegen extreme Temperaturen unempfindliche Verschlußtuch zu Recht als weiteren Vorteil der Kamera gepriesen, aber gleichzeitig kein Wort über den leisen, kaum hörbaren Schlitzverschluß verloren hatte. Der Grund war, das dies damals überhaupt kein Thema war. Erst als in den 60er Jahren neue Kleinbildkameras auf den Markt kamen, die als Ultima Ratio galten, fiel bei diesen das Auslösegeräusch störend auf. Trotz wichtiger Eigenschaften der neuen Reflexsysteme war der deutlich hörbare Verschluß ein negativer Faktor. Durch diesen offensichtlichen Mangel an Diskretion der Spiegelreflexkameras ist die »M-Leica« mit ihrem Schlitzverschluß noch immer in vielen Situationen unentbehrlich. In den meisten US-Gerichtssälen ist sie nach wie vor die einzige Reporterkamera, die zugelassen ist.

Ein sehr kleines Leica-Bildarchiv

Der Broschürentext sollte natürlich mit einigen Bildbeispielen aufgelockert werden. Ich ließ mir deshalb mit Herrn Dumurs Zustimmung das noch ungeordnete, nur wenige hundert Bilder umfassende Archiv in die Photo-Korrespondenz geben, nachdem es in der Drucksachenabteilung eher verwaltet als betreut werden konnte.

Es waren einige gute Bilder dabei, während andere offenbar noch aus den Zwanziger Jahren stammten. Ich konnte anhand des deutlich gröberen Korns erkennen, daß es sich um ältere Aufnahmen handelte. Außerdem fielen mir Unterschiede in der Kleidung und in der Haarmode auf. Die gelegentlich vorkommenden Autos waren natürlich ein besonders zuverlässiges Indiz. Allmählich bekam ich eine Vorstellung davon, was für Bilder zum erfolgversprechenden Aufbau eines Werbevortrags gehörten.

Dann kam endlich die Gelegenheit, einen Leica-Dia-Vortrag mit Anton Baumann zu besuchen. Ich stahl mich an jenem Abend ohne Angabe von Gründen vorzeitig aus dem Büro davon, und fuhr mit der Eisenbahn ins nahe Frankfurt. So viel hatte ich schon über die Vorträge erfahren, daß mich der volle Saal, in dem ich mich im Hintergrund hielt, nicht überraschte. Baumann stand nicht auf der Bühne des großen Saales im Frankfurter Zoo, sondern neben dem

Projektor in der Saalmitte. Von dort aus gab er auch seine Kommentare. Diese Art der Kommunikation mit einem erwartungsvoll lauschenden Publikum hatte Vorteile. Als sein eigener Vorführer konnte Baumann das Tempo des Diawechsels selbst bestimmen.

Baumann zeigte nur seine eigenen Bilder. Sie waren gut, zum Teil sogar sehr gut. Durch den intensiven Kontakt zu zahlreichen Profis war mein kritisches Urteilsvermögen inzwischen gewachsen. Eine weitere Verbesserung der Leica-Werbung sah ich in der Präsentation einer großen Reihe unterschiedlicher Motive von verschiedenen Fotografen. Nur so könnten die Möglichkeiten des Leica-Systems überzeugend dargestellt werden.

Jahre später, als Anton Baumann bereits für immer in die USA gegangen war, machte in Wetzlar die Anekdote die Runde, er habe einmal in einem Vortrag auch das Dia eines anderen Fotografen mit dem Hinweis gezeigt: »Dieses Bild ist zwar nicht von mir, ist aber auch ganz gut.«

Mein Wunschtraum, einmal eine ganz andere Serie von Leica-Dias zusammenzustellen, nahm langsam Formen an. In der nun folgenden Zeit erhielt ich von dem im Fotoatelier von Leitz beschäftigten Fotografenmeister Herr Stuckert verständnisvolle Unterstützung für meine Pläne. In seiner Dunkelkammer ließ er mich nach Dienstschluß mit dem »ELDUR«-Diakopiergerät vorzügliche Diapositive herstellen. Eine Leselupe und ein Haarpinsel lagen bereit, um jedes für die Kopie vorgesehene Negativ von störenden Staubpartikeln zu befreien. Das Kopieren unterschied sich nicht viel von der Herstellung von Papierbildern mit dem VALOY-Vergrößerungsapparat. Meister Stuckert gab mir den Tip, die Dia-Brillianz durch eine mindestens zwei Minuten dauernde Entwicklung in einem normalen Metol-Hydrochinon-Papierentwickler zu steigern. So konnte ich eine Spur dunkler entwickeln und die Dias nach dem Fixieren in verdünntem Farmer'schen Abschwächer bei hellem Licht etwas aufhellen.

Der alte Herr Stuckert wußte natürlich um meine Pläne, behielt sie jedoch für sich. Er war es auch, der mir geraten hatte, niemand im Büro etwas zu sagen. Es gäbe immer den einen oder anderen, der mich verpfeifen könnte.

Es sei übrigens gut möglich, daß der alte Chef plötzlich auftauchte, wenn er abends im Fotoatelier noch Licht sähe. Dr. Ernst Leitz hätte sicher nichts dagegen, wenn er mich hier sehen würde. Erst ein paar Tage zuvor habe er im Studio gestanden und zugesehen, wie das neue Leica-Modell II mit der ganzen Objektivreihe von 35 bis 135mm aufgebaut wurde. Es habe eine gute halbe Stunde gedauert, bis Meister Stuckert mit seiner 18x24cm-Kamera die für die Werbung notwendige Aufnahme machen konnte. Dr. Leitz habe dabei den Kopf geschüttelt und von einer paradoxen Situation gesprochen, wie die kleine Leica brav wie eine Mutter mit ihren vielen Kindern vor der riesigen Mattscheibenkamera stände. Er habe dem Chef aber deutlich gesagt, daß für derartige Werbefotos wegen der notwendigen Schärfe niemals eine Leica eingesetzt werden könnte. (Stuckert konnte nicht ahnen, was die Zukunft der photochemischen Industrie noch an Möglichkeiten barg. Aber auch heute noch ist das Negativ im Großformat für Retuschen oftmals unentbehrlich.)

Bei dieser Gelegenheit geriet der alte Fotomeister ins Plaudern und erzählte von einer witzigen Begebenheit, die sich einige Zeit zuvor zugetragen hatte. Dr. Leitz sei – wie so oft – eine ganze Woche in seinem Jagdrevier gewesen. Am Freitag habe er kurz vor Arbeitsschluß im Werk angerufen und die Buchhaltung gebeten, einen bestimmten Geldbetrag, den er am Abend brauchte, auf dem Schreibtisch des Buchhalters N. in einem Kuvert zu hinterlegen. Er sei dann abends direkt von der Jagdhütte aus ins Bürohaus gefahren. Im ersten Stock habe er, anstatt das Flurlicht einzuschalten, seine Taschenlampe verwendet, die er noch vom Gang durch den Wald bei sich trug. Das Zimmer, in dem er das Geld holen wollte, sei aber anscheinend nicht das richtige gewesen. Auf den Tischen fehlten nämlich die üblichen Rechenmaschinen. Da sei ihm dann plötzlich eingefallen, daß ja erst kurz zuvor einige Büros umziehen sollten. So sei er durch mehrere Räume geirrt, die er jeweils sorgfältig auf- und abschloß, ohne die besagte Buchhaltung zu finden. Als er gerade die Treppe herabstieg, kamen just zwei Putzfrauen zur Haustür herein. Er fragte sie natürlich sofort, ob sie wüßten, wo sich jetzt die Buchhaltung befände. Die beiden schauten ganz verdutzt nach oben und riefen: »Ei, Sie als Nachtwächter misse das doch am beste wisse!«

Diese köstliche kleine Anekdote paßt zu einer anderen, die mindestens ebenso häufig erzählt wurde. Anläßlich eines Besuchs bei seinem alten Freund Franz Bergmann, dem Vertreter des Leitz-Werks in Berlin, sei Ernst Leitz mit eben diesem einmal über den Kurfürstendamm spaziert. Dabei habe Franz als sein alter Kumpel ganz offen bemerkt: »Ei Ernscht, Du bist hier doch nicht auf Deiner Jagd, mit dem alde Mantel und solch klobige Schuh.« Darauf habe Dr. Leitz nur geantwortet: »Ei Franz, laß mich doch, hier kennt mich doch kein Mensch.« Einige Zeit später habe Franz Bergmann seinen Freund Ernst in Wetzlar besucht. Sie spazierten zusammen in der Wetzlarer Altstadt herum. Dr. Leitz sei wieder ähnlich wie in Berlin gekleidet gewesen, und Franz fragte aufs Neue: »Und hier läßt Du Dich einfach so blicke?« Darauf Dr. Leitz: »Aber Franz, hier kennt mich doch jeder!«

Ende der Lehrzeit – es wird Ernst!

Mein Plan eines werbewirksamen Leica-Vortrags beschäftigte mich nun mehr und mehr. In Meister Stuckerts Dunkelkammer hatte ich mittlerweile rund 150 ausgewählte Leica-Negative auf Diaplatten kopieren können. Mein Vorhaben gewann langsam an Realität. Es war Anfang Oktober 1932 und der letzte Monat meiner Lehrzeit bei Leitz brach an. Ich war neugierig, ob man mein dürftiges Lehrlings-gehalt von 50 Mark endlich erhöhen würde, falls man meinen Wandel zum neuen technischen Kaufmann überhaupt bemerken sollte.

An einem der ersten Oktobertage traf ich endlich den berühmten Dr. Paul Wolff. Ich war kurz nach Frankfurt gefahren, weil Wolff dringend eine reparierte Leica wiederhaben wollte. Außerdem war ihm ein neues Elmar 90mm versprochen worden, das erst ab Januar 1933 offiziell lieferbar sein sollte. Es handelte sich um das soge-nannte »schmale« Elmar. Optisch glich es dem 1931 auf den Markt gekommenen und von Wolff so bezeichneten »fetten« Elmar 9 cm.

Wir verstanden uns vom ersten Moment an, und ich war froh, dank meiner Erfahrung in der Leica-Schule bei der Erörterung fototechnischer Fragen einigermaßen sattelfest auftreten zu kön-nen. Wolff war erstaunt, als ich ihn auf eine bestimmte Bildreihe ansprach, die er erst unlängst nach Wetzlar in das kleine Bildarchiv geliefert hatte. Obwohl ich die interessanten Fotos aus einem Industriewerk nicht vor mir liegen hatte, schilderte ich Einzelheiten seiner Aufnahmen und bat ihn um kurze Erläuterungen seiner Aufnahmetechnik. Ich hatte inzwischen seine Negative in Dias verwandelt, und sie gehörten schon zum feststehenden Repertoire für meinen zukünftigen Vortrag. Wegen der fast freundschaftlichen Art, wie ich mit Paul Wolff ins Gespräch kam, war ich nahe dran, ihn ins Vertrauen zu ziehen.

Am Tag nach diesem Besuch bei Paul Wolff lag auf meinem Schreibtisch ein Brief vom Wetzlarer Bürgermeisteramt. Darin wies der Sekretär der Stadtverwaltung auf eine »Wetzlarer Licht-woche« hin, die für Mitte November geplant sei. Vom 14. bis 20.

November sollten verschiedene Konzerte und Theateraufführungen stattfinden. Außerdem wolle man in verschiedener Form auf einheimische Produkte hinweisen. In diesem Zusammenhang bat man Leitz, »während dieser festlichen Tage einen der so beliebten Leica-Lichbildervorträge« zu veranstalten. Es war nicht ganz zufällig, daß dieser Brief auf meinem Schreibtisch landete, denn der für Anton Baumanns Vortragsreisen zuständige Kollege war im Urlaub, und Herr Ahl – unser Chef – sah in mir in diesem Fall einen geeigneten Stellvertreter.

Ich mußte im Handumdrehen eine Strategie entwickeln, mit der ich verhindern konnte, Anton Baumann während dieser Lichtwoche nach Wetzlar kommen zu lassen. Ein Anruf im Wetzlarer »Schützengarten«, wo damals der geeignete Saal war, ergab, daß es in jener Woche noch drei freie Abende gäbe. Ich buchte für den 16. November, an dem Baumann einen Leica-Vortrag in Wien halten würde. Das hatte ich anhand einer Terminliste vorher ausfindig machen können. Mit dem Hinweis auf meine stellvertretende Funktion rief ich den Sekretär im Wetzlarer Rathaus an, schlug ihm den 16. November vor und ließ ihn kurz notieren, der Leica-Vortrag könne mit dem Titel »Wunderbare Welt der Leica-Fotografie mit ca. 200 Dias in riesiger Vergrößerung« angekündigt werden. Die Plakate würden ungefähr vierzehn Tage vorher im Druck vorliegen. Um zu vermeiden, daß Briefe in dieser Sache geschrieben würden, bat ich, eventuelle Fragen künftig mit mir telefonisch zu klären. Ich hatte also noch etwas Luft. Jetzt aber gab es – so machte ich mir selbst Mut – kein Zurück mehr für mich.

Zu Beginn der ersten Novemberwoche wurde ich plötzlich zu Direktor Dumur gerufen. Mir schien klar, daß die Bombe geplatzt war. In des Direktors Büro eingetreten, erblickte ich als erstes Dr. Ernst Leitz und war mir daher sicher, daß nun ein peinliches Verhör folgen würde. Umso erstaunter war ich, als der Seniorchef mich zur gerade beendeten Ausbildung beglückwünschte, und Herr Dumur daran den Vorschlag anknüpfte, meine bisherige Arbeit in der Photo-Korrespondenz fortzusetzen.

Fassungslos, jedes Wort mühsam stammelnd und den Tränen nahe brach es nun aus mir heraus: »Ich muß Ihnen ein Geständnis machen. Ich habe mit der Stadtverwaltung einen Leica-Diavortrag von mir für die Wetzlarer Lichtwoche arrangiert, ohne jemanden zu fragen.« Dies war jedoch nur die halbe Wahrheit, und ich wartete erstmal die Reaktion der beiden Herren ab. Sie schienen allerdings eher erstaunt als entrüstet zu sein. Herr Dumur meinte nur, daß ich mir da vor dem kritischen Wetzlarer Publikum wohl einiges vorgenommen hätte. Möglicherweise waren mein stotternder Auftritt und meine momentane Unfähigkeit, mich klar auszudrücken, Anlaß zu dieser Skepsis. Deshalb versicherte ich den beiden Herren mit fester Stimme: »Bitte glauben Sie mir; Ich habe seit langer Zeit diesen Vortrag Bild für Bild vorbereitet und werde Sie ganz gewiß nicht enttäuschen.«

»Wir sollten dem frisch gebackenen Kaufmann und Leica-Enthusiasten Walther Benser etwas Mut machen,...« schaltete sich jetzt der Seniorchef ein, »...und ihm für sein Vorhaben ...wann ist denn dieser Vortrag? ...ach so, am 16. November ...viel Erfolg wünschen.«

Mein erster Leica-Diavortrag

Das Plakat mit dem Programm der festlichen Tage hing überall. Der für den 16. November acht Uhr abends angekündigte Lichtbildervortrag der Leitz-Werke verriet zwar den Titel, aber nicht den Redner. Soweit überhaupt jemand den Hinweis vermißte, würde er wahrscheinlich Anton Baumann als Vortragsredner vermuten. An jenem Mittwoch, dem Tag des Vortrags, hatte ich einen ebenso hilfreichen, wie aufmunternden Kollegen, der mir beim Aufbau der Leinwand und des Projektors zur Hand ging. Arnold hieß der Sohn des Schweizer Leica-Vertreters. Er volontierte seit geraumer Zeit in den einzelnen Abteilungen. Unvergeßlich, wie er die Stimme unseres Direktors, Dr. Henri Dumur, seines Landsmannes aus der französischen Schweiz, mit dem hohen, singenden Tonfall zu imitieren verstand. Dabei kam seinem Talent zu Hilfe, daß er gelegentlich vorkommende französische Wortfetzen an passender Stelle einzustreuen wußte.

Arnold war es auch, der mir an jenem Tag die latente Angst, ich könnte irgenwie versagen, zu nehmen versuchte. Wir verabredeten, daß er während des Diavortrags direkt vor dem Projektionstisch sitzen solle. Von dort aus könne er ohne aufzustehen das Objektiv mit einem Griff scharf stellen. Außerdem solle er mich durch leisen Zuruf oder mit einer Geste darauf hinweisen, wenn ich zu schnell oder zu leise spräche.

Wie Baumann zog ich es vor, neben dem Projektor zu stehen und von dort zu sprechen. So war ich mein eigener Operateur und hatte es in der Hand, die richtigen Dias zur rechten Zeit zu zeigen. Das schloß natürlich die Verwendung eines Manuskripts oder auch nur eines Spickzettels aus. Ich hatte jedoch nicht nur jedes Dia, sondern auch die Reihenfolge genau im Kopf. Frei zu sprechen hatte ich in der Leica-Schule gelernt.

Am Abend saß ich bereits lange vor acht Uhr hinter dem Bühnenvorhang in der Künstlerkammer. Arnold äugte durch eine winzige Öffnung in den sich langsam füllenden Saal und gab seine Kommentare flüsternd nach hinten durch. Dabei machte er amüsante Bemerkungen über einzelne Mitarbeiter aus den Werkstätten, von denen einige Spitznamen besaßen. Wie zum Beispiel der strenge Betriebsleiter Bauer: Weil dessen Bruder die Projektionsabteilung leitete, unterschied man sie mit »Kreuz-Bauer« für den Strengen und »Schippe-Bauer« für den etwas milder Gesonnenen. (»Schippe« war die landläufige Bezeichnung für Pik im Skat.)

Wenn ich den Versuch mache, mich an Einzelheiten dieses Abends zu erinnern, so sind fast nur Nebensächlichkeiten haften geblieben: Arnold, der in letzter Minute den Knoten meiner Krawatte korrigierte; oder mein hochrotes Gesicht im Spiegel, als er mich punkt acht Uhr aus dem kleinen Zimmer auf die Bühne schob. Dort ging ich mit linkischen Schritten bis zur Rampe, um mich zu verbeugen. Das hörbare Tuscheln im Parkett zeigte, daß viele ihre Nachbarn fragten, wer das da oben eigentlich sei. Ich hätte mich natürlich erst einmal vorstellen müssen, bevor ich die üblichen Grüße von Leitz und den Dank für das zahlreiche Erscheinen in den vollbesetzten Saal hineindeklamierte. »Walther,« zischte mir Arnold bei Beginn des Vortrags noch zu, »Du mußt sagen, wer Du überhaupt bist!« Das habe ich dann, am Projektor endlich zur Besinnung gekommen, in den Vortrag eingeflochten.

Mir haben einige, noch lebende Zeitgenossen aus jenen Tagen versichert, der Abend sei ein großer Erfolg gewesen. Die Bilder seien durchweg unbekannt und dank der ausgiebigen Chronik, die ich angesichts des in jenem Jahr merklich erweiterten Leica-Systems gegeben habe, sehr lehrreich gewesen.

Durch einen unfreiwilligen Versprecher sorgte ich an diesem Abend noch für eine andere – weniger lehrreiche Art der Unterhaltung. Bei einem Dia aus dem Schloß von Versailles, das das prunkvolle Prunkbett Ludwig XIV zeigte, pries ich dieses versehentlich als »prachtvolles Sprungbett«. Das Gelächter, das augenblicklich einsetzte, brach aufs Neue los, als ich meinen Lapsus in meiner Not auch noch mit »Sprungbrett« verschlimmbesserte. Diese sprachlichen Ausrutscher müssen wohl dem Abend eine humoristische Note verliehen haben. Arnold, der sich vor Lachen den Bauch hielt, prustete in das abklingende Gelächter noch einmal mit dem »Sprungbett« hinein und sorgte so für einen ganz unverdienten Applaus.

Ich wurde noch am gleichen Abend zu ersten Einsätzen in die Fotoclubs des Vertretergebiets Rheinland bestimmt.

Das Gruppenbild

Die folgende amüsante Begebenheit aus dem Jahre 1934 macht den Unterschied zwischen traditioneller Fotografie und dem Einsatz der Leica deutlich.

Im großen Saal des Kurhauses in Wiesbaden standen mein Projektor und die Leinwand für den abendlichen Leica-Vortrag schon bereit. Anschließend an den Aufbau der Geräte wollte ich meine freie Zeit für einen kleinen Spaziergang durch den Kurpark nutzen.

Als ich auf die große, weiße Marmortreppe hinaustrat, bot sich mir ein überraschendes, geradezu kurioses Bild: Etwa vierzig Herren, offensichtlich in ihren Sonntagsanzügen, formierten sich gerade zu einer Gruppe, um sich fotografieren zu lassen. Denn auf einem flachen Treppenabsatz stand ein großes, solides Holzstativ. Hinter dem aufmontierten Fotoapparat war der Fotograf gerade unter dem schwarzen Tuch verschwunden, um eine Aufnahme vorzubereiten. Es mußte sich wohl um einen älteren Vertreter der Fotozunft handeln, denn unter dem Tuch quoll ein langer, weißer Bart hervor, der ihm bis zum Bauch reichte. Als er schließlich auftauchte, um die Männergruppe vorteilhafter zu arrangieren, trat ich schnell zur Seite und spielte den neugierigen Zuschauer. Meine Leica III, die ich hinter dem Rücken verbarg, war geladen, da ich ja ursprünglich die Absicht hatte, im Kurgarten einige Bilder zu machen.

Die Herren gehörten zweifellos zu einem Männerchor. Sie hatten bei der Aufstellung ihre diesbezüglichen Meinungsverschiedenheiten mit Partien aus Opernarien ausgetragen. Einer, der offenbar nicht in der ersten Reihe stehen wollte, obwohl seine kleine Körperstatur ihn dafür geradezu prädestinierte, schmetterte die Arie aus Wagners Lohengrin »Nie sollst Du mich befragen« in den Wiesbadener Frühlingsnachmittag.

Schließlich stand jeder an seinem Platz, und der Fotograf verschwand wieder unter dem Tuch, von wo aus er mit beiden Armen winkend seine letzten Anweisungen gab. Er bot einen solch komischen Anblick, daß ich gar nicht anders konnte, als zur Leica zu greifen.

Leise schlich ich hinter den Akteur und hatte nun beides: den gestikulierenden Fotografen und die posierende Männergruppe. Dort hatte man mein Tun inzwischen wahrgenommen und begann sich zu amüsieren. Ich mußte weg, bevor ein störendes Feixen und Grinsen das erwartete »Bitte recht freundlich!« unmöglich machte. Aber rund zwanzig Aufnahmen hatte ich mittlerweile im Kasten.

Nun eilte ich in das Fotogeschäft, das den Leica-Vortrag für den Abend im Kurhaus betreute und fand dort für meine Bitte um schnellste Entwicklung ein offenes Ohr. Im Labor befand sich sogar ein ELDUR, das kleine Leitz'sche Kopiergerät, mit dessen Bedienung ich ja von der Leica-Schule her hinreichend vertraut war. So gelang es mir zehn ausgesuchte Negative in ansehnliche Dias zu verwandeln. Das sollte am Abend einen herrlichen Spaß geben!

Während meines Vortrags kam ich schon beim ersten dieser Dias nicht mehr zu Wort, so tobte das Publikum vor Lachen. Die Gäste kannten natürlich alle den alten Fotografen, einige kannten auch die Chorsänger. Ich erzielte damals wohl – für heutige Begriffe – einen tollen Werbeeffekt, aber heute betrachte ich diesen Streich als taktlosen, unverzeihlichen Mißgriff.

Ein paar Tage später wurde ich zu Direktor Henri Dumur gerufen und mußte den bitteren Beschwerdebrief des Fotografen lesen. Ich berichtete, wie es gewesen war, wobei ich bemerkte, wie schwer es Herrn Dumur fiel, sein Schmunzeln zu unterdrücken. Leitz entschuldigte sich bei dem alten Herrn und machte ihm obendrein eine Leica zum Geschenk. Die unfreiwillig komischen Bilder habe ich natürlich nie wieder vorgeführt.

KAPITEL 4

Drei ganz verschiedene Leica-Pioniere

Es scheint mir an der Zeit, über drei völlig verschiedenartige Fotografen zu berichten, die ich bewunderte und schätzte. Sie haben – jeder auf seine Weise – viel dazu beigetragen, die Leica und damit auch das neue Medium der Kleinbildfotografie weltweit bekannt zu machen.

Dr. Paul Wolff – ein Meisterfotograf auch ohne Belichtungsmesser

Eine sehr erfolgreiche Ausstellung mit 60x80cm großen Leica-Fotos von Dr. Wolff, die ich 1935 mit Vorträgen in den Ausstellungsstädten und den umliegenden Orten begleitete, brachte mich erneut in Kontakt mit dem berühmten Leica-Fotografen und Autor zahlreicher Bücher.

Er mußte mich, ohne daß ich es bemerkt hatte, schon während der Ausstellung seiner Bilder in Frankfurt beobachtet haben. Dort geriet ich nämlich mit Besuchern der Ausstellung in recht typische Auseinandersetzungen über die Herstellung der großen Leica-Bilder. Fachkundige erklärten die Vergrößerung solcher Fotos ohne Zwischennegative als nicht machbar. Da ich es aber besser wußte, weil ich die Arbeiten im Wetzlarer Labor persönlich überwacht hatte, ließ ich mich mit großem Eifer auf kontroverse Diskussionen ein.

Schon in der Leica-Schule war es uns gelungen, ähnliche Zweifel auszuräumen, indem wir die erfahrenen, uns an Jahren meist übertreffenden Schüler baten, eigene Negative mit erprobten Chemikalien und den besonderen Vergrößerungsgeräten selbst auszuarbeiten. Natürlich erlaubte es unser Budget nicht immer, den Beweis unserer Behauptung durch eine zwanzigfache lineare Vergrößerung auf 60x80cm-Papier zu demonstrieren. Doch zeigte bereits eine Ausschnittsvergrößerung auf 13x18cm-Papier, wie wir höchste Schärfe und feinstes Korn erreichen konnten.

Paul Wolff war damals, wie er mir später schmunzelnd erzählte, heimlicher Beobachter meiner Bemühungen um die »Ungläubigen« gewesen. Ich hätte die Wetzlarer Erfahrungen aus der Leica-Schule äußerst beredt geschildert und die Anwesenden durch sachliche Argumente überzeugen können.

In jenen Wochen war ich mehrmals Gast im Hause Paul Wolffs am Frankfurter Untermainkai und erfuhr viel Wissenswertes. Er wurde mit vollem Recht als der bedeutendste Leica-Pionier angesehen. Die Ausstellung, die ich ja mittlerweile mit Leica-Vorträgen begleitete, trug deshalb auch den Titel seines 1934 erschienen Buchs: »Meine Erfahrungen mit der Leica«.

Um die Jahreswende 1934/35 brachte ich Paul Wolff das erste Visoflex-Gehäuse aus der Werkstatt Barnacks nach Frankfurt. Dies geschah mit der ausdrücklichen Bitte, dieses Gehäuse samt dem neuen 20cm-Telyt-Objektiv vorläufig nur im eigenen Studio zu gebrauchen, weil die allgemeine Auslieferung erst im Frühjahr 1935 beginnen würde. Die diskrete Vorauslieferung an Wolff war nicht nur Ausdruck des großen Vertrauens in den beliebten Fotografen, sondern setzte Wetzlar auch in die Lage, die wichtige Ergänzung und Erweiterung des Leica-Systems mit Wolff'schen Bildern in aller Stille werbemäßig vorzubereiten.

Ich sehe ihn noch heute vor mir, wie er das sorgfältig verschnürte Wetzlarer Paket öffnete und sich die ganze »Spiegelkasten-Einrichtung«, wie wir sie damals nannten, auf den Schoß setzte, um die neueste Schöpfung aus Barnacks Werkstatt geradezu zärtlich zu betrachten.

Bei einem späteren Besuch zeigte er mir dann stolz seine 135mm-Hektor 1:4,5- und 200mm-Telyt 1:4,5-Aufnahmen, die inzwischen mit dem Visoflex I-Gerät entstanden waren. Mit Hilfe der mitgelieferten Zwischenringe gelang es ihm, die ursprüngliche Einstellentfernung von nur drei Metern auf eine winzige Distanz zu verringern, was den Einsatz eines stabilen Stativs erforderlich machte. Wolff verstand es, aus der Not der geringen Tiefenschärfe eine Tugend zu machen. Er bildete den scharfen Kern seiner Objekte, z.B. eine Blüte, gelegentlich hinter dem betont unscharfen, verschwommenen Pflanzenvordergrund ab.

Wir unterhielten uns damals angesichts dieser ganz neuartigen Anwendung der Leica als »Spiegelreflexgerät« über Kameras mit Mattscheibenprinzip. »Die Mattscheibe zwingt mehr zum Nachdenken über die bessere Bildkomposition«, sinnierte Wolff in der Erinnerung an seine Arbeit mit den großen Plattenkameras in früheren Jahren. Und mit einem fast ärgerlichen Gesichtsausdruck fügte er hinzu: »Und Ihr jungen Hasen knipst viel zu sehr in der Gegend herum. Ich wünsche mir manchmal, Euch unter das dunkle Tuch zu stecken und dort so lange festzuhalten, bis Ihr das ABC der Fotografie beherrscht.« Ich fühlte mich von dieser plötzlichen, harten Kritik kaum betroffen, weil ich Wolff nur wenige Bilder von

46

mir gezeigt hatte. Oder spielte er etwa auf die peinliche Geschichte mit dem alten weißbärtigen Fotografen auf der Wiesbadener Kurhaustreppe an? Die hatte ich ihm wohlweislich gar nicht erst erzählt.

Es dauerte nicht lange, bis ich Paul Wolff, wann immer sich die Gelegenheit bot, zu fotografischen Einsätzen begleiten konnte. Manchmal hatte ich nur ein paar Stunden Zeit, zuweilen auch mehrere Tage. Für ihn war ein Assistent ideal, der sich mit der Leica-Technik auskannte, aber nur das tat, was Wolff gerade brauchte. Respekt vor der Erfahrung des Meisters und der brennende Wunsch, in der Praxis dazuzulernen, ließen mich ihm – entgegen meiner sonstigen Art – geduldig assistieren. Dies fiel mir auch deshalb nicht schwer, da Wolff Fähigkeiten besaß, um die ich ihn in zunehmendem Maße beneidete: Er konnte auf der Suche nach einem geeigneten Motiv und nach einem passenden Standort, ohne jede optische Hilfe durch den Leica-Sucher oder das neue Visoflex-Gerät, allein mit seinen Augen die Umwelt regelrecht sezieren. So fand er mit gezielter Sicherheit die richtige Stelle, von der aus er sein Bild mit einer von ihm bestimmten Brennweite machte.

Die folgende kleine Begebenheit mag als ein typisches Wolff-Erlebnis gelten: Als wir einmal in einem kleinen hessischen Städtchen herumspazierten, das mich etwas an das pittoreske Wetzlar erinnerte, sah Wolff, wie ich – über das Visoflex gebeugt – mit einem Panoramaschwenk über Dächer, Simse, Friese und Fachwerkgiebel mit dem 20cm-Telyt interessante Ausschnitte zu entdecken versuchte. Er kommentierte meine periskopische Rundumsuche mit einem Zuruf auf Hessisch, in das er bei guter Laune gelegentlich verfiel: »Erscht mußte mal gucke, Waltherle, so lernschte 's Fotografiere nimmer!«

Einem Adlatus gleich folgte ich ihm mit den beiden Leica-Taschen auf Schritt und Tritt. Wolff litt unter dem Handicap, weitsichtig zu sein, und so für die Einstellung von Blenden- und Belichtungszahl ständig eine Nahbrille aufsetzen zu müssen. Dagegen war seine Fernsicht ausgezeichnet; Er brauchte nicht einmal Korrekturlinsen in den beiden Okularen seiner damaligen IIIa Leicas. Deren Schraubgewinde erlaubten natürlich noch keinen raschen Objektivwechsel, wie er später über das Bajonett selbstverständlich wurde. Um schnell schußbereit zu sein, war deshalb ein zweites Kameragehäuse zweckmäßig, das mit dem gleichen Filmtyp geladen war. Wenn mich Wolff während der Arbeit neben sich wußte, brauchte er nur »Bitte das Neuner!« oder »Das Dreizehnfünf Blende acht mit 'ner 1/100 Sekunde!« zu sagen, dann war das gewünschte Objektiv – auf Blende acht gestellt – schon zur Hand; oder es war bereits in der zweiten Kamera eingeschraubt – mit verläßlich eingestellten Zeit- und Blendenwerten. Ich war derart trainiert, daß ich sogar für die kleine Parallaxenkorrektur am VIDOM-Universalsucher sorgte, wenn ich voraussehen konnte, daß er sich mitten auf einem Marktplatz zwei bestimmte Bauernfrauenportraits vornehmen wollte. Dagegen habe ich die Belichtungszeit selten gemessen; wenn ich es wirklich einmal tat, bestätigte die Messung fast immer Wolffs erstaunliche Erfahrung.

Wolff verstand es, sich seinen »Opfern« sehr diskret zu nähern. Er beherrschte es meisterhaft, in seinen fotografischen Absichten so lange wie möglich unerkannt zu bleiben. Die Leica hing ihm nie in üblicher Manier vor dem Bauch, sondern er hielt sie stets mit seiner Rechten auf dem Rücken versteckt. Dies war ihm so zur zweiten Natur geworden, daß er die Rechte auch dann auf dem Rücken verbarg, wenn er gar keine Kamera in der Hand hatte.

Die Erinnerung an Wolffs diskretes Auftreten läßt mich unwillkürlich an Henri Cartier-Bresson denken, den Mann »mit den Samtpfoten und dem Adlerblick«. So wenigstens wurde mir die Arbeit dieses begabten Franzosen geschildert, dessen Technik gewisse Parallelen zu Wolff aufwies, wenn auch seine Jagd ausschließlich Menschen galt – und dies in einer einzigartigen Weise.

Henri Cartier-Bresson – Samtpfoten und Adlerblick

Als Oskar Barnack vor mehr als 75 Jahren an seiner Ur-Leica arbeitete, konnte er nicht ahnen, daß die Fotografie noch einen gewaltigen Impuls erleben und die Leica Anstoß zu einer geradezu revolutionären Entwicklung sein würde. Ab 1925 begann sich die Fotografie von der bildlichen Erstarrung zu lösen und entwickelte sich zu einem neuen, lebensnahen Bildstil. Die Darstellung des Menschen in lebendig wirkenden Bildern wurde zum historischen Verdienst der Leica. Ohne ihre Illustrationen wären moderne Zeitungen und Zeitschriften nicht mehr denkbar.

Eine der wichtigsten und bekanntesten Persönlichkeiten, die Menschen auf lebendigste Weise im Bild festhielten, war der Franzose Henri Cartier-Bresson. Meine Kenntnisse über Cartier-Bresson verdanke ich einem seiner Landsleute, dem Leica-Fotografen George Viollon, der allerdings erst nach dem Krieg sein eigenes fotografisches Talent unter Beweis stellen konnte.

Für Cartier-Bresson wurde die Arbeit mit der Leica, die er in den frühen Dreißiger Jahren als 22-jähriger junger Mann begann, zum reinen Medium des Sehens, das die Wirklichkeit spontan erfassen konnte. Er hat übrigens nie mit einer anderen Kamera, geschweige denn mit einem anderen Format gearbeitet. Für ihn bedeutete Fotografieren mit der Leica die »Möglichkeit der unmittelbaren fotografischen Wiedergabe eines Moments innerhalb eines Geschehens«. Deshalb führte er auch, wie jeder Bildberichterstatter, den ständigen Kampf mit der Zeit, die ihm für bestimmte Vorgänge zur Verfügung stand, wenn er sie fotografisch festhalten wollte. Er mußte zugreifen, bevor etwas vorbei war, denn Versäumtes konnte man nie wiederholen.

Diese Erkenntnis machte aus Cartier-Bresson einen wahren Meister im Erfassen entscheidender Augenblicke. Einer seiner Bildbände mit Beispielen seines Könnens trägt den Titel: »The decisive moment«. All sein Schaffen galt dem Thema »Der Mensch in seiner Welt«, ob er ihm nun in Europa, Indien, Mexiko oder auf der Insel Bali nachspürte. Menschen bestimmten seine Arbeit und den unverkennbaren Stil seiner Bilder.

Es nimmt nicht Wunder, daß er einer der Begründer der berühmten Bildagentur »Magnum« in New York war. In der – sich heute in Paris befindenden – Agentur arbeiten eine ganze Reihe der besten und namhaftesten Fotoreporter.

Henri Cartier-Bresson zeigt den Menschen nicht nur in Glanz und Glück, sondern auch in seinen Nöten und Sorgen. Vielen Bildern ist anzusehen, daß der schöpferische Akt nur einen einzigen Augenblick gedauert hatte: jene 1/125 Sekunde, in der die Kamera ausgelöst wurde.

George Viollon meinte, daß Cartier-Bresson die Leica als sein »verlängertes Auge betrachtet habe, ohne das er nicht mehr sein konnte.« Mit scharfem Blick und wachem Herzen sei er wie auf Zehenspitzen durch die Welt geschlichen, stets bereit, »Leben auf frischer Tat zu ertappen«, das Wesentliche, den berühmten entscheidenden Augenblick festzuhalten. In Gesprächen über den »decisive moment« seiner Menschenfotografien habe Cartier-Bresson sich so geäußert:

»Ein Dichter oder ein Schriftsteller kann über einen Satz nachdenken, ihn formen und schleifen wie ein Werkstück und schließlich niederschreiben. Wenn aber der Fotograf einen entscheidenden Augenblick versäumt, ist seine Chance unwiederbringlich dahin. Deshalb muß der Fotograf mit der Kamera eins werden. Beide müssen unauffällig auftreten, wenn ihnen ihre Aufgabe gelingen soll. Mit der Kamera eins sein setzt voraus, daß der

Fotograf die wenigen Griffe, mit denen er die Kamera aufnahmebereit macht, wie im Schlaf beherrschen lernt; ganz ähnlich wie bestimmte Handgriffe beim Autofahren automatisch vor sich gehen. Damit ist die Rolle, die die Technik beim Gelingen eines guten Bildes spielt, aber auch schon erschöpft.«

Cartier-Bresson amüsiert sich in diesem Zusammenhang über Leute, die die Fototechnik oft zum Selbstzweck machen und glauben, daß besonders scharfe Aufnahmen der Wirklichkeit näher kämen. Deshalb wundert es niemand, daß Cartier-Bresson sehr wenig Zubehör verwendet und z. B. nichts vom Blitzlicht hält, das »nicht nur auffällig unpassend wirkt, sondern auch die Atmosphäre stört.« Auch Retuschen oder Nachbesserungen vertragen sich nicht mit seiner Auffassung von Fotografie. Sein Labor ist streng angewiesen, den Ausschnitt seiner Bilder nicht zu ändern, der in vielen Fällen dem Bildwinkel eines 50mm Leica-Objektivs entspricht. Variationen liegen mehr in der gelegentlichen Wahl empfindlicherer Filme und lichtstarker Objektive.

Wer sich unter arrivierten Leica-Freunden an die aus eigener Erfahrung gewonnene Technik des Fotografierens sowie an nützliches Zubehör erinnert, der beachte einmal die schnelle und sorgfältige Wahl der Objektivblende bei Cartier-Bresson: Die rasch auf das entscheidende Objekt gerichtete Kamera läßt Unwichtiges in Unschärfen abklingen und in ihrem Bildausschnitt alles fort, was nicht dazu gehört.

Ein berufener Fotograf, der schon lange verstorbene Landschaftsfotograf Hans Saebens aus Worpswede, hatte Henri Cartier-Bresson einmal so geschildert:

»Ein Fotograf, der auf seinen weltweiten Reisen mit ungewöhnlichem Einfühlungsvermögen auf leisen Sohlen und mit wachem Adlerblick unwiederbringliche Bilder in den entscheidenden Momenten fotografiert. Geballt in der Atmosphäre, überraschend in ihrer Aussage, spontan gesehen und intuitiv geformt: außergewöhnliche Bilder, fern aller Langeweile.«

Angesichts der außerordentlichen Fähigkeiten des genialen, mittlerweile achtzig Jahre gewordenen Franzosen, erscheint die Frage nach Parallelen und Vergleichen mit Dr. Paul Wolff unvermeidlich.

Eine genaue Betrachtung der Fotos Cartier-Bressons macht die unterschiedliche Bildauffassung deutlich. Doch die beiden Leica-Pioniere starteten ihre Karrieren auch unter ganz verschiedenen Ausgangsbedingungen.

50

Wolff mußte von der riesigen, ursprünglich so unentbehrlichen 24x30cm-Mattscheibenkamera regelrecht herabsteigen und sich – anfangs noch widerstrebend – mit dem ganz andersartigen Klein-bildformat vertraut machen. Bald schon waren Wolffs Leica-Fotos in Wetzlar sehr begehrt. Sie bildeten den Grundstock der Leica-Werbung in den Dreißiger Jahren. In den Lesern seiner Artikel und Bücher fand Wolff eine schnell wachsende Schar von Schülern. Sein ab 1937 rasch an Umfang zunehmendes Archiv bediente Kunden, die oft auch Bilder für Werbezwecke kauften oder in Auftrag gaben. Diese wurden von Paul Wolff und seinem begabten Kompa-gnon Alfred Tritschler mit großem personellem und technischem Aufwand gemacht. Der Einsatz fachkundiger Berufsmodelle gehörte zu dieser Bilderproduktion. Das unter normalen Umstän-den aussichtsreiche Unternehmen – ein Bildarchiv für Farbfotos, wie ich es zehn Jahre später gründete – ging damals durch den Krieg in Flammen auf. Wolffs zerrüttete Gesundheit beendete 1951 frühzeitig sein Leben.

Der junge Cartier-Bresson bekam dagegen mit der Leica seinen ersten Fotoapparat in die Hand. Zuvor hatte er seine Umwelt als Zeichner und Maler darzustellen versucht. Sein Thema waren Menschen in allen Lebenssituationen. Er dachte nicht im Traum an irgendeine Beeinflussung seiner Bilder, die Form und Inhalt seiner Arbeiten bestimmt hätten. Auch die Farbfotografie lehnte er ab, weil er sie nicht wie die Schwarzweiß-Arbeit in eigener Regie handhaben konnte. Sicher spielten hierbei auch Einwände eine Rolle, die später durch eine bessere Emulsionierung ausgeräumt wurden.

Cartier-Bressons Fotos mögen zwar Schwarzweiß und noch so alt sein, aber ihre Faszination haben sie nicht eingebüßt. Es ist immer noch ein ästhetisches Vergnügen, diese Bilder Blatt für Blatt eingehend zu betrachten.

Julius Behnke – vom »Tramp« zum Spitzenfotografen

Von Mitte Juni bis in die zweite Augusthälfte 1936 hielt ich erneut Vorträge in Holland. Der Wunsch, meine Diareihe mehr und mehr mit eigenen Bildern anzureichern, hatte mich auf dem Weg zum Vortragssaal in Haarlem zu einem Abstecher in das fotografisch reizvolle und ur-holländische Volendam geführt.

Auf der anschließenden Fahrt nach Haarlem sorgte die hochge-zogene Brücke über einen Kanal, wie es sie in Holland überall gibt, für einen längeren Halt. Solche Zwangsaufenthalte waren beliebte Anziehungspunkte für Anhalter, die man damals »Tramper«

nannte. Bald wurde ich von einem braungebrannten Burschen, der eine Gitarre unter dem Arm trug, angesprochen. Der junge Mann aus Wiesbaden hatte meine rheinländische Autonummer gesehen und hoffte, nach Deutschland mitgenommen zu werden. Julius Behnke, so hieß er, war gerade vom norwegischen Narvik als blinder Passagier auf einem Eisenerzdampfer zurückgekommen. Auf seiner Tramptour nach Norden hatte er sich als Erntehelfer nützlich gemacht und mit seiner Gitarrenmusik Freunde geschaffen. Eigentlicher Anlaß zu dieser Auslandsreise war aber nicht allein die jugendliche Neugier gewesen; ihn lockten die skandinavischen Wälder und darin vor allem die gewaltigen Elche.

Bald erfuhr ich, daß er mit seinen siebzehn Jahren, ganz ähnlich wie ich 1929, die Schule verlassen hatte, um die neue Freiheit auf seiner ersten Auslandsreise zu genießen. Seine Pläne für die Zukunft waren noch etwas vage; er wollte auf jeden Fall etwas mit Tieren zu tun haben. Ich dachte dabei an die Frankfurter Vorträge im großen Zoosaal und meine Kontakte zu wichtigen Leuten im Tiergarten. Im Gespräch fiel das Wort »Tierpfleger« und mir fiel dabei das Stichwort des »Försters« ein.

Aber der Junge hatte andere Vorstellungen. Mit gefangenen Tieren hinter Gittern und Gräben würde er sich nie wohl fühlen; und auch nicht in Berufen, in denen neben dem Hegen und Pflegen auch auf Tiere geschossen würde.

Ich erzählte dann kurz, was ich in Holland tat, und fragte ihn, ob er nicht Lust hätte, den Diavorführer während meines abendlichen Vortrags zu machen. Er hatte! Wenige Stunden später, beim Aufbau von Leinwand und Projektor, begriff er dank des praktischen Wechselschiebers sofort den Rhythmus einer Diavorführung. Die Art und Weise, wie er mit technischen Dingen umging, ließ darauf schließen, daß er für solche Aufgaben sehr geeignet war.

Nach dem Vortrag wirkte er während des Abbaus der Geräte etwas stumm und in sich gekehrt. Als ich fragte, ob es ihm denn gefallen habe, schaute er mich fast flehentlich an und fragte, ob er mich auch weiter begleiten dürfte. Dies konnte natürlich nur für die paar Tage der letzten Hollandvorträge gelten, nicht aber für die Zukunft. Während der vorgesehenen Auslandsreisen würden die zuständigen Leitz-Vertreter vor Ort helfen. Ein ständiger Helfer war mir deshalb auch nie bewilligt worden.

In den folgenden Tagen – Julius übernachtete in Jugendherbergen und lebte von einem winzigen Taschengeld – merkte ich an seinen gezielten Fragen sein wachsendes Interesse an der Foto-

52

Julius Behnke, als ich ihn kennenlernte.

grafie und besonders an der Leica. Wie er mir zögernd gestand, hatte er mit einem ganz einfachen Fotoapparat bereits versucht, seine Beobachtungen in den skandinavischen Wäldern in Bildern festzuhalten. Etwas verlegen zeigte er einen 6x9cm-Abzug, auf dem ein flüchtendes Reh – sehr weit entfernt und winzig – kaum zu erkennen war. Leider gab es unter meinen Dias keine Tierfotos, die mit längeren Brennweiten oder einem großen Teleobjektiv gemacht worden waren. Ich versprach ihm, daß er bei Gelegenheit in der Wetzlarer Leica-Schule eine richtige »Objektivkanone«, das 400mm-Telyt am »Spiegelkasten« bewundern dürfe.

Zurück in Deutschland machte ich Julius Behnke mit Heinrich Stöckler, dem Leiter der Leica-Schule, bekannt. Dieser meinte ebenfalls, daß sich Julius offenbar für eine Mitarbeit gut eignen würde. Dagegen scheiterte mein Versuch, mich für ihn bei Leitz einzusetzen. Die Antwort aus dem Personalbüro fiel negativ aus:

»Dieser junge Mann, der sich bereits wie ein Landstreicher in der Weltgeschichte herumgetrieben hat, scheint uns kaum geeignet, später einmal mit Leitz-Kunden umgehen zu können.« Es war nur der Umsicht Heinrich Stöcklers zu danken, daß Julius trotzdem in Kontakt mit Wetzlar blieb und inoffiziell sogar als Gast an den lehrreichen Leica-Kursen teilnehmen konnte.

Anfang Juni 1937 fuhr ich im Anschluß an Vorträge in Wien direkt nach Jugoslawien. Ähnlich wie in Ungarn und in der Tschechoslowakei verstand man dort deutsche Vorträge ohne Übersetzungshilfe. Intellektuelle in diesen Staaten pflegten angesichts der erheblichen Unterschiede ihrer jeweiligen Landessprachen Deutsch oftmals als »lingua franca« zu benutzen. Kein Wunder, da all diese Länder – deren Einwohner sich gegen die Bezeichnung »Balkanstaaten« verwahrten – bis zum Ersten Weltkrieg zum Kaiserreich Österreich/Ungarn gehörten .

Ich saß gerade mit einigen für die Vorträge in Jugoslawien verantwortlichen oder daran interessierten Herren aus Wien, Zagreb und Belgrad in der Halle eines Zagreber Hotels, als ganz plötzlich Julius vor uns stand. In kurzen weißen Hosen, sonnenverbrannt und verschmitzt lächelnd. Er sei einfach hierher getrampt, weil er gehofft hatte, ich könnte ihn bei den Vorträgen wieder gebrauchen.

Mir schien es notwendig, den verdutzten Anwesenden den plötzlichen Besuch zu erklären. Also stellte ich Julius Behnke als einen Leica-Enthusiasten aus Wiesbaden vor, der mir ein Jahr zuvor in Holland zeitweilig zur Hand gegangen sei. Ich fragte den reiselustigen Tramp, wieviele Tage er denn von Deutschland bis Zagreb gebraucht hätte. Als Antwort bekam ich seinen ganzen Reisebericht zu hören. Er war von einem Österreicher ab Salzburg mitgenommen worden und in Bad Ischl vor einem Luxuxhotel ausgestiegen. Der Hotelier hatte ihm auf seine Frage, wo er denn preiswert übernachten könne, einfach ein Gratiszimmer angeboten, was ihm in seiner ausgefallenen Kluft und mit dem schmuddeligen Rucksack etwas peinlich gewesen war. Noch schlimmer kam es, als ihn eben dieser Hotelier in ein politisches Gespräch zog und sich ihm flüsternd als Verehrer von Adolf Hitler vorstellte. Von dem wollte Julius schon gar nichts wissen. Mit dem Hinweis auf seine jugendliche Unbedarftheit in Sachen Politik wußte er sich der peinlichen Situation geschickt zu entziehen; das Nobelzimmer nahm er aber gerne an.

Am nächsten Abend war er in Maribor einem freundlichen Slowenen bei der Suche nach einer Bäckerei aufgefallen, wo er sich eine trockene Semmel kaufen wollte. Bis dahin hatte das opulente Frühstück in der Ischler Luxusherberge vorgehalten. Der Slowene hat ihn dann zu seiner Familie mitgenommen, von der er überschwenglich begrüßt und mit Wein und reichlichem Essen bewirtet wurde. Dort konnte er ebenfalls übernachten.

Julius durfte mich ein paar Tage begleiten und war natürlich bei den Vorträgen recht hilfreich. Daß er trotz des geringen Entgelts, das ich ihm nur geben konnte, noch eine kleine Reserve für die bevorstehende Rückkehr ansparen konnte, verdankte er der Tatsache, daß er eigentlich immer und überall ein Nachtlager fand – und eine gute Verpflegung dazu. In Subotica wurde er sogar Gast der Familie des Bürgermeisters, obwohl er auf dem Rathaus lediglich einen Quartierhinweis erbeten hatte. Bei der vielköpfigen Familie gab es wieder ein opulentes Mahl und dazu Unmengen an Wein, dessen Genuß den Gast aus Deutschland während der Nacht vergeblich ein Örtchen suchen ließ, das er im Dunkeln nicht finden konnte. Er sah sich in seiner Not gezwungen, eine leere Blumenvase zweckentfremdend zu benützen. Später auf unserer Weiterfahrt fiel ihm ein, daß er die Vase nicht entsorgt hätte. Ich habe ihn daraufhin gescholten, daß dies keine gute Werbung für das ordentliche Deutschland sei.

Julius ist im gleichen Jahr dann doch noch bei Leitz angestellt worden. Er hat viele Jahre an der Seite Heinrich Stöcklers in der Leica-Schule gewirkt und war dort nicht nur fototechnischer Berater, sondern auch ein sehr nützlicher Studiofotograf, der mit den extrem feinkörnig gewordenen Kleinbildfilmen klischeefähige Geräteaufnahmen für Kataloge und Prospekte herzustellen verstand.

Bald aber erfüllte sich sein Herzenswunsch, mit der Leica und dem 400mm-Telyt auf die Pirsch gehen zu können. Seine Freizeit galt den wildreichen Revieren der Wetzlarer Umgebung, deren Förster und Jagdpächter er gut kannte.

Zeitlebens hat er kein Tier geschossen. Er meinte zu seiner Jagd mit der Kamera: »Ich komme zwar nicht zum Schuß wie ein Jäger, dafür kann ich den gleichen Hirsch auch mehrmals erlegen.«

Sein stets gespreiztes und mit Buschwerk getarntes Stativ trug Julius über der Schulter. Blitzschnell konnte er es absetzen und aufstellen.

In Behnkes eigenen Worten (laut Theo Kisselbach in dessen Leica-Buch): »Für
dieses Bild eines röhrenden Hirschs brauchte ich einen ganzen Sonntag, von sechs
Uhr morgens bis fünf Uhr nachmittags. Stundenlang war alles, was ich von ihm zu
sehen bekam sein Kopf und sein Geweih, wie er sich in der Ferne auf einer
Lichtung hin und her bewegte. Als er schließlich ins Freie trat, röhrte ich ihm laut
entgegen und seine Reaktion habe ich hier auf dem Bild festgehalten.«

Im Kreis seiner Freunde war Julius für seine anschaulichen
Jagdberichte bekannt. Und wo selbst das beste Dia das Erlebnis
nicht ausreichend zu erklären vermochte, untermalte er seine
Beobachtungen mit brillianter Gestik. Wobei er mit den Händen,
deren zehn gespreizte Finger er rechts und links über seinen Kopf
hielt, das plötzliche Auftauchen eines stattlichen Zehnenders auf
der Waldeslichtung pantomimisch so gut darzustellen vermochte,
daß seine Gäste begeistert Beifall spendeten.

1984 wurde ihm vom DJV (Deutscher Jägerverband) im bayri-
schen Sonthofen der alljährliche Preis für die beste Öffentlichkeits-
arbeit verliehen, wodurch er im Beisein von über 1000 Jägern in
Anerkennung seines fotografischen Schaffens geehrt wurde.

Julius Behnke starb im April 1988 im Alter von 69 Jahren an
Lungenkrebs.

KAPITEL 5

»Es geht alles vorüber«

Noch einmal muß ich auf die erste Zeit der Leica-Vorträge zurückkommen. Der Vortrag, über den ich kurz berichten möchte, fand am 30. Januar 1933 in Kaiserslautern statt. Es war der Tag, an dem Adolf Hitler Reichskanzler wurde. Der im Ort führende Fotohändler hatte sich gerne bereit erklärt, den Leica-Vortrag zu veranstalten, und hat eine vorbildliche Werbung dafür gemacht. Ich besuchte das Geschäft am späten Nachmittag. Der Mann und seine Frau schienen »wegen des politischen Rummels da draußen« etwas betreten. Man sprach von randalierenden uniformierten SA-Leuten und spontanen Gegendemonstrationen.

Bis zu diesem Tag hatte ich mehr oder weniger unpolitisch gelebt. Meine Interessen galten ganz und gar der Fotografie; jegliche demagogische Politik war mir höchst zuwider. Dabei hatte sich zweifellos der Umgang mit so liberalen Menschen wie Oskar Barnack und Dr. Ernst Leitz als einflußreich erwiesen. Eine solch tolerante Gesinnung spürte ich auch bei dem freundlichen Ehepaar in dem Fotoladen, als sie mit fühlbarem Widerwillen von den Nazis sprachen. Mich fröstelte jedoch, als ich den scheuen, ängstlichen Blick gewahrte, den der Fotohändler während unseres Gesprächs in seinen Laden warf, wo einige Kunden anwesend waren.

An diesem Tag erfuhr ich zum ersten Mal, was der deutsche Blick bedeutete: jener vorsichtige, nach allen Seiten prüfende Blick, der die lähmende Furcht vor Denunziationen verriet. Mir wurde erst später klar, daß dieser Tag das Ende der Weimarer Republik gewesen war, und von da an die Angst zum ständigen Begleiter wurde.

Mein netter, aber ängstlicher Fotohändler hatte Bedenken wegen des Vortrags am gleichen Abend. Er habe Kunden, die ganz bestimmt kommen wollten, die aber in einer Stadt, in der jeder jeden kennt, Übergriffe herumstrolchender Rowdies befürchteten.

Wir hatten einen relativ großen Saal. Sechshundert Plätze waren eine Menge für eine Veranstaltung dieser Art, denn die Fotografie war damals absolut noch kein selbstverständlicher Bestandteil der Freizeitgestaltung. Es gab auch in der Tat keinen Andrang, wie ich ihn von vergangenen Veranstaltungen her gewohnt gewesen war. Im übrigen hatte ich seit kurzem meinen üblichen Platz neben dem Projektor in der Saalmitte aufgegeben. Ich war angesichts der inzwischen notwendigerweise größeren Säle, die wir mieteten, nun doch dahin gegangen, wohin ich eigentlich auch gehörte: auf die Bühne. Das Gestell der für damalige Begriffe imposanten, 3x3 Meter großen Lichtbildband wurde auf zwei Tische gestellt. In dieser Höhe war sie, ähnlich wie im Kino, für jeden in ganzer Breite und Höhe übersehbar. Der Projektor konnte dank des neuen Wechselschiebers für 5x5cm-Diaformate ohne Schwierigkeiten von einem anderen bedient werden. An dem neuen Platz auf dem Podium erlebte ich den großen Vorteil des direkten Gegenübers mit den Zuhörern, die ja in erster Linie schauen wollten.

Der Moment, in dem ich in den Strahlengang des Projektors trat, ohne das hinter mir erscheinende Riesenbild wesentlich zu stören, war der Beginn eines Überraschungseffekts, der einen besonderen Reiz der Leica-Vorträge ausmachte.

Das Portrait eines Menschenaffen aus dem Frankfurter Zoo erschien auf dem Schirm. Während im Publikum deutliche Zeichen der Überraschung über die Projektion dieses Dias zu hören waren, trat ich in der untersten Ecke der angeleuchteten Leinwand an jene Stelle, an der das Affenbild noch eine kleine neutrale Fläche freiließ. Ich griff wie ein Zauberkünstler in die obere Tasche meines Jackets und zog mit Daumen und Zeigefinger ein kleines transparentes Tütchen ins Licht, aus dem ich wiederum mit spitzen Fingern ein ungerahmtes, perforiertes Stückchen Film – eben ein einzelnes Leica-Negativ – hervorholte. Fast feierlich hielt ich dieses Fitzelchen von 24x36mm über meinen Kopf – nur die ganz vorn Sitzenden erkannten die Umrisse des Affenportraits, dessen hundertfache Vergrößerung auf der Leinwand zu sehen war.

Mit wenigen Worten berichtete ich über Oskar Barnacks Traum im Jahr 1906, als er nach mühseliger Begwanderung mit seiner schweren Kamera samt Stativ die Vision »kleines Negativ und großes Bild« hatte. »Hier, meine Damen und Herren, sehen Sie die Erfüllung seines Traumes!« Für wenige Sekunden war es andächtig still im Saal, bis zu einem begeisterten Applaus.

Da kam es zu einem unerwarteten Zwischenfall. Von der Straße her ertönte plötzlich ein donnernder Paukenschlag mit anschließendem Trommelwirbel und Trompetenstößen. Nach diesem martialischen Auftakt erschollen ein paar zackige Befehle und im Takt militärischer Schritte erklang das später bis zum Überdruß gehörte Kampflied: »Die Fahne hoch, die Reihen fest geschlossen ...«

Das Affendia leuchtete noch immer von der Leinwand. Ich konnte nichts weiter tun, als warten bis der Lärm wieder abgeklungen war und ich in meinem Vortrag mit dem doppeldeutigen Satz fortfahren konnte: »Es geht alles vorüber.«

58

Sieben Stunden in Untersuchungshaft

Die überall mit viel Beifall und Bewunderung begrüßte »Leica-Bilderschau« mit den Vergrößerungen von Paul Wolffs Aufnahmen wurde seit 1935 in zahlreichen Städten in Hessen gezeigt. Von Heidelberg, Darmstadt und Frankfurt ging es dann ins Rheinland, wo ich in der Kölner Innenstadt vorzügliche Ausstellungsmöglichkeiten fand. Später ging es weiter nach Düsseldorf, Dortmund und Essen.

In Wetzlar hatte ich mehrmals vergeblich um einen ständigen Assistenten gebeten. Einen fest angestellten Leitz-Mitarbeiter wollte man mir nicht mitgeben, da das zu kostspielig gewesen wäre. Vielmehr sollte ich mir für den Aufbau der Ausstellung und deren Bewachung jeweils immer eine Hilfe suchen. Unter den vielen Arbeitslosen gäbe es ja genug Leute, die solche Gelegenheitsarbeiten gerne machten. Als Honorar für einen Helfer wurden fünf Mark am Tag vereinbart. Begreiflicherweise scheute ich aber den täglichen Wechsel solcher Helfer und die ständig nötige Einarbeitung der meist bei den Händlern arbeitenden Diavorführer. Ich fand einen besseren Weg und engagierte einen mir noch aus Wetzlarer Zeiten bekannten Mann namens Otto Wilerzol. Er war freundlich und intelligent. Der Zufall wollte es, daß Otto zu der Zeit ohne Arbeit und deswegen froh war, mich auf Ausstellungen und zu Vorträgen begleiten zu können. An seinem 93. Geburtstag im Februar 1990 sagte er mir, er denke sehr gerne an diese Tage zurück.

Otto war in Essen Zeuge, als ich an einem Herbsttag 1936 von zwei Beamten in Zivil verhaftet und mitgenommen wurde. Ob sie von der Gestapo oder von der Kriminalpolizei waren, wußte ich anfangs nicht. Zu meiner Erleichterung erfuhr ich aber später, daß ich wegen Verdachts eines Devisenvergehens vernommen werden sollte. Ich verabredete mit Otto, daß ich so bald wie möglich in den städtischen Saalbau kommen würde, wo abends unser Vortrag stattfinden sollte.

1935 war die Mark nur beschränkt konvertierbar. Bis zu 10 RM durfte man ins Ausland überweisen. Mir war allerdings nicht bewußt, daß dies nur einmal im Monat möglich war. Ich wollte nämlich bei einem Freund in Belgien für einen geplanten Besuch in Brüssel ein kleines Devisenpolster anlegen und hatte hintereinander viermal Geld überwiesen. Meine Gutgläubigkeit war offensichtlich, da ich dabei ganz harmlos meine derzeitige Adresse angegeben hatte.

Es war 11 Uhr, als man mich nicht etwa zur Vernehmung, sondern ins städtische Untersuchungsgefängnis brachte. Ich mußte sämtliche Taschen leeren, sowie Gürtel, Hosenträger, Krawatte und meine Uhr ablegen. Die Beamten fragten sogar nach meiner Geldbörse, deren Inhalt gezählt und quittiert wurde. Es war klar, daß sie den Grund meiner Festnahme nicht kannten. Meine Wärter zuckten nur mit der Achsel, als ich fragte, wann ich vernommen würde. Sie hatten mich lediglich einzusperren.

Vor diesem Tag hatte ich noch nie eine Gefängniszelle gesehen, geschweige denn betreten. Es muß ungefähr 12.30 Uhr gewesen sein, als man mir einen Teller Suppe in die Zelle schob, den ich allerdings stehen ließ. Der Wärter, der den Teller wieder abholte, und den ich mit wachsender Unruhe fragte, ob er wisse, wann ich vernommen würde, antwortete mit einem Achselzucken: »Weiß ich doch nicht!«

In den folgenden Stunden geschah absolut nichts. Einmal hörte ich jemanden eine Tür zuschlagen und mit dem Schlüsselbund rasseln. Beim Bedenken meiner Lage mußte ich die Möglichkeit ins Auge fassen, daß man mich einfach hier behalten konnte – über den Abend und die Nacht hinaus. Ich hätte mich jedoch mit zusammengebissenen Zähnen in mein Schicksal gefügt, wenn nur der Vortrag nicht gewesen wäre. Aber bei dem Gedanken, daß Otto jetzt im Saalbau beim Aufbau des Projektors sei und sich natürlich Gedanken mache, wanderte meine Phantasie weiter bis zum Abend um 8 Uhr. Dann würde Otto nach ein paar Warteminuten aufs Podium steigen müssen und mit seiner für den großen Saal viel zu leisen Stimme verkünden, daß ich leider nicht gekommen wäre und er auch nicht den Grund meines Fortbleibens wüßte. Ich kannte Otto als viel zu diskret, als daß er den wahren Grund meiner Abwesenheit verraten würde. Ich sah förmlich, wie sich der Saal leerte und ein paar erboste Leute riefen, sie würden sich beschweren. In Wetzlar würde man spätestens morgen früh Bescheid wissen. Bald würde die Meldung von meiner »Verhaftung wegen Devisenschmuggels« die Runde machen.

Ich dachte an einzelne Kollegen, die nicht meine Freunde waren und mit denen es politische Auseinandersetzungen gegeben hatte. Deren Phantasien würden das Gerücht verbreiten: »Sicher hat er wieder was gegen die Nazis gesagt, und sie haben ihn deswegen eingesperrt.« Andere hatten mich einen Leica-Clown genannt, weil ich bei der Demonstration von Aufnahmesituationen auf der Bühne schon mal in die Knie ging oder mich zum Gaudium der anwesenden Fotofreunde der Länge nach auf den Boden warf, um auf diese Weise die Universalität der Leica augenscheinlich zu machen. Das galt vielen für einen Repräsentanten der Firma Leitz als zu unseriös. Diese sonst von mir nicht ernst genommenen Stimmen würden nun zu dem Urteil finden: »Devisenschmuggel! Der hat offenbar noch für getürmte Juden Geld ins Ausland geschafft.«

Es muß gegen fünf Uhr nachmittags gewesen sein, als sich meine Einbildungskraft so gesteigert hatte, daß ich einen energischen Versuch machte, mein Schicksal doch noch zu wenden. Ich schlug mit den Fäusten gegen die Zellentür, denn eine Klingel fand ich nicht. Als der Wärter öffnete, flehte ich ihn an, daß ich dem Herrn Direktor etwas sehr Wichtiges zu sagen hätte. Der Wärter machte auf dem Absatz kehrt und verschloß die Tür wieder.

Im Stillen gratulierte ich mir zu diesem Einfall, mich mit dem Hinweis auf eine wichtige Mitteilung interessant gemacht zu haben. Vielleicht hielt mich der Wärter für einen weich gewordenen Häftling, der endlich gestehen wollte.

In der Tat kam dann ein Beamter, den ich zuerst mit Herr Direktor anredete, obwohl er es gar nicht war. Er fragte nur, was ich so Wichtiges zu sagen hätte. Dem ungläubig dreinblickenden Mann berichtete ich nun mit vor Erregung stockender Stimme, daß ich am Abend um punkt acht Uhr einen Lichtbildervortrag im städtischen Saalbau halten müsse, der bereits durch Plakate und Inserate angekündigt worden sei. Wenn ich wegen meiner Haft nicht in der Lage wäre, diesen Vortrag zu halten, hätte das für mich ernste Konsequenzen und könnte mich gar die Existenz kosten. Ich schlug vor, mich durch einen Polizisten in Zivil begleiten zu lassen, der mich anschließend wieder im Untersuchungsgefängnis abliefern könnte. Nachdem der Beamte sich dies alles angehört hatte, entfernte er sich mit der nichtssagenden Bemerkung: »Ich will sehen, was sich für Sie tun läßt.«

Ich befand mich also nach wie vor im Ungewissen über meine Situation. Lange stand ich mit dem Ohr an der Zellentür und lauschte nach draußen. Als endlich jemand aufschloß, war es der Wärter, der mir auf einem schmierigen Brett das Abendbrot brachte – jedenfalls sollte es das wohl sein: wieder nur Suppe mit zwei Scheiben Brot. Als er meine Frage nach der Uhrzeit mit einem kurzen »Sechse isses!« beantwortete, brach ich vor Enttäuschung zusammen. Der Mann starrte mich verblüfft an, als ich neben meiner Pritsche auf die Knie sank und ihn anflehte, zu melden, daß ich zwei Stunden später in einem Essener Saal vor fast tausend Leuten einen Vortrag zu halten hätte. Ich sei, falls ich dies nicht täte, verloren .... Hier versagte mir die Stimme, und ich begann hemmungslos zu weinen.

Meine Tür wurde wieder abgeschlossen; der Mann war wortlos gegangen. Ich ließ die Suppe stehen, stierte in die Zellenecke und schluchzte vor mich hin.

Es muß wohl gegen sieben Uhr gewesen sein. In der Gewißheit, daß sich um diese Tageszeit niemand mehr um mich kümmern würde und mich der freundliche Beamte längst vergessen hätte, begann ich vor Verzweiflung zu toben. Mit Fäusten und Füßen hämmerte ich gegen die Zellentür. Ich muß auch geschrien haben, denn ich war noch eine ganze Zeit danach heiser.

Da wurde meine Tür plötzlich aufgeschlossen. Der Beamte von vorher stand verwundert vor mir: »Beruhigen Sie sich doch. Der Direktor hat entschieden, daß Sie gehen können. Er hat mit dem Saalbau telefoniert und sich von der Wahrheit Ihrer Angaben überzeugt. Möglicherweise müssen wir Sie morgen noch einmal sehen, aber das wird höheren Orts entschieden. Wir haben ja Ihre Adresse. Nun eilen Sie zum Wachzimmer und lassen Sie sich Ihre abgelieferten Sachen geben.«

Nachdem ich meinem Retter vor Dankbarkeit mit beiden Händen die Rechte geschüttelt hatte, bekam ich meine Hosenträger, den Gürtel, die Krawatte, meine Uhr und mein Portemonnaie wieder und mußte alles quittieren.

Ich weiß nicht mehr, wie ich – die Krawatte lose in der Hand – zum Saalbau gekommen bin. Trampen war damals nicht so leicht, denn es fuhren nicht viele Autos um diese Zeit. Irgendjemand hat mich dann bis zum Saalbau mitgenommen. Es war wenige Minuten vor acht Uhr, als ich am Eingang auftauchte. Otto schob mich sofort in den Waschraum, wo ich mich im Handumdrehen umzog.

Wir gingen nach dem Vortrag in ein gutes Restaurant, vor dem wir zwei Tage zuvor die Speisekarte studiert hatten und uns nicht getrauten, einzutreten. Dort feierten wir nun meine wiedergewonnene Freiheit.

Otto erzählte mir später, daß ich an diesem Abend einen besonders lebendigen Vortrag gehalten hätte. Er konnte das gut beurteilen, weil er ja Abend für Abend immer dabei war.

September 1938: Politische Hochspannung

Neue Leica-Lichtbildervorträge wurden im September 1938 durch die Schweizer Leitz-Vertretung in den deutschsprachigen Kantonen angekündigt. Die bis dahin noch unbekannte Projektion farbiger Dias in fast hundertfacher Vergrößerung schien die Zahl der Leica-Enthusiasten noch vermehrt zu haben. In Zürich, Basel, Bern, St. Gallen und einigen anderen Städten mußten größere Säle als bisher einschließlich Wiederholungen eingeplant werden.

Die politische Lage war äußerst angespannt. Der drohende Einmarsch deutscher Truppen in die Tschechoslowakei belastete auch den Alltag in der neutralen Schweiz. Von den Einladungen zu gänzlich unpolitischen Lichtbildervorträgen mit dem Titel »Farbiges Fotografieren, mit der Leica erlebt« ging eine besondere Faszination aus. Zwei frühere Vortragsreisen in der Schweiz schienen der Leica einen neuen Freundeskreis erschlossen zu haben, wie mir Fachleute aus dem Schweizer Fotohandel versicherten.

Dies brachte mich auf die Idee, neue Farbdias aus der Schweiz in meinen Vorträgen zu zeigen. Jedermann sollte die Motive auch erkennen können; so galt es also, eindrucksvolle Aufnahmen von Alpenlandschaften zu machen.

Meine Wahl fiel auf den St. Gotthard-Paß. Der hatte mich schon vor zwei Jahren fasziniert. Die Abfahrt unmittelbar hinter dem Paß – weit über der Baumgrenze in 2110 Metern Höhe – ging hinunter bis ins ferne Val Tremola mit dem Blick von oben auf zahlreiche Haarnadelkurven, die mir trotz meiner Fahrpraxis erheblich zu schaffen machten. Die Wetterlage war stabil, und die Durchsage im Radio sprach von Aussicht auf Quellbewölkung – jedem Fotografen als die beliebten Kumuluswolken bekannt.

Von Zürich bis zum Paß hinauf waren es nur 109 Kilometer. Ich durfte mich unterwegs aber nicht durch allzu reizvolle Motive von meinem Ziel, dem Hochgebirge, abbringen lassen. Ein Besuch der leicht erreichbaren Züricher, Zuger und Vierwaldstätter Seen war auch an anderen Tagen mit viel Sonne möglich. Aus Erfahrung wußte ich, daß in der inneren Schweiz ideales Licht herrschen konnte, während sich im Gebirge die Sicht zur gleichen Zeit fotografisch als unergiebig erweisen mochte. Es galt also, die gute Wetterlage im Gebirge zu nutzen.

In jenen Jahren sah es auf der Paßstraße zum Gotthard völlig anders aus als heute. Obwohl ich an einem freien Samstag bei herrlichem Herbstwetter unterwegs war, sah man weit und breit kein Auto. Auf der Gotthard-Straße konnte ich ungeniert in fast jeder Kurve parken.

An einer besonders schönen Stelle auf dem Paß stellte ich mein Auto so ab, daß es nicht ins Bild geraten konnte. Auf einer Böschung kaum hundert Meter weiter baute ich dann mein Holzstativ auf, das ich schon damals mit dem stabilen Leitz'schen Kugelgelenkkopf versehen hatte. Angesichts der Helligkeit im Gebirge schien ein Stativ auf den ersten Blick allerdings überflüssig zu sein, zumal der neue Agfacolor-Diafilm mit 15/10 DIN ausreichend empfindlich war. Aus freier Hand waren Belichtungen von $\frac{1}{250}$ Sekunde mit Blende 5,6 bis 8 leicht möglich. Vergleichsweise gibt es auch heute noch einen Farbdiafilm derselben Empfindlichkeit, den beliebten Kodachrome mit 25 ASA, den man in dieser Höhe natürlich auch ohne Stativ einsetzen könnte. Mir ging es aber nicht um Weitwinkelaufnahmen von den Serpentinen. Ich wollte vielmehr den gerade herausgekommenen empfindlicheren Agfacolor-Diafilm auf seine Eignung beim Einsatz verschiedener Haze- und Skylightfilter prüfen. Für solche Testaufnahmen ist das Stativ ein absolutes Muß. Die Reihe der verschiedenen Belichtungen mit stufenartig erhöhten oder verringerten Zeiten bzw. Blendenwerten muß natürlich immer den gleichen Ausschnitt zeigen. Nur so erlangt ein Test Gültigkeit.

Bei Aufnahmen aus freier Hand ist das nicht zu erreichen. Hinzu kommt, daß die auf ein Stativ geschraubte Kamera das Auswechseln von Objektiven und Filtern, aber auch sorgfältige Eintragungen in ein Notizbuch erleichtert. Ohne eine genaue »Buchführung« ist jeder Test nutzlos.

Den nach dieser Testreihe verbliebenen Filmrest wollte ich nun für ein paar typische Bilder von der sich ins Tal windenden Straße verwenden. Während meiner Testreihe hatte ich die Leica nur im Querformat eingesetzt. Die Straße mit ihren Serpentinen war darin nur ein Teil meines Ausschnitts. Ich hatte bewußt auch den Himmel ins Bild genommen, der mir für den Belichtungstest des neuen Farbfilms besonders wichtig war. Jetzt nahm ich einen Standortwechsel vor und trug mein Stativ in eine Position, in der das 35 mm-Weitwinkel im Hochformat sinnvoll einsetzbar war.

Die erste Kehre der Serpentinen begann beim 35mm-Objektiv am oberen Bildrand, während die Talkehren bis zum unteren Rand reichten. Die ausgezeichnete Fernsicht erlaubte es auch, mit dem 200mm-Telyt am Visoflex I die vielen Kehren im Tal als Ausschnitt heranzuholen. Dank der perspektivischen Verdichtung würde ich ein Dia erhalten, das selbst ein Kenner der Schweizer Gebirgsstraßen auf den ersten Blick nicht als »Gotthard« erkennen würde. Den Spaß wird nur jeder Leser nachfühlen können, der selbst mit langen Brennweiten umzugehen versteht und ein Tele beileibe nicht nur zum Heranholen entfernter Motive einsetzt.

Ein bergauf fahrendes Auto, das auf der Mattscheibe des Viso-flex' auftauchte, sorgte für eine gewisse Belebung der gestaucht wirkenden Serpentinen. Trotz der Staubwolken, die es in jeder Kurve hinter sich ließ, konnte ich bequem vier- bis fünfmal auslösen. Ich bereute, den neuen Leica-Motor zur IIIa in Zürich beim Gepäck zurückgelassen zu haben.

Nach einer Weile hatte das Auto die oberste Kehre erreicht. Der Fahrer parkte hinter meinem Wagen, stieg aus und kam zu mir die Böschung herauf. Ich konnte wohl kaum erwarten, daß ein Leica-Fan die Gelegenheit zu einem Plausch nutzen wollte. Der strenge, amtliche Blick, den der Fremde über die Kamera, die offene Objektivtasche und mein Notizbuch gleiten ließ, war von deutlichem Mißtrauen geprägt.

Ich befand mich in einer etwas prekären Situation. Es gab zwar meines Wissens keinerlei Fotografierverbot in der Schweiz, aber ich war nur Gast, und dazu ein deutscher. So konnte ich seine barsche Frage, warum ich hier oben Fotos mache, kaum schnippisch damit beantworten, daß ihn das gar nichts anginge. Ich sagte ihm daher die reine Wahrheit, daß ich Fotograf sei und bei der guten Fernsicht meine Objektive, Filter und Farbfilme auf ihre verschiedenen Qualitätsmerkmale testen wollte.

Der Mann schien auf dem Gebiet der Fotografie nicht bewandert zu sein. Sonst wäre er angesichts meiner Ausrüstung und der Notizen über Filter, Blenden- und Belichtungszeiten, die ich ihm entgegenhielt, von meiner Harmlosigkeit überzeugt gewesen. So zuckte er nur mit der Achsel und ging wortlos zu seinem Auto zurück. Ich schulterte mein Stativ und sah aus dem Augenwinkel heraus, wie er sich meine Wetzlarer Autonummer notierte.

»Die Gestapo hat nach Ihnen gefragt!«

Knapp drei Wochen nach meinem Ausflug an den St. Gotthard-Paß teilte man mir bei einem kurzen Aufenthalt in Wetzlar mit, daß die Polizei nach mir gefragt hätte. Ich sollte mich nach meiner Rückkehr unverzüglich beim Leiter der Staatlichen Sicherheit – mit anderen Worten: der Gestapo – melden. Nur wer die damalige Zeit bewußt miterlebt hat, kann die Bedeutung dieser Aufforderung ermessen. Der Grund war natürlich nicht angegeben worden. Ich mußte den folgenden Tag abwarten.

In Anbetracht meiner zahlreichen Auslandaufenthalte und meiner Kontakte zu Leuten, die den Nazis den Rücken gekehrt hatten, verbrachte ich einige unruhige Stunden. Im Stillen überlegte ich mir bereits eine Antwort auf die Frage, warum ich als deutscher Volksgenosse noch nicht Mitglied der Partei wäre.

Am nächsten Morgen begab ich mich in die Höhle des Löwen und wurde nach dem obligatorischen »Heil Hitler!« von einem Mann mittleren Alters jovial in eine gemütliche Ecke mit Ledersesseln komplimentiert. Meine Befürchtungen erwiesen sich als ganz und gar unbegründet. Man fragte mich, für wen ich denn in der Schweiz fotografiert hätte. Da dämmerte es mir langsam. Im Geiste sah ich das Gesicht jenes Schweizer Autofahrers vor mir, der mich an der Böschung oberhalb der St.Gotthardstraße zur Rede gestellt hatte. Erleichtert sank ich in den weichen Sessel. Meine wiedergewonnene Selbstsicherheit ließ mich keck fragen: »Wissen Sie als Wetzlarer eigentlich nicht, was ich bei Leitz tue?« Sein ärgerliches Gesicht zeigte mir, daß ich ihn überfordert hatte; ich berichtete ihm also von der intensiven Werbetätigkeit der Firma Leitz im Interesse so dringend benötigter ausländischer Devisen.

So hätte Leitz beispielsweise wenige Monate vorher in Amsterdam einen großen Konzertsaal dreimal hintereinander mieten müssen, um alle an meinen Lichtbildvorträgen interessierten Leute zu erreichen. Und auch in der Schweiz sei ich in jeder freien Stunde tätig gewesen, um für meine Vorträge interessante Bildbeispiele zu fotografieren.

Nach dieser erschöpfenden Erklärung bat ich, nun meinerseits eine Frage stellen zu dürfen und berichtete von meinem Erlebnis am St.Gotthard-Paß. Ich erzählte ihm auch von meiner Vermutung, als deutscher Spion verdächtigt und angezeigt worden zu sein. Daraufhin schaute ich den Gestapo-Mann durchdringend an und fragte: »Aber doch nicht etwa bei Ihnen?
Auf diese direkte Frage konnte oder wollte er nicht antworten. Erst später erfuhr ich die Hintergründe: Die Schweizer Spionageabwehr war offenbar von V-Männern der Nazis unterwandert. Diese warnten die deutsche Abwehr, wenn deutsche Agenten in der Schweiz beobachtet worden waren. Da ich natürlich nicht auf der Nazi-Liste als V-Mann stand, wollte man meine Auftraggeber wissen.

Der eigentliche Grund, mich zur Gestapo zu zitieren, war aber nicht allein der Wunsch gewesen, mehr über meine angeblichen Hintermänner zu erfahren. Mein Gegenüber brachte schon bald ein Anliegen vor, das bei mir stärksten Widerwillen hevorrief: »Würden Sie für uns in Amsterdam ein Haus beobachten, das häufig von Emigranten aufgesucht wird? Sie müßten dabei auch unbemerkt Personen fotografieren.«

Eine empörte Weigerung wäre unter diesen Umständen äußerst unklug gewesen. Ich gab deshalb eine ganz pausibel klingende Erklärung für meine Ablehnung. Langjährige Erfahrung ließ mich für jede Art geheimer oder getarnter Tätigkeit völlig ungeeignet erscheinen. Wenn ich jemals unter einem fremden Namen hätte auftreten müssen, wäre ich sofort bis über beide Ohren rot geworden.
Dies wirkte bei mir zuverlässiger als jeder Lügendetektor. Aus dem gleichen Grund würde ich bei heimlichen Fotos mit der Leica bestimmt durch mein nervöses Gebaren auffallen.

KAPITEL 6

Henri Dumur

Die Zeit vom Beginn der Machtübernahme durch die Nazis bis zum Ende des Krieges war für die Familie Leitz sehr viel schwerer durchzustehen als für mich. Während meiner Vortragsreisen gab es weniger direkte Berührungspunkte mit der Politik. Dagegen war für die in Wetzlar Arbeitenden ein gehöriges Maß an Mut, Vernunft und vor allem auch an Humor notwendig, um die Abscheu gegen das Unrecht und die offensichtliche Unterdrückung durch das Regime zu ertragen.

In der direkten Umgebung der Familie Leitz war es vor allem Henri Dumur, der gegen den Strom schwamm, wo immer es ging; wobei ihm seine Schweizer Staatsbürgerschaft allerdings einen gewissen Schutz gewährte. Im Werden der Leitz-Werke hatte er eine bedeutsame Rolle gespielt. Als Enkel der Schwester von Ernst Leitz I, dessen ältester Sohn bereits sehr jung bei einen Reitunfall ums Leben gekommen war, hatte er in Wetzlar eine Ausbildung genossen. Ab 1912 konnte er dann nach zahlreichen Studienjahren in verschiedenen Ländern seine beträchtlichen Sprachkenntnisse in den Dienst der Firma stellen. Später war er schließlich Geschäftsführer für den Bereich Finanzen und Vertrieb geworden. Mit seinem unverkennbaren französischen Akzent wußte er die merkwürdigsten Begebenheiten seriös vorzubringen, ohne die Ironie seiner Rede offen zutage treten zu lassen. Im folgenden gebe ich einige charakteristische Anekdoten aus den Jahren 1933 bis 1945 wieder, die ich den Aufzeichnungen von Dr. Ludwig Leitz verdanke.

Der Alte Fritz und die Parteispende

Es war im Jahr 1933, als in der Anfangszeit des auf tausend Jahre geplanten Dritten Reiches durch Gesetze und Notverordnungen sämtliche Grundrechte außer Kraft gesetzt worden waren. So wurde einmal eine Abteilung von Nazi-Parteileuten in ihren braunen Uniformen bei Leitz vorstellig, um eine nicht eben unbeträchtliche Parteispende einzufordern.

Sie landeten im Büro des Direktors Henri Dumur. Nachdem sie ihr Anliegen vorgebracht hatten, fragte Herr Dumur, auf ein Portrait an der Wand weisend: »Kennen Sie diesen Mann?« Man kannte ihn nicht. »Ein wahrhaft bedeutender Mann, den auch der Führer verehrt. Ich verehre ihn ebenfalls. Es ist Friedrich der Große, den der Volksmund auch den Alten Fritz nannte. Wie Sie sehen, habe ich ihn stets vor Augen, da ich seine Leitsätze strikt befolge. Einer davon lautet: Der Mensch ist frei geboren – und er soll frei bleiben; darum soll er auch frei entscheiden können.

Unter diesem Aspekt, meine Herren, habe ich Sie angehört. Wir werden über Ihr Anliegen nachdenken und darüber frei entscheiden.« Damit stand er auf und verbeugte sich.

Als Henri Dumur im engsten Kreise der Familie Leitz über diesen Auftritt berichtete, meinte er abschließend: »Und das Schönste an der ganzen Geschichte ist: Der Alte Fritz hat diesen Ausspruch nie getan!«

Der Nobelpreis

Herr Dumur war im Jahr 1937 zur Wetzlarer Kreisleitung der NSDAP ins »Braune Haus« bestellt worden. Er ahnte bereits, worum es ging. Man hatte ihn schon mehrmals aufgefordert, die deutsche Staatsbürgerschaft anzunehmen, da er als Schweizer Bürger Geschäftsführer eines wirtschaftlich bedeutenden deutschen Unternehmens war.

So war es auch diesmal. Erneut drängte man ihn energisch seine Staatsangehörigkeit zu wechseln. Er entgegnete aber auf die barschen Fragen seiner Verhörer: »Sie wissen doch: Der Führer hat angeordnet, daß kein Deutscher den Nobelpreis annehmen darf. Wenn ich jetzt deutscher Staatsbürger werden würde, könnte ich also den Nobelpreis nicht erhalten.

Man fragte ihn: »Ja, glauben Sie denn wirklich, Sie könnten den Nobelpreis bekommen?« Darauf Herr Dumur: »Ich arbeite in führender Position in einem wissenschaftlichen Unternehmen und habe weltweite Kontakte. Der Nobelpreis wird jährlich mehrfach vergeben. Nennen Sie mir bitte einen Grund, warum ich ihn nicht bekommen könnte. Außerdem würden meine Kinder dann auch Deutsche. Sie sind jedoch sehr intelligent, und wenn sie jemals für den Nobelpreis vorgeschlagen würden, so dürften auch sie ihn nicht annehmen!

Darauf wußten die einfältigen Herrschaften aus dem Braunen Haus keine Antwort. Sie hatten den Eindruck, daß eine Aufnahme Herrn Dumurs in die deutsche Volksgemeinschaft sowieso nicht wünschenswert erschiene und ließen die Angelegenheit bis Kriegsende auf sich beruhen.

Die Symbolfigur des Dritten Reiches

Es war in den Tagen der Katastrophe von Stalingrad, als es für die Deutschen ständig bergab ging, während die Partei und das Propagandaministerium stur an den üblichen Durchhalteparolen festhielten.

Wir gingen wie fast jeden Tag in der Mittagspause gemeinsam nach Hause zum Essen. »Paps« (d. h. der Vater Dr. E. Leitz) mit seinen Söhnen Ernst und Ludwig und »Onkel Henri« (wie man Dumur im Kreise der Familie nannte).

Während er langsam bergauf ging, sah Onkel Henri die »Wetzlarer Zeitung« durch, die er aus dem Büro mitgenommen hatte. Plötzlich brach er in Gelächter aus: »Haha, wer liest den Quatsch!« Dann las er vor: »Wieder war es eine großmächtige Feier mit der Standarte des Dritten Reiches und den blutgeweihten Fahnen der Partei ...usw ...und so fort ...Und über allem schwebte der sterilisierte Adler des Dritten Reiches.«

Bei allem Elend hatte ein einfacher Setzer bei der Zeitung seinen Galgenhumor anscheinend noch nicht verloren.

Die Vorsehung

Kurze Zeit nach dem Attentat auf Hitler am 20. Juli 1944 befand man sich wieder einmal auf dem gemeinsamen Heimweg in der Mittagspause. In der »Wetzlarer Zeitung« hieß es getreu dem Wortlaut aus dem Propagandaministerium: »Durch ein Wunder der Vorsehung wurde unser Führer von dem schändlichen Anschlag einer kleinen verbrecherischen Clique errettet.«

Darauf Onkel Henri: »Wenn es sich wirklich herausstellt, daß dieser Dreckskerl von der Vorsehung errettet worden ist, dann will ich in der Zukunft nichts mehr mit der Vorsehung zu tun haben!!«

70

Nach der bedingungslosen deutschen Kapitulation

Für Außenstehende schien das Leitz-Werk in Wetzlar kurz nach Kriegsende mehr oder weniger unversehrt geblieben zu sein. Sie wußten natürlich nichts von den Schwierigkeiten, die nach dem Zerfall der staatlichen Ordnung und der Übernahme der Befehlsgewalt durch US-amerikanische Truppen entstanden waren.

In der allerersten Zeit durften weder die Betriebsleitung noch die Belegschaft das Werkgelände betreten. Als sich aber nur kurze Zeit danach die Tore wieder öffneten und die ersten Maschinen zu laufen begannen, war dies das Verdienst eines Mannes, der zusammen mit dem Juniorchef Ernst Leitz III die Bürde der Verantwortung auf sich genommen hatte: Direktor Dr. Henri Dumur.

Als Ende Juni 1945 bereits wieder mehr als 1500 Mitarbeiter bei Leitz die Arbeit fortsetzen konnten, wurde der Besuch einer Gruppe alliierter Offiziere angekündigt. Obwohl drei Monate nach dem Ende des Krieges eine solche Besichtigung das Vorrecht der Besatzungsbehörde war, so war man doch so höflich, formell anzufragen, ob das Werk und seine Fertigungsmethoden besichtigt werden könnten. Unter den Besuchern entdeckte Herr Dumur nun mehrere Personen, die er von früheren Kongressen oder anderen Gelegenheiten her noch kannte. Es waren durchweg Mitarbeiter der Konkurrenz. Als Staatsbürger der neutralen Schweiz, aber auch in seiner Eigenschaft als Direktor der deutschen Leitz-Werke begrüßte er die Gäste und bedankte sich für den Besuch: »Meine Herren, das Deutsche Reich hat bedingungslos kapituliert. Sie können alles machen, was Sie wollen. Sie können die Maschinen mitnehmen und auch unsere Konstruktionspläne. Aber Sie können weder langjährige Erfahrungen forttragen, noch die in einem Jahrhundert gewachsene Tradition verpflanzen.«

KAPITEL 7

Fotografen leben gefährlich

Im Frühjahr 1939 kam von der Ernst Leitz Inc., New York die erschütternde Nachricht, daß der beliebte Leica-Spezialist und Vortragsreisende Anton Baumann beim Fotografieren von einem Wasserturm tödlich abgestürzt sei.

Spätere Informationen korrigierten die recht unglaubwürdige Nachricht von einem Absturz. Baumann hatte von der schmalen Plattform eines Wasserturms Szenen auf einer Viehfarm in Lexington/Texas aus der Vogelperspektive fotografiert. Durch einen unvorsichtigen Schritt zurück muß er in die – durch kein Gitter abgeschirmte – nach unten führende Wendeltreppe gefallen sein und sich dabei das Genick gebrochen haben.

Ich kann die Umstände, die zu diesem Unfall geführt haben, aus eigenen Erfahrungen gut verstehen. Die totale Konzentration auf flüchtige, nur für kurze Zeit auftauchende Objekte, die eine rasche Reaktion beim Auslösen erfordern, läßt einen im wahrsten Sinne des Wortes die »Um-sicht« vergessen.

Die Faszination, die den ehrgeizigen Leica-Fotografen beim Anblick der in der Ebene dahinstürmenden, rassigen Pferde ergriffen haben muß, hatte tödliche Folgen.

Während der sechzig Jahre meiner Arbeit mit der Leica ließ auch ich es oftmals an der nötigen Umsicht fehlen. Allerdings ging es dabei nicht immer derart lebensgefährlich zu wie in der Episode, die ich nun kurz schildern möchte.

Im Herbst 1939 reiste ich nach einigen Leica-Vorträgen in Oslo ins einsame Mittelnorwegen, um dort Landschaftsaufnahmen zu machen. Bei sonnigem, aber sehr kaltem Oktoberwetter entdeckte ich einen tosenden Wasserfall, der in eine wilde Schlucht donnerte. Ein leuchtender, durch die sprühende Gischt verursachter Regenbogen lockte verführerisch zum raschen Festhalten mit der Kamera. Weit und breit keine Brücke, von der aus man bequem in die Tiefe fotografieren hätte können. So rutschte ich auf dem Hosenboden eine kleine Böschung hinab, die etwas über den Abgrund hinausragte. Die Leica mit dem hier passenden 35 mm-Weitwinkel trug ich am Tragriemen um den Hals und hatte so beide Hände frei, um mich vorsichtig zwischen den Büschen nach vorn zu schieben.

Der Blickwinkel, den ich aus dieser Position hatte, schien fast ausreichend zu sein. Es fehlten nur wenige Zentimeter an Höhe, um den Wasserfall im Hochformat total – also mit der Tiefe – im Sucher zu haben. Vor meinen Füßen ragte ein kleiner Felsen empor, den ich mit einem Fußtritt auf seine Sicherheit prüfte. Er sollte mir bei der notwendigen Gewichtsverlagerung als Stütze dienen, so daß ich aus der Hocke heraus fotografieren könnte.

Der Stein saß felsenfest. Als ich jedoch meinen Fuß dagegen-stemmte, um mich zu erheben, erwies er sich als spiegelglatt. Die sprühende Gischt hatte ihn mit einem unsichtbaren Eispanzer versehen. Im Nu hatte ich die Balance verloren, und hätte ich es nicht in letzter Sekunde geschafft, mich an dem spärlichen Buschwerk festzukrallen, so wäre mein Absturz unvermeidlich gewesen. So hing ich nun mit beiden Beinen über dem Abgrund.

Im Zeitlupentempo gelang es mir, mich allmählich nach oben zu ziehen. Die Sekunden, während derer mein Schicksal – und mein Gewicht! – an dem dünnen Wurzelwerk hingen, schien mir wie eine Ewigkeit. Nicht allein der nur wenige Monate zuvor tödlich abge-stürzte Anton Baumann kam mir in den Sinn, sondern auch die Tatsache, daß man mich an dieser einsamen Stelle niemals finden würde. Seit diesem Erlebnis bin ich viel vorsichtiger geworden!

KAPITEL 8

Die Einberufung noch einmal vermieden

Mitte Juni 1940 kehrte ich von einer längeren Vortragsreise durch Ungarn, Rumänien und Bulgarien nach Wetzlar zurück. Dort rief man mich umgehend zur Geschäftsleitung.

Dr. Freund, der zuständige Direktor für meine Auslandeinsätze, empfing mich mit ernstem Gesicht. Bisher hatte er mit Empfehlung des Auswärtigen Amtes meine Einberufung zum Waffendienst stets verhindern können. Nun erinnerte er mich daran, daß es leider außer Deutschland kein Land mehr gäbe, in dem noch Vorträge in Deutsch möglich wären. Holland war mittlerweile ebenso wie Dänemark und Norwegen vom Krieg überrannt worden, und die Schweiz hatte ich erst zwei Jahre zuvor besucht.

»Da fällt mir ein, daß unsere italienische Vertretung in Genua Ihre Vorträge in bester Erinnerung hat, da Sie vor zwei Jahren im deutschen Sprachgebiet von Südtirol (in Bozen und Meran) solch großen Erfolg hatten. In Italien möchte man diese Form der Leica-Werbung gerne weiter veranstalten. Die Italiener haben daher vorgeschlagen, in einer gemeinsamen Aktion der Leica-Vertretung und der Agfa Italia Ihre Dias mit Ihren ins Italienische übersetzten Texten durch einen italienischen Fachmann kommentieren zu lassen. Selbstredend, daß Sie für die leihweise Überlassung Ihres Materials ein Honorar erhalten werden.«

Seine Verlegenheit ließ mich erkennen, daß er mit seinem Latein am Ende war. Mich traf dies nicht unerwartet, hatte ich es doch schon seit längerer Zeit so kommen sehen. Angesichts der jüngsten Ereignisse in Frankreich und in der heimlichen Hoffnung auf ein baldiges Ende des Krieges hatte ich dieses Problem bisher verdrängt. Doch jetzt hatte ich einen plötzlichen Einfall: »Meine Bilder gebe ich nicht her; stattdessen schlage ich vor, daß ich die Leica-Vorträge in Italien selber mache.

Der verdutzte Dr. Freund meinte überrascht: »Bei aller Anerkennung Ihrer Vorträge und Ihrer Erfahrung: Italienisch ist eine Fremdsprache. Sie können sich vielleicht auf Italienisch verständlich machen, aber zwischen ein bißchen Alltagssprache und einem Vortrag von 90 Minuten ist ein himmelweiter Unterschied. Lieber Benser, Sie wollen doch gebildete Leute ansprechen. Sie wollen denen mit überzeugenden Argumenten in Wort und Bild ein teures Kamerasystem verkaufen. Das lernt sich nicht in ein paar Wochen, das dauert Jahre!«

Darauf antwortete ich mit einem einzigen italienischen Satz aus einem Sprachlehrbuch, den ich zufällig auswendig konnte: »È assolutamente giusto se Lei sostiene che l'Italiano non soltanto bisogna parlarlo correttamente, ma ugualmente è importante che il suono di questa lingua si nota chiaramente, questo è quello che conta.«

Mein Gegenüber starrte mich zuerst fassungslos an, als ob nicht ich, sondern ein Geist gesprochen hätte. »Wenn mich nicht alles trügt, klang dies sehr Italienisch, wenn ich auch nichts davon verstanden habe.«

»Was ich da eben sagte, heißt auf deutsch: Italienisch muß nicht nur korrekt ausgesprochen werden, sondern ebenso wichtig ist, daß der Klang dieser Sprache deutlich wird. Das ist, was hier zählt.«

»Ja, warum haben Sie mir nicht längst erzählt, daß Sie italienisch sprechen?«

»Hand aufs Herz, lieber Doktor: Ich kann kaum ein Wort Italienisch; nur die paar Worte, die Sie eben gehört haben. Ich habe jedoch gelernt, die Sprache fast wie ein Italiener zu lesen und auszusprechen. Von Italienern werde ich gut verstanden. Die amüsieren sich köstlich, wenn ein Ausländer fließend mit Italienisch daherkommt. Mein Vorschlag: Nach einer guten Übersetzung samt Training durch einen Italienischlehrer kann ich den Text ohne Pausen und Fehler sprechen. Das wird teils auswendig geschehen, teils mit Hilfe eines für das Publikum unsichtbaren Manuskripts.«

Wir wurden uns schnell einig: Es war Ende Juni, und im Oktober konnten wir in Italien beginnen. Die vorläufig geplanten dreißig Vorträge könnten bis Dezember durchgeführt werden. Es blieben also noch drei Monate für eine intensive Vorbereitung. Nun mußte nur noch das hilfreiche Auswärtige Amt davon unterrichtet werden, daß Benser nach Italien gehen und dort seine Vorträge in der Landessprache halten würde.

Ein ungewöhnlicher Sprachunterricht

Es dauerte nicht lange und ich fand in München Signorina G., eine aus Florenz stammende Sprachlehrerin, die auch Erfahrung im Schauspielunterricht hatte. Sie sollte das italienische Vortragsmanuskript mit mir einstudieren. Tonbänder, wie ich sie später mit Erfolg benutzte, kannte man damals noch nicht.

Während der täglichen drei bis vier Stunden, in denen sie zuerst Satz für Satz klar vortrug und ich es dann wiederholen mußte, verinnerlichte ich den Text weniger vom Wort, als vom Klang her. Die Betonungen wurden im Manuskript mit Rotstift unterstrichen.

Da ich Worte und Sätze trotz der gelungenen Aussprache vorläufig nicht alle verstand, mußte das Auf und Ab meiner Rede intensiv geübt werden. Vom früheren Klavierunterricht her kannte ich noch die Zeichen für »crescendo« und »decrescendo«, also für an- und abschwellende Lautstärke. Das alles stand nun in meinem »stummen Souffleur«, dem Manuskript, ganz deutlich zwischen den Zeilen.

Ich übte das Ablesen im Stehen, mit etwas Distanz zum Rednerpult. Den räumlichen Abstand benötigte ich, da ich das in Italien typische Gestikulieren mit Kopf und Händen ebenfalls einstudieren wollte.

Signorina Tina hatte noch nie einen Schüler meiner Art unterrichtet. Manchmal schüttelte sie ungläubig den Kopf oder brach gar in schallendes Gelächter aus, wenn ich einen besonders emphatischen Satz mit ausgebreiteten Armen laut vorgetragen hatte und – in dieser Haltung verharrend – den Kopf zu ihr wendete und sie nüchtern fragte: »Was heißt das eigentlich auf deutsch?«

Lange bevor es mit den italienischen Vorträgen Ernst wurde, bastelte ich mir ein raffiniertes transportables Rednerpult. Es war ein zusammenklappbares Holzgestell mit einer schrägen Platte und ähnelte darin den altmodischen Schulpulten. Die Lesefläche war wegen der Sichtblenden auf drei Seiten vom Publikum aus nicht einzusehen. Die Beleuchtung war unter einer schmalen Holzleiste so montiert, daß man weder geblendet noch direkt angeleuchtet wurde. Nur der Reflex der hellen Manuskriptseiten warf einen Schimmer von Licht auf den Redner, was seine Gestik gerade noch sichtbar werden ließ. Die Breite der Pultfläche erlaubte ein Beiseiteschieben der einzelnen Seiten, um störendes Umblättern zu vermeiden. Diese Tarnung trug auch später bei englischen und französischen »Lesungen« zu dem Eindruck bei, ich beherrschte meinen Text perfekt.

Feuerprobe in Milano

Als ich am 16. Oktober 1940 an mein Rednerpult im vollbesetzten Mailänder Vortragssaal trat, hatte ich Lampenfieber wie bei meinem ersten Vortrag in Wetzlar.

Der Vorsitzende eines Mailänder Fotoclubs bat bei der Begrüßung um Nachsicht für den Gast aus Wetzlar: »Signore Benser wird versuchen, Ihnen in unserer Sprache von seinen Erfahrungen in der Welt der Fotografie zu erzählen.«

Die Leica-Vorträge in Italien fanden von Woche zu Woche mehr Resonanz. Bereits im November wurde eine Verlängerung auf sechzig Vorträge beschlossen. Der tägliche Umgang mit Einheimischen, die kein Deutsch verstanden, half meine Sprachkenntnisse zu verbessern. Ich mußte die Hilfe des Dolmetschers kaum mehr in Anspruch nehmen. In meinem Entschluß, diese musikalische Sprache wirklich zu erlernen, wurde ich durch einen eher komischen als peinlichen Zwischenfall während eines der ersten Vorträge noch bestärkt.

An einem der ersten Abende in Verona war zufällig kein Vertreter von Leitz bzw. Agfa für die Bedienung des Projektors zur Stelle. Die Dias wurden immer noch zwischen 5 x 5 cm-Glasplatten einzeln aus dem Diakasten genommen und über den Wechselschieber im VIIIs-Projektor gezeigt. Statt einer mit meiner Projektion vertrauten Person bediente nun ein Angestellter aus einem Fotoladen den Apparat. Ich mußte mich darauf verlassen können, daß meine Dias in der richtigen Reihenfolge gezeigt wurden, denn ich stand ja mit dem Rücken zur Leinwand.

Mit dem Text war ich noch so unsicher, daß ich öfter wie ein ABC-Schütze mit dem Finger die Zeilen entlangfuhr. Solange ich nicht die Bedeutung aller Worte kannte, konnte es passieren, daß ich glatt eine Zeile überspringen würde, ohne es zu merken. Dies hätte mich zweifelsohne entlarvt. Deshalb war es so schwierig, den Bildwechsel auf der Leinwand hinter mir zu kontrollieren, ohne mit dem Finger meine Textstelle zu verlieren.

Aber das Unheil war natürlich vorprogrammiert. Als ich mit dem üblichen Schwung den Inhalt eines Dias zu erläutern begann und die zarten Farben einer prachtvollen Gebirgslandschaft im Abendlicht schilderte, erklang plötzlich stürmisches Lachen. Ein flüchtiger Blick auf die Leinwand ließ mich erkennen, daß der Vorführer sich vergriffen hatte und statt des Landschaftsbildes das prägnante Konterfei eines blinzelnden Bierkutschers mit leuchtend roter Nase projizierte, das als Kontrast erst hinterher gezeigt werden sollte. In meiner Not rannte ich, ständig »Scusate!« – d. h. »Entschuldigung!« – vor mich hinmurmelnd, in die Saalmitte zum Projektor, um das richtige Bild einzulegen.

Zufälligerweise war gerade an diesem Tag kein Dolmetscher da, und meine Enttarnung war unvermeidlich. Gerade noch fließend italienisch sprechend, dazu noch mit einer Gestik, die dem Sprachfluß angepaßt war, sah ich mich nun einer Flut von Fragen in einer Sprache ausgesetzt, die ich eben durchaus noch nicht beherrschte.

Ein Rausschmiß durch Herbert von Karajan

Am Ende der langen Vortragsreise durch Italien blieb ich noch für ein paar Tage in Florenz. Bei den Florentiner Mai-Festwochen – den »Magio Musicale Fiorentine« – wollte ich einige Konzerte besuchen.

Seit meinen Vorträgen in Florenz, die ein paar Monate zuvor, im Dezember 1940 stattgefunden hatten, verfügte ich über recht gute Beziehungen zum deutschen Generalkonsul. Ganz von sich aus schrieb er damals einen Bericht ans Auswärtige Amt in Berlin, worin er auf den Wert solcher Werbeveranstaltungen mit kultureller Substanz hinwies.

Der Konsul sorgte auch für das Engagement eines damals gerade aufsteigenden Sterns am Musikhimmel zu den Florentiner Musikfestspielen. Die Rede ist von dem österreichischen Dirigenten Herbert von Karajan.

Der Empfang des Dirigenten, zu dem etwa achtzig angesehene Bürger aus Florenz und anderen Städten der Toskana geladen waren, fand im Garten des Konsulats statt. Ich bat bei dieser Gelegenheit den Konsul, mich mit Herrn von Karajan bekannt zu machen. Es ging um die Erlaubnis, während der am Vormittag darauf geplanten Generalprobe mit dem städtischen Orchester einige Aufnahmen machen zu dürfen. Da der Konsul den Gast bereits kannte, schlug er vor, Herrn von Karajan selbst zu fragen. Er sei in Anbetracht der Scheu des Dirigenten vor Interviews und Fotografen nicht ganz sicher, ob er so ohne weiteres einwilligen würde.

Nach geraumer Zeit erschien der Konsul wieder und bat mich mit ernster Miene zur Seite. Leider sei mein Wunsch abschlägig beschieden worden. Er habe zwar ausdrücklich auf die Farbvorträge und auf den seriösen Charakter meiner Arbeit hingewiesen, Herr von Karajan ließe sich aber nicht umstimmen und hätte darüber hinaus auch abgelehnt, meine Bekanntschaft zu machen.

Dem Konsul war diese schroffe Absage sichtlich peinlich. Um die Sache irgendwie zum Abschluß zu bringen und alle möglichen Mißklänge während des Empfangs zu vermeiden, deutete er lächelnd auf meine umgehängte Leica und bat: »Ich weiß ja von Ihren Tips in den Vorträgen, wie flink Sie es anstellen, unbemerkt fotoscheue Persönlichkeiten zu erwischen. Ich wäre Ihnen aber sehr dankbar, wenn Sie unseren Gast hier nicht fotografieren würden. Am besten sollten Sie es ganz vergessen, von ihm Bilder zu machen.«

Das konnte ich aber nicht. Und am Abend des Konzerts stand mein Plan fest. Ich saß während des ersten Teils in einer Seitenloge und studierte die Lage. Die Bühne über dem Orchestergraben war vom Symphonieorchester ganz eingenommen. Die großen Instrumente wie Pauken und Posaunen standen in der hintersten Reihe vor einer Galerie riesiger, bis zu fünf Meter hoher Orgelpfeifen, die fast die ganze Bühnenbreite einnahmen. Zu meiner Erleichterung wurde vor diesen dekorativen Hintergrund kein Vorhang gezogen. An den unteren Seiten waren die dicht an dicht stehenden Pfeifen schmaler, und dahinter gab es mit Sicherheit einen Durchblick in den Saal.

Der Abstand von dort bis zum Dirigenten mußte ungefähr sieben Meter betragen; zu weit für das XENON mit der Standardbrennweite 50 mm. Für damalige Begriffe war es aber wegen seiner hohen Lichtstärke von 1:1,5 für Innenraumreportagen das ideale Objektiv. In der Hoffnung, zu Karajans Füßen während der Probe Aufnahmen machen zu dürfen, hatte ich das XENON als bevorzugtes Objektiv vorgesehen.

Ein in der Brennweite etwas längeres Objektiv war seinerzeit nur das HEKTOR 73mm mit der relativen Öffnung 1:1,9. Alle noch größeren Brennweiten bis zum Telyt 200 mm am Visoflex I boten im Höchstfall die Öffnung 1:4,5; das Thambar 90 mm mit seiner 1:2,2 Lichtstärke ausgenommen. Aber das war nur eine Softlinse, denkbar ungeeignet für das scharf konturierte, markante Gesicht Karajans. Ich schob das dicke Hektor 73 mm nackt, d. h. ohne den weichen Lederköcher, in die Hosentasche. In die andere glitt die Leica IIIc. Der wichtige Sucher fürs 73er, ein aufsteckbarer, faltbarer Albada-Sucher (heute eine echte Rarität!), lag vorsorglich in der oberen Tasche meines Jacketts. Die Leica war mit dem Kunstlichtfilm Agfacolor 15/10 DIN geladen. Er stammte aus einer erprobten Emulsion von Kunstlichtfilmen, die mir Paul Wolff geschenkt hatte. Mit mir in der seitlichen Loge saß Dea Communi, eine junge italienische Pianistin, die ich beim Konsulempfang kennengelernt hatte. Sie hatte mein seltsames Gebaren stillschweigend beobachtet. Da sie wußte, daß ich von Karajan über den Konsul einen Korb bekommen hatte, ahnte sie natürlich, was ich im Schilde führte. Auf meine Bitte hin erklärte sie sich bereit, auf meine große Ledertasche mit dem Rest der Ausrüstung aufzupassen, während ich mich zu meinem Pirschgang aufmachen würde.

Pause!

Für den zweiten Teil des Konzerts stand die Siebte von Beethoven auf dem Programm. Ich schob mich im Strom der Besucher in Richtung Bühnenausgang. Mein dunkles Jackett hing offen und locker und verdeckte so meine ausgebeulten Hosentaschen. Ein schwach beleuchteter Gang verlief im Halbrund hinter der Bühne. Mehrere Türen führten in den Raum, der hinter der Orgel liegen mußte.

Ich schlüpfte schnell durch die nächstbeste Tür und war nun einigermaßen in Sicherheit. Durch die schmalen Schächte zwischen den Orgelpfeifen drang nur wenig Licht aus dem Konzertsaal in einen mit Requisiten gefüllten Raum. Bald fand ich den besten Platz, von dem aus man kniend freie Sicht auf den Saal hatte.

Mir war klar, daß eine zuverlässige Belichtungsmessung auf den Dirigenten allein nicht möglich war. Dessen Umfeld war aus meiner Sicht der große abgedunkelte Konzertsaal. (Es gab keine Meßgeräte für den damals noch unbekannten Begriff der Spotmessung. Ich konnte deshalb in meinen Vorträgen lediglich den Trick der Ersatzmessung eines benachbarten belichtungsgleichen Objekts demonstrieren.) Statt des sieben Meter weit weg stehenden Dirigenten mußte ich daher mit der nahe anzumessenden hellgrauen Fläche der großen Pauke vorliebnehmen.

Es klingelte. Die Pause war zu Ende. Die Besucher kehrten auf ihre Plätze zurück, und die Bühne füllte sich mit den Musikern des Orchesters. Da mir Beethovens Siebte wohlbekannt war, hätte ich geduldig in irgendeiner Ecke sitzen und zuhören sollen – bis zum letzten stürmischen Satz. Dann hätte der Dirigent nur noch Augen und Ohren für sein Orchester und dessen Einsätze gehabt. Absolute Zurückhaltung wäre dagegen während des ersten ruhigen Satzes angebracht gewesen. Stattdessen prüfte ich durch meinen 7,3 cm-Sucher, die Kamera dabei vorsichtig durch die Orgelpfeifen schiebend, was alles in mein Blickfeld geriet. Ich stellte die Entfernung zum Dirigenten genau ein. Seinen Kopf wollte ich zusammen mit dem Stab, den er in der Hand hielt, ohne allzuviele störende Details in der Bildmitte haben. Über diese Beobachtungen verging der erste Satz.

In der kurzen Pause verließ der Dirigent sein Podest und sprach mit jemandem im Parkett. Mitten in der Aussicht auf Erfolg, während ich gerade die $\frac{1}{100}$ Sekunde bei voller Öffnung 1,9 eingestellt hatte und Karajan zu Beginn des ebenfalls ruhigen zweiten Satzes voll in meinem Visier war, zupfte mich jemand zuerst zaghaft am Jackett, um mich dann schließlich sanft aber bestimmt ganz aus meinem Versteck nach hinten zu ziehen. Es war der Saaldiener, mit dem ich mich auf italienisch verständigen konnte. Er gab mir zu verstehen, daß der Maestro mich gleich zu Anfang des ersten Satzes hinter den Orgelpfeifen entdeckt habe und »molto rabbiato«, also sehr wütend gewesen sei.

In der nächsten Viertelstunde war der gute Mann eifrig mit einer Kleiderbürste beschäftigt, die Spuren meiner fehlgeschlagenen Unternehmung zu entfernen. Äußerlich war ich grau von Staub, aber innerlich brannte ich vor Zorn über meine selbstverschuldete Niederlage.

KAPITEL 9

Ich muß zum Militär

Im November 1941 war es dann soweit. Kaum zurück von einer Vortragsreise durch Rumänien und Ungarn kam der Stellungsbefehl vom Wetzlarer Wehrerfassungsamt.

Mein Status des »unabkömmlichen Mitarbeiters« – dafür gab es das Kürzel »U.K. gestellt« – galt nicht mehr. Unter dem Druck der Kriegsereignisse räumte man bei der zuständigen Berliner Behörde unter den U.K.-Gestellten auf. Der hierfür verantwortliche Mann war – nomen est omen! – ein gewisser General Unruh.

Inwieweit der Ärger, den die Wetzlarer Erfassungsbehörde bis dahin mit mir hatte, dafür verantwortlich war, mich ausgerechnet zu den »Nebelwerfern« zu stecken, weiß ich nicht. Die Nebelwerferartillerie galt damals als Geheimwaffe; in ihrem Bereich war jegliches Fotografieren, ja sogar das Mitbringen von Fotoapparaten verboten.

Das Militär hat mich doch noch dran gekriegt.

82

Dabei boten die »Werfer« recht interessante, in ihrem aktiven Bereich sogar sensationelle Fotomotive, weil sie aus zwölf Rohren gleichzeitig, oder kurz hintereinander, ihre feuerspeienden Raketen in nahe Ziele schossen. Eine Erfahrung, die ich ein Jahr später als Kriegsberichterstatter in Rußland machen konnte. (1943 setzten die Russen dieses gefürchtete Nahkampfmittel durch die Konstruktion ihrer »Stalinorgel« ebenfalls ein. Nur schoß diese grauenerregende Waffe gleich fünfzig Raketen mit fürchterlichem Geheul in ihr Ziel, wo sie einen regelrechten Teppich an Einschlägen ausbreiteten.)

Was den fotografischen Effekt angeht, so ergaben sich in der Dämmerung mit Hilfe von Langzeitbelichtungen phantastische Leuchtbahnen. Heutzutage kann man Ähnliches bei den Starts von Weltraumraketen etwas ungefährlicher auf dem Fernsehschirm erleben.

Ich kam also in die Kaserne einer großen Stadt in Norddeutschland. Namen will ich keine nennen, da ich im folgenden auch Episoden schildern werde, die eventuell noch lebende Kameraden betreffen.

Schikanen beim Rekrutendrill

Es gibt heute zahlreiche Bücher, in denen über das Kasernenleben und die Methoden der Soldatenausbildung ausführlich berichtet wird. Auch ich erlebte drei Monate Dienst an der Waffe, in denen ich viele Formen des Rekrutendrills kennenlernen sollte, die heutzutage offiziell zwar nicht mehr dieselben sein sollen, aber dem Vernehmen nach immer noch vorkommen. Meine Auffassung von der Würde des Menschen war damals dieselbe wie heute.

Ich will lediglich von einer Schikane berichten, die ich als fast dreißigjähriger Vater von zwei Kindern vor dem Hintergrund einer verantwortungsvollen, aber plötzlich abgebrochenen zivilen Tätigkeit ertragen mußte.

Mehrmals in der Woche wurde im Anschluß an das morgendliche Antreten im Kasernenhof beim Apell auch Post ausgegeben. Dabei stand der Spieß mit einem Bündel Briefen in der Hand neben einem Unteroffizier, der die Namen der Empfänger laut vorlas. Da dies in den ersten Wochen nach der Einberufung geschah, waren die Namen der Rekruten in der Kompanie noch kaum geläufig. Nach dem Aufruf spurtete der Genannte blitzschnell aus der in drei Reihen stehenden Gruppe, um seinen Brief zu empfangen. Erst dann wurde der Nächste ausgerufen. Geschah dies zu langsam, so wurden ihm Beine gemacht. Er bekam seine Post erst nach einer Runde um die Gruppe der angetretenen Soldaten.

Ich hatte einmal das Pech, daß mein Name »Beuser« statt »Benser« aufgerufen wurde, und meldete mich daher nicht sofort, sondern erst beim zweiten Aufruf. Schon hatte ich meine Runde weg. Wütend über die ungerechte Behandlung wollte ich beim Postempfang den Irrtum richtig stellen. Doch ich hätte besser geschwiegen, denn man ließ mich gar nicht erst zu Wort kommen. Vielmehr erhielt ich den Befehl zu einer zweiten Laufrunde mit der Begründung, ich solle zu Hause dafür sorgen, daß man dort ein »N« gefälligst nicht wie ein »U« schreibe.

Eine glückliche Wende

Im Februar 1942 hatten bittere Kälte und Schnee die kleinen Teiche und Seen im Stadtpark mit einer weißen Decke überzogen. Die Rekruten mußten geschlossen mit Besen und Schaufeln zum Fegen antreten, weil am folgenden Sonntag ein Eislauf von Soldaten stattfinden sollte.

Während ich Schnee fegte, hatte ich eine glückliche Begegnung, die mir schließlich die Laufbahn eines Kriegsberichters ermöglichte.

Wir fegten an einem besonders hübsch gelegenen See, an dessem Ufer sogar eine kleine Zuschauertribüne stand, die wohl im Sommer für Schwimmwettbewerbe gedacht war. Die Sonne stand um vier Uhr nachmittags bereits so tief, daß sie bald hinter den hohen Bäumen, die den See säumten, verschwand. Noch sah man im Gegenlicht unsere langen Schatten auf der leergefegten Eisfläche. Dieses Bild hätte eine hübsche Einstellung ergeben; aber ich hatte ja keine Kamera.

Ganz unerwartet sah ich auf einer Bank in der obersten Reihe der Tribüne jemanden stehen. Er fotografierte offenbar genau das, was ich mir als Motiv gerade vorgestellt hatte. Doch mir fiel auf, daß er einen Fehler machte: Die Kamera gehörte ins Hochformat genommen, um unsere langen Schatten richtig ins Bild zu bringen.

Ich war neugierig geworden. Meine Aufgabe, das Eis frei zu fegen, gab mir Gelegenheit, mich langsam dem durch seinen Sucher schauenden Mann zu nähern. Ich sah, daß er Uniform trug; an den Schulterstücken erkannte ich den Hauptmannsrang. Gleichzeitig entdeckte ich, daß er mit einer Leica fotografierte. Ob es eine IIIa oder eine IIIc war, konnte ich nicht ausmachen, aber daß er während der Motivsuche immer noch den Deckel vor dem Objektiv stecken hatte, war alarmierend.

Als er den Auslöser betätigte und gerade dabei war, ein neues »Bild« aufzunehmen, rief ich spontan und gegen jede Vorschrift: »Herr Hauptmann, Sie müssen Ihren Deckel abnehmen!« Wie zur Entschuldigung, daß ich diesen Rat ohne die übliche Meldung mit Namen und Kompanie gegeben hatte, stand ich samt Besen unwillkürlich stramm.

Der Angesprochene schaute zuerst auf seine Leica, dann auf mich und stieg schließlich von seiner Bank herunter. In gemütlichem Sächsisch fand er einige Worte der Anerkennung und meinte erklärend, daß er seine Gegenlichtblende vergessen hätte; sonst wäre ihm das nicht passiert. »Scheinen vom Fotografieren was zu verstehen. Auch Amateur, häh?«

Ich bejahte und ahnte sofort die Chance zu einem ausgiebigen Gespräch, bei dem ich meinem latenten Zorn über die permanente Fotoabstinenz Luft machen könnte. Als ich auf seine Leica deutete – es war eine IIIc – hatte ich bereits das Stichwort, meinen Ärger an den Mann zu bringen. »Ich hab' die gleiche IIIc und die ganze Objektivreihe bis rauf zum Telyt mit Spiegelkasten samt dem 200mm-Objektiv. Aber hier zu den Nebelwerfern darf man ja nichts mitbringen.«

Der Hauptmann war offensichtlich durch meine kurze Aufzählung wach geworden. »Scheinen das beruflich zu tun, häh? Ja, wie sind Sie ausgerechnet an die Nebelwerfer geraten?«

Dann kam es im weiteren Verlauf des Gesprächs heraus, daß ich bisher für Leitz Vorträge gehalten und bis vor wenigen Monaten in Ungarn meine farbigen Dias in der Projektion gezeigt hätte. Darauf unterbrach er mich plötzlich und fragte mit breitem, freundlichem Grinsen, ob ich vor etwa drei Jahren in Dresden zu einem Leica-Vortrag gewesen wäre. Ich antwortete: »Natürlich, im großen Saal vom Hygiene-Museum. Ich erinnere mich auch deshalb, weil bei der Projektion eine komische Sache passierte. Da kroch doch tatsächlich zum Gaudium der Zuschauer eine dicke, auf dem großen Schirm natürlich riesig wirkende Spinne über das Dia...« Der Hauptmann warf ein: »Die kroch über das Portrait von einem hübschen Mädchen...« – »...wobei mein Vorführer so geistesgegenwärtig war, auf das Vieh scharf einzustellen und auch prompt eine Frauenstimme im Publikum ängstlich zu kreischen begann. In der Tat das lebendigste Leica-Bild, das ich jemals in einem Vortrag zeigte!«

Der Hauptmann floß fast über vor Erinnerungen an vergangene Friedenszeiten. Und während sich unten auf dem Eis die Rekruten um den Unteroffizier zu scharen begannen, um in die Kaserne zurückzukehren, meinte er: »Ich weiß ja, wo Sie stecken. Sie hören bald von mir.«

Die folgenden Tage in der Kaserne verbrachte ich in der frohen Erwartung, daß sich etwas Entscheidendes ereignen würde. Die Fragen meiner Kameraden, warum ich solange mit dem Hauptmann gesprochen hätte, beantwortete ich wahrheitsgemäß. Es sei um fotografische Dinge gegangen, und das sei ja mein Metier.

Am fünften Tag rief man mich zur Schreibstube. Der Spieß eröffnete mir, ich sei in eine andere Kompanie versetzt worden und solle meine Siebensachen packen. Viel mehr Klamotten befanden sich auch nicht in meinem Spind.

Mit gepacktem Ranzen stiefelte ich über den Kasernenhof zur Nachbareinheit. Dort gab es die übliche Zeremonie, wenn eine andere Kompanie aufgesucht wird: stramme Haltung, Hacken zusammenschlagen, rechten Arm schräg nach oben zum »Heitler«-Gruß. (So hörte sich ein schnell gesprochenes »Heil Hitler!« an.) Dann der eigene Name, der Dienstgrad, die Kompanie und schließlich der Grund dieses ganzen Brimboriums: die Versetzung. Der diensthabende Unteroffizier wußte Bescheid. Ich solle meine Sachen in eine Ecke stellen und mich gleich beim Herrn Hauptmann melden.

Diesmal fiel es mir leicht, das Ritual beim Eintritt herunterzuschnurren. Mit dem Schlußsatz: »Kanonier Benser meldet sich zur Stelle.« Während dieser Zeremonie stand ich natürlich stramm und rührte mich erst, nachdem sich der Hauptmann vom Schreibtisch erhoben und »Stehen Sie bitte bequem!« gesagt hatte.

Die Begrüßung war dann sehr jovial; den knappen militärischen Ton ließ er weg: »Ich habe mit dem Regimentskommandeur, Oberst R., gesprochen und kurz über Sie berichtet. Er ist einverstanden, Sie mit Sonderaufgaben des Regiments zu betrauen. Damit korrigieren wir indirekt eine frühere Fehlentscheidung, die offenbar ohne gewissenhafte Prüfung der Möglichkeiten erfolgte, Sie entsprechend Ihren Kenntnissen im Heer einzusetzen.«

Die nun folgenden Vorschäge für meine künftigen Einsätze gingen über zahlreiche fotografische Aufgaben hinaus, die nicht im Aktionsbereich der Nebelwerfer lagen. Mir stand eine Dunkelkammer im Gebäude einer städtischen Zeitung zur Verfügung, in der ich auch abends arbeiten konnte. Da die Kaserne am Stadtrand lag, war klar, daß ich ein Quartier in der Stadt haben mußte. Damit war ich vom Kasernendienst befreit.

Als erstes nutzte ich den notwendigen Sonderurlaub, um meine Leica-Sachen aus dem Düsseldorfer Luftschutzkeller zu holen – einschließlich des VALOY-Vergrößerungsapparats. Denn das in der Dunkelkammer vorhandene Gerät war für Vergrößerungen von Leica-Negativen nicht geeignet.

Inzwischen hatte Leutnant P. aus der neuen Kompanie eine recht praktikable Lösung der Quartierfrage gefunden. Ich wurde in die Privatwohnung einer älteren Offizierswitwe eingewiesen, die sich hilfesuchend an die Kommandatur gewandt hatte, weil sie dringend einen Mitbewohner zu ihrem Schutz brauchte. Bei den häufigen nächtlichen Bombenalarmen war ich in der Tat für die ängstliche alte Dame ein gern gesehener Hausgast.

Meine eigentliche Arbeit war die systematische fotografische Dokumentation von Wohnungen der in der Stadt ansässigen Offiziere – allerdings lediglich auf Negativfilm, ohne Papierabzüge davon herzustellen. Dies war nötig, um Entschädigungen bei Bombenverlusten beantragen zu können. Die Luftangriffe der Alliierten wurden zunehmend heftiger. Meine mit Sorgfalt gemachten Aufnahmen ganzer Innenräume im Überblick und die Wiedergabe einzelner wertvoller Möbel, Gemälde, Porzellan- und Silbersachen wurden erst im Falle der Zerstörung als Bildbeweise gebraucht.

Es blieb bei diesen Kontakten mit den Familien nicht aus, daß ich gelegentlich auch gebeten wurde, Bilder von den Frauen und Kindern zu machen. In diesen Fällen wollte man natürlich Papierabzüge. Für mich stellte dies eine willkommene Abwechslung dar. Bei Portraits war mir das bereits seit 1937 verwendete 90 mm-THAMBAR-Objektiv 1:2,2 sehr nützlich. Es war ein Weichzeichner, von dem bis 1949 leider nur 3000 Exemplare hergestellt wurden, bis es vom Markt verschwand. Der Vorteil solcher, auch Softlinsen genannten, Objektive ist eine scheinbare leichte Unschärfe durch die abgeschwächte Wiedergabe harter Konturen. Für Portraits ist eine solche Softwirkung sehr willkommen, weil dadurch leichte Pigmentstörungen unsichtbar bleiben. Zwar entspricht ein Objektiv, das Schärfe verhindert, ganz und gar nicht der Leica-Philosophie »kleine Negative mit äußerster Schärfe«, aber meine Kunden sprachen trotzdem von einer »Wunderlinse«. Das färbte natürlich auf mich ab.

Nun wird man mich fragen, ob diese Arbeit, der ich als Soldat in Zivil nachging, nicht doch eine von oben geduldete Schwarzarbeit war?

Doch sowohl die in der Dunkelkammer benötigten Chemikalien als auch die in erheblichen Mengen gebrauchten Filme wurden von Leutnant P. eingekauft und verwaltet. Er gab die entwickelten Filme und die gelegentlich erbetenen Papiervergrößerungen an die Regimentskameraden zu pauschalen Preisen weiter, die sich lediglich am Materialaufwand orientierten.

Wie ich Kriegsberichter wurde

Die für das Regiment wichtige und für mich ganz angenehme Tätigkeit hätte ich bis ins Jahr 1943 hinein fortführen können. Ich war auf ähnliche Weise privilegiert wie zum Beispiel Frisöre oder Klavierspieler, die oft länger in den heimatlichen Garnisonen verblieben als ihre Kameraden, die an die Front mußten. Dieser Zustand wurde mir aber von Monat zu Monat peinlicher. Das war der eine Grund, warum ich schließlich an eine Veränderung dachte. Der andere war die auf die Dauer nicht gerade kreative Arbeit. Ich beneidete jene Kriegsberichter, die in der Propagandakompanie (kurz »P.K.«) mit der Kamera an der Front Dienst taten. Sicher sah ich darin mehr das Abenteuer als die Gefahr.

Darüber führte ich einige Gespräche mit dem verständnisvollen Leutnant P., der wie sein Kompaniechef Hauptmann Sch. ganz bestimmt nicht mit den Nazis sympathisierte. So etwas merkte man in jener gefährlichen Zeit, in der das kleinste Zeichen von Mißfallen am Regime fatale Folgen konnte, an bestimmten Äußerungen im täglichen Umgang. Angefangen damit, daß wir die Politik und ihre Protagonisten bewußt aus unseren Gesprächen ausklammerten.

Während einer Unterredung mit Hauptmann Sch. gab mir dieser einmal zu verstehen, daß er für die Zukunft recht schwarz sähe. Seine Befürchtung war, daß in dem vermutlich noch lange dauernden Krieg keiner von uns vom Dienst an der Front verschont bleiben würde. Für meinen Wunsch, wenigstens in einer Form Soldat zu sein, in der ich als Bildberichter eine gewisse Bewegungsfreiheit haben würde, fand ich sein vollstes Verständnis.

Mitte November 1942 wurde ich als P.K.–Mann nach Berlin versetzt. Am 10. Dezember stieg ich in einen Zug, der mich nach allerlei Zwischenfällen kurz vor Weihnachten in den damals von den Deutschen besetzten Kaukasus brachte.

KAPITEL 10

Als Fotograf an der Südfront in Rußland

Die neun Tage und Nächte dauernde Eisenbahnfahrt von Berlin in den Kaukasus war kein Zuckerschlecken. Es gab allerdings auch Augenblicke, die wegen ihrer unfreiwilligen Komik unvergeßlich bleiben.

Auf dieser Reise lag ich mit zwanzig Kameraden ab Lemberg bis Rostow auf Strohlagern in einem Viehwaggon. Pausen wurden aus Furcht vor Partisanenüberfällen in der offenen russischen Landschaft nicht gemacht. Zur Ausgabe der Marschverpflegung wurde nur auf den seltenen Bahnstationen gehalten. Deshalb konnte unterwegs von Austreten auch keine Rede sein. Wer mußte, stellte sich – Mann unter Männern – einfach an die einen winzigen Spalt geöffnete Schiebetür. Auf diese Weise konnte kaum eisige Winterluft in das Wageninnere gelangen. Ging es allerdings um die Verrichtung der Notdurft mit dem Rücken zur russischen Landschaft, so mußten Kameraden beide Handgelenke des »Bedürftigen« festhalten. Die Männer im Hintergrund trachteten dann danach, die eiskalte Aktion durch ermunternde Zurufe zu beschleunigen. Die unfreiwillige Komik dieser Prozedur führte dazu, daß sich manche die Bäuche vor Lachen halten mußten, und oft lachte der Hauptbeteiligte dabei am lautesten, weil er ja wie auf einer Bühne den Blick zum Publikum hatte.

Die Männer verließen in Rostow den Waggon, um nach Stalingrad weiterzufahren, während ich in Gesellschaft von sechs Pferden allein weiterreiste.

Ganz zuletzt gab es noch eine unglaubliche Szene, weil ein russischer Bauernbursche, der unterwegs mit zwei Bäuerinnen eingestiegen war, den Frauen für die Fahrt Geld abnehmen wollte. Mit dem illegitimen Schaffner entstand ein derart heftiger Streit, daß ich bei einem Halt kurz vor dem Ziel einen zufällig vorbeikommenden Offizier um Hilfe bitten mußte. Der junge Mann wurde geradezu handgreiflich, so daß der Leutnant schließlich warnend seine Pistole ziehen mußte und so den Disput beendete.

Gegen acht Uhr abends kam ich endlich in Piatigorsk an. Für die Suche nach meiner Einheit war es zu spät. Doch gab es eine nahe Vesprengten-Sammelstelle, wo noch ein Bett frei war. Bett ist eigentlich zuviel gesagt. Es handelte sich um ein Bettgestell, auf dessen blanken Stahlfedern eine Zeltplane zusammen mit meiner Wolldecke als Unterlage herhalten mußte. Darauf legte ich mich in meinem komfortablen Schlafsack endlich zur Ruhe.

Auf winterlichen, eisglatten Pflasterstraßen ging ich am frühen Morgen zur Soldatensammelstelle, wo es heißen Malzkaffee – sogenannten Muckefuck – und ein mit Quark belegtes Brot gab. Verständigungsschwierigkeiten mit den an sich sehr freundlichen Einwohnern ließen mich auf der Suche nach meiner Einheit durch die halbe Stadt marschieren. Schließlich fand ich in der Oktoberstraße meine Einheit in einem größeren Gebäude. Dort meldete ich mich beim Kompaniechef, einem jüngeren, sehr freundlichen Oberleutnant.

Ich kam in eine Stube mit elf Mann. Die P.K., meist etwas mehr als hundert Mann stark, bestand wie überall nur aus zwanzig Prozent Berichtern, während sich die weitaus größere Zahl aus Kraftfahrern, Technikern und anderem militärischen Personal zusammensetzte. Meiner Gruppe gehörten Film-, Bild-, Wort- und Funkberichter an, aber auch begabte Zeichner wurden der P.K. gelegentlich zugeordnet.

Hier in diesem kleinen Ort am südlichsten Abschnitt der Front – rund 3800 Kilometer von Berlin entfernt – hatte die P.K. während der Abwehrkämpfe am Kaukasus wenige und relativ ruhige Einsätze. Mein im Oktober gefallener Vorgänger sei, wie ich hörte, ein ganz toller Draufgänger gewesen. Einer, der sich nach dem Motto »Will Euch mal zeigen, was 'ne Harke ist!« hervortun wollte. Daß es ihn schließlich erwischte, hatte er sich selbst zuzuschreiben. Werner, ein Filmberichter von der Wochenschau, der mir davon erzählte, warnte mich auch davor, hinter aufregenden, fotografisch interessanten, d. h. »schönen«, Bildern her zu sein. Das könnte mir aus Berlin die Mahnung eintragen, ich sei in keinem Fotoclub. Die wollten Bilder haben, die das Leben der Soldaten von der angenehmen Seite schildern: also zufriedene Gesichter und fröhliche Situationen. Das wären die Themen, die er mit seiner Filmkamera bevorzugt drehen müßte. Die deutliche Einseitigkeit und damit die Verlogenheit »kotze ihn manchmal an«. Ich sah zu meiner Erleichterung, daß unsere Ansichten offenbar die gleiche Wellenlänge hatten. Ehe wir aber ganz offen miteinander reden konnten, verging noch eine Weile. Wir hatten beide genügend Erfahrung, um bei politischen Äußerungen jedes Wort genau zu überlegen.

Die anderen Berichter zeigten durchweg Zurückhaltung. Jeder schnupperte zuerst vorsichtig, mit wem er es zu tun hatte. Die Gruppe der Berichter war in der Kompanie wie gesagt absolut in der Minderheit. Es gab zahlreiche Fahrer für Autos, Krafträder (»Kräder«) mit und ohne Beiwagen sowie besondere Lautsprecherwagen, mit deren Hilfe russische Soldaten über die Front hinweg zum Überlaufen aufgefordert wurden. Ein zwischen den Frontabschnitten eingesetzter Tonfilmwagen führte den Soldaten in der sicheren Etappe Spielfilme vor, meist Schnulzen mit Zarah Leander und anderen damaligen Zelluloidstars, um so zur Hebung der allgemeinen Stimmung beizutragen. Der P.K. fiel außerdem die Aufgabe zu, in einem zum Labor umgebauten Lastwagen Filme zu entwickeln und zu vergrößern. Ein anderes Fahrzeug enthielt Propagandaplakate und Handzettel mit Aufrufen an die Bevölkerung sowie die obligatorischen Hitlerbilder in verschiedenen Größen für Soldatenheime, Kantinen und Schreibstuben.

Weihnachten mit Hakenkreuz und Schweinebraten

Solange es um Weihnachten herum an der Front relativ ruhig zuging, hockten wir mit allen anderen zusammen und taten unsere Pflicht. Zum Beispiel Tag und Nacht als Wache mit dem Stahlhelm auf dem Kopf und einem Schießprügel über der Schulter allein ums Quartier herumzulaufen, wobei man alle zwei Stunden abgelöst wurde. Die anderen machten sich an ihren Fahrzeugen zu schaffen; wir vom »Bild« arbeiteten etwas im Labor oder putzten die Kameras. Hauptsache beschäftigt sein. Sonst dachte der allgegenwärtige Spieß, daß man sich offenbar langweile, und fand eine noch sinnlosere Aufgabe für einen. Die Unteroffiziere spielten sich als die reinsten Halbgötter auf. Ich ließ mich nicht aus der Ruhe bringen und parierte selbst Fragen wie »Können Sie überhaupt fotografieren?« mit einem lakonischen »Ich glaube wohl.« Kein Wort über mein ganz der Fotografie gewidmetes Vorleben, das mich in Anbetracht des Niveaus, das ich hier sah, zu Recht mit Stolz erfüllte.

Im ersten Stock unseres Quartiers räumte man am 24. Dezember bereits vormittags die Zimmer. Schon prangte für die bevorstehende Weihnachtsfeier eine blutrote Hakenkreuzfahne an der Wand. Von einem Buntdruckposter dräute der diabolische Blick des Führers. Er sollte uns alle – neben dem Christbaum – in seinen Bann ziehen. Auch Geschenke sollte es geben, so zum Beispiel eine Spende von Dr. Goebbels für »seine« P.K.–Leute: ein Stück Seife, eine 200-Gramm-Tafel Schokolade französischer Herkunft, etwas Briefpapier, ein langweiliges Buch, 200 Zigaretten einer unbekannten Marke, Brillantine, eine ganze Flasche Genever – die konnte ich auf dem Schwarzmarkt in Butter umtauschen! – und Rasierklingen.

Am Weihnachtsabend schob ich freiwillig meine Wache, zu der ich mich frühzeitig gemeldet hatte. Ich wollte lieber alleine sein und verzichtete auf die Weihnachtsfeier. Trotz des nervtötenden Rundendrehens beim Wacheschieben in solch einem friedlichen Ort, durfte man sich hierbei keine Nachlässigkeit erlauben. Ein junger Bursche von der Kompanie, der vor einiger Zeit in einen parkenden LKW gekrochen war und dort seine Wache verpennte, wäre um ein Haar vors Kriegsgericht gekommen. Er saß dann »nur« 21 Tage bei Wasser und Brot in der Gesellschaft von Ratten und Mäusen im Loch! Wachen, die vorn an der Front einschliefen, was bei einem plötzlichen Überfall den Tod vieler Soldaten bedeuten konnte, wurden kurzerhand durch ein Standgericht zum Tode verurteilt und erschossen. Dies wirkte natürlich abschreckend.

Ich freute mich im Stillen schon auf den nächsten Tag. Da wollte ich unserer einfallslosen Verpflegung entgehen und mit Werner »auswärts« essen. Ich hatte nämlich in der Zwischenzeit ein winziges Lokal entdeckt: eine kaum beheizte Bretterbude mit drei wackligen Tischen. Hinter einem schmierigen Buffet hockte eine emsig strickende alte Frau, die sich mit der Nadel ab und zu hinter und auch mal im Ohr kratzte. In die Küche hatte man keinen Einblick. Dort brutzelte meistens ein saftiges Stück Schweinebraten, das mit in Sonnenblumenöl gerösteten Bratkartoffeln und mit einigen Scheiben roter Beete garniert zu einem Spottpreis von 3,50 Reichsmark serviert wurde. Die Mark war in dieser Region praktisch zur gängigen Währung geworden. Dies galt auch für den Schwarzmarkt, wenn die Einheimischen von den Landsern Zigaretten oder Schnaps haben wollten. Das Geld verdienten sie sich mit dem Verkauf von Eßwaren wie Butter oder Geflügel. Da es aber auch an anderen Selbstverständlichkeiten fehlte, waren selbst Streichhölzer, Salz und Zucker begehrt. Zeitweise konnte eine fette Gans gegen ein paar Schachteln Streichhölzer und etwas Salz getauscht werden. Der Mangel an Zucker trieb sogar den Preis für Sacharin in die Höhe.

Das Betreten des Schwarzmarktgeländes war den Soldaten natürlich untersagt. Hier erwiesen sich der P.K.–Ausweis und die umgehängte Leica als Passepartout. Ich durfte mich auch dort frei bewegen.

Silvester in Rückzugstimmung

Die wenigen Tage bis Monatsende vergingen wie im Flug. Es gab nichts, was sich fotografisch lohnte. Außerdem waren wir alle abends immer ziemlich müde. Weniger der Dienst, sondern das tägliche Beschaffen, Sägen und Hacken von Brennholz, wobei sich die ganze Stubenbelegschaft beteiligte, füllte unsere Tage. Denn Kohlen gab es nicht, und unser kleiner Kanonenofen gab zwar eine schnelle und wärmende Glut, brauchte aber viel Holz – mehr als uns zugeteilt wurde.

Unser gemächlicher Alltagstrott endete am Silvesternachmittag von einer Minute zur anderen. Die Kompanie mußte ganz gegen die Gewohnheit plötzlich antreten und der Befehl lautete, die gesamte Kompanie müsse unverzüglich packen und verladen, weil am nächsten Morgen Abmarsch sei. Weiter wurde verkündet, ab sofort bestehe eine Sperre für ein- und ausgehende Post. Die für Silvester vorgesehenen alkoholischen Getränke seien ebenfalls gesperrt, doch würden die vorhandenen Vorräte an Wein durch Ausgabe von je einer Flasche für vier Personen zum Abendessen verteilt.

Wie wir es geahnt hatten, schien sich in Stalingrad eine Katastrophe anzubahnen. Wir mußten aus dem ganzen Südabschnitt schnellstens verschwinden, weil der ein Kessel zu werden drohte. Rostow, das ich noch vierzehn Tage zuvor mit dem Güterwagen passiert hatte, war nun die Schleuse, durch die wir hindurch mußten. Niedergeschlagen und nachdenklich schauten wir der letzten Nacht des Jahres 1942 entgegen.

Wie ich auf meiner Pritsche lag, fiel mir ein, daß man während des letzten Frühjahrs im sogenannten Mittelabschnitt der russischen Front nach einem plötzlichen Durchbruch der Russen die Fronturlauber, die gerade in die Heimat fuhren, und die Neuankömmlinge ausnahmslos aus den Zügen geholt hatte. Sie wurden in Windeseile zu Trupps zusammengestellt und an die Front geworfen. Dabei kam es unter den kaum ausgebildeten Soldaten zu erheblichen Verlusten. Vor solchen Aktionen war kein Soldat sicher – auch wir von der P.K. nicht.

Werner kam ins Zimmer; rußlanderfahren wie er war, strahlte er eine bemerkenswerte Ruhe aus. Ich solle mal nicht zu schwarz sehen. Möglicherweise würde für die überall lauernden Spione auch absichtlich eine falsche Fährte gelegt. Er glaube nicht, daß unsere Fahrt nach Norden so fluchtartig vor sich gehen werde, wie es im Moment aussähe. Es sei nur richtig, daß wir unsere Kameras beim Troß sicher unterbrächten. Handgepäck und der griffbereiter Schlafsack seien jetzt viel wichtiger als die Leica.

In dieser Silvesternacht gab es nach dichtem Nebel einen regelrechten Temperatursturz. Das Thermometer fiel weit unter den Gefrierpunkt, wobei sich unter dem klaren Himmel im Mondlicht deutlich sichtbar von Stunde zu Stunde mehr Rauhreif bildete. Das sah ich wie in einer Vision: reifbedeckte Zweige, Äste, Zäune, selbst Telefondrähte und Dächer im Gegenlicht des dämmernden Tages; die reinste Lyrik für meine Leica. Nur war ich durch den Zwang der Umstände ohne Kamera und Film. Mir wäre es am liebsten gewesen, wenn wir sofort aufgebrochen wären, so enttäuscht war ich.

Wir verließen die Stadt dann doch erst am späten Vormittag und passierten Menschenkolonnen mit teils weinenden, teils auch erstaunten und manchmal sogar grinsenden Einheimischen. Man konnte es an den Gesichtern ablesen, was in denen vorging, die entweder vor den Bolschewisten Angst hatten, oder den Abzug der deutschen Soldaten guthießen. Was würde mit denen geschehen, die sich in den vergangenen Monaten mit den Deutschen zu sehr eingelassen hatten? Es war kein Wunder, daß wir unterwegs hoch bepackte Panjewagen überholten, zweifellos Flüchtlinge aus dieser Region. Unsere eigene Wagenkolonne war mittlerweile völlig auseinander geraten. Von allen Ecken und Enden schoben sich andere Fahrzeuge dazwischen. Mit einem Mal passierten wir unseren am Straßenrand mit einer Reifenpanne liegengebliebenen Verpflegungswagen. Gott sei Dank hatten wir die kalte Verpflegung im voraus empfangen.

Während der interessanten Fahrt durch hügeliges Vorland konnten wir die hohen, weißen Berge des Kaukasus im Schein der niedrig stehenden Sonne deutlich erkennen.

Bei Einbruch der Dunkelheit gingen wir zu viert in irgendeinem Dorf auf Quartiersuche. Für mich war es das erste Mal. Wir wußten, daß wir in jedem Haus Quartier bekommen konnten. Wenn die Bewohner sich weigerten, konnten wir sie sogar zwingen, indem wir einfach von dem Haus Besitz ergriffen. Ich fand diesen Gedanken so unangenehm, daß ich froh war, als wir in einem Bauernhaus auf unsere Frage »Quartier?« ein Kopfnicken sahen. Die Leute waren freundlich. Vater, Mutter, drei kleine Kinder und dazu die Oma an einem Spinnrad. Zwei große Betten nahmen die sechs Menschen auf. Daß aber zehn Menschen auf engem Raum zusammengedrängt auch Sauerstoff brauchten, war ebenso klar, wie daß der Mief bald unerträglich sein würde. Ich mußte hierbei an den uralten Landserspruch denken, der mir schon oft auf die Nerven gegangen war: »Es ist noch niemand erstunken, aber schon mancher erfroren.«

Früher wäre ich mit angehaltenem Atem durch einen solchen Raum geeilt und hätte erst draußen wieder Luft geholt. Ich hätte auch eher gehungert, als die in Öl gebackene Scheibe Brot zu essen, die von der Bäuerin mit schwarzen Fingern in der Pfanne gewendet wurde.

Diese erste Nacht in einer russischen Bauernkate, mitten zwischen schnarchenden, auf dem Fußboden lagernden Menschen, war gar nicht so schlecht. Der Lehmboden war zwar hart, aber ich legte mich auf den ohnehin entbehrlichen Schlafsack und schlief voll angezogen. Im Dunkeln hörte ich, schon halb im Schlaf, wie auf dem Tisch Mäuse herumhuschten und an einem halben Laib Brot knabberten. Aber ich war zu faul und auch zu müde, um nach dem Licht zu suchen.

Ein unzensierter Brief nach Hause – 9. Februar 1943

Seit meinen letzten Tagebuchaufzeichnungen sind fast drei Wochen vergangen. Während unseres rasanten Rückzugs aus dem Kaukasus hat dieser Brief die Chance, noch vor Eintreffen meiner älteren Post bei Euch zu sein, da ein zuverlässiger Kamerad in besonderer Mission in die Heimat fährt und meine Post dort einwerfen wird. Endlich kann ich ohne Rücksicht auf eine mögliche Zensur berichten. Ihr wißt ja, daß wir weder in Feldpostbriefen noch in Tagebüchern irgendwelche Namen nennen dürfen, die mit dem zu tun haben, was hier passiert.

Wir befinden uns angesichts eines riesigen Aufmarsches der Russen seit fast drei Wochen auf einer immer eiliger werdenden Flucht. Der viel gelästerte Befehl vom Silvesterabend in Piatigorsk, die Tornister zu packen und am Neujahrsmorgen aufzubrechen, kam keinen Tag zu früh. Denn es galt eine weitere Tragödie, wie sie in Stalingrad geschehen war, zu verhindern. Dort sind wohl, wie man inzwischen vermutet, rund eine Viertel Million deutscher Soldaten entweder zu Tode gekommen oder in Gefangenschaft geraten.

Es scheint, daß wir einem neuen Kessel noch einmal entkommen sind, nachdem wir fast die ganzen 800 Kilometer weite Strecke vom Fuß des Kaukasusgebirges bis nach Rostow zurückgelegt haben. Da unsere P.K. ja stets in der Nähe der Armeeleitung ist, also nie in direktem Kontakt mit der Front, ist uns die Möglichkeit einer Umzingelung nie so recht bewußt geworden. Da geht es den armen Burschen von der Infanterie ganz anders. Sie müssen an der Front mit ausgedünnten Reihen Kampfstärke vortäuschen, um dann – wenn das Gros abgerückt ist – um ihr Leben zu rennen.

Mitte Januar kam der absurde Befehl, eine Gruppe von uns zu einer Infanteriedivision zu schicken, um – wie es so schön heißt – »bewegliche Abwehrkämpfe« zu schildern. Die Berichter von »Wort«, »Film« und »Bild« sollten in zwei Autos an die Front gebracht werden. Werner und ich sorgten dafür, zusammen in einem der Wagen fahren zu können. Dieser Einsatz war bei den niedrigen Temperaturen, die herrschten, und dem heftigen Schneetreiben, das um uns tobte, ein echtes Unding. Wir gerieten in den Rückzug und trafen in einem totalen Durcheinander auf Soldaten, die ohne Gepäck angehetzt kamen. Sie suchten ausgerechnet auch den Trupp, bei dem wir gerade eingesetzt werden sollten.

Unserer Aufgabe, über bewegliche Abwehrkämpfe zu berichten, konnten wir wegen des permanenten Rückzugs kaum nachkommen. Stattdessen reihten wir uns auf der Suche nach der eigenen Kompanie wieder in den Strom der zurückflutenden Soldaten ein. Am Rande des total verschneiten Weges sahen wir tote Pferde, aber auch die Leichen von Gefangenen, die nach vielen hundert Kilometern Fußmarsch total erschöpft nicht mehr weiter gekommen waren. Man hatte sie kaltblütig erschossen.

Weit und breit war niemand, der uns kannte. Hätten wir hier unseren Wagen stehen lassen müssen, wären wir genau wie die Infanteristen auf unsere Beine angewiesen gewesen. Kein anderes Auto nahm jemanden mit; besonders nicht, wenn man noch viel Gepäck dabei hatte. Jeder Wagen war vollgepackt, oft saßen die Menschen links und rechts auf den Kotflügeln. Alle waren nur bestrebt, die eigene Haut in Sicherheit zu bringen. Später hörten wir, wie nahe wir den vorrückenden Russen gewesen waren, als wir bei Asow über das Delta setzten. Daß wir überhaupt davongekommen seien, grenze an ein Wunder. Und trotzdem war ich untröstlich, fotografisch untätig geblieben zu sein.

Werner hatte wenig Verständnis für meinen Ehrgeiz angesichts fehlender Möglichkeiten einer »positiven Berichterstattung«, wie er sich sarkastisch ausdrückte. Und listig lächelnd meinte er plötzlich: »Ich habe eine prima Idee für uns beide! Du fotografierst und ich drehe mit Kaiserfilm! Wir gehen morgen zu einer Stelle, wo es nicht nur was zu futtern, sondern auch was zu trinken gibt.

Ich schaute ihn etwas verdutzt an, weil ich nur »Bahnhof« verstanden hatte; aber mein Kamerad klärte mich schnell auf. Wir würden als Film- und Bildberichter eine im Ort gelegene Verteilerstelle für Lebensmittel besuchen, die ein sogenannter Gebietsland-wirt verwaltete. So stände es auf einem Schild in der Stadt, das er bei der Einfahrt entdeckt hätte. In dem Depot müßten Unmengen von Mehl, Zucker, Butter, Fleischkonserven und Getränke lagern. Die Verwaltung hätten meist ältere SA-Männer in brauner Uni-form. Wir würden dem Boß dort erzählen, daß wir einen Film von seiner Verteilerstelle für die Wochenschau drehen wollten. »Und Du machst dann Fotos von ihm, und er kommt natürlich in die Zeitung!«

Weiter erzählte mir Werner, daß der »Kaiserfilm« eine lang zurückliegende Irreführung des deutschen Kaisers Wilhelm II gewesen sei. »Wilhelm Zwo« wollte bei seinen öffentlichen Auftrit-ten stets gefilmt werden, ohne großes Interesse, diese Filme auch anzusehen. So habe man immer dem Wunsch seiner Majestät entsprochen, jedoch den Film oft gespart, indem die Kamera mit einem bereits mehrmals durch die Kamera gelaufenen Zelluloid-streifen geladen wurde. Seitdem hieß dieser Trick im Jargon nur kurz »Kaiserfilm«.

Da ich glaubte, eine solche Schau nicht durchstehen zu können, ohne rot zu werden, weigerte ich mich, meine Leica auch mit Kaiserfilm zu laden. Ich wollte dafür ein Stück privaten Negativ-farbfilm opfern.

Wir landeten dann im Hof eines mehrstöckigen Gebäudes, in dem sich die Verteilerstelle befand. Verschiedene LKWs wurden gerade beladen. Uniformen waren keine zu sehen, aber ein weiß-haariger Mann, der zusammen mit anderen Helfern mit dem Aufladen beschäftigt war, schien der Boß zu sein. Er entpuppte sich als Berliner, der sich, noch bevor wir unser Anliegen vorbringen konnten, für seine knappe Zeit entschuldigte: »Sie wissen sicher, daß wir hier evkuieren müssen, bevor der ganze Laden in die Luft geblasen wird.«

Gott sei Dank schaltete Werner sofort und unterließ jeden Versuch, seinen Kaiserfilm anzubieten. Er sagte vielmehr die reine Wahrheit, daß wir auf der Suche nach unserer P.K. zufällig das Schild gesehen hätten und gehofft hätten, man könnte uns hier den gegenwärtigen Standort des Armeecorps' sagen. Zu unserem Glück wußte der Berliner, wo es inzwischen lag und konnte uns auf einer Landkarte sogar den Standort unserer P.K. zeigen.

Er wußte übrigens besser Bescheid über die allgemeine Lage als wir. Die Vorbereitungen zur Evakuierung waren begründet. Die Russen standen fast vor der Tür. Bei einer Tasse Bohnenkaffee kam während unserer Unterhaltung beinahe so etwas wie Heimweh auf – kein Wunder bei meiner Berliner Vergangenheit. Ich merkte sehr bald, daß er überhaupt nichts mit braunen Uniformen zu tun hatte, obwohl er den Boß der Verteilerstelle in dessen Abwesenheit vertrat. So nahe an der Front konnte man unter vier oder sechs Augen schon offener sprechen, als es woanders möglich war.

Als wir schließlich aufbrechen wollten, schlug er uns ganz von selbst vor, mit Hinblick auf die bevorstehende Räumung einige Sachen für die Kompanie mitzunehmen. Er ließ uns eine ganze Menge Köstlichkeiten wie Butter, Dauerwürste und Konserven ins Auto packen. Seit dieser Zeit genoß ich bei der Kompanie unverdienterweise den Ruf eines Beschaffungsgenies.

Ein Alltag an der Front – 23. März 1943

In meinem letzten Feldpostbrief erzählte ich vom Vorstoß auf ein Sowjetdorf am Donez, wobei wir schließlich selbst wie von Furien gehetzt Fersengeld geben mußten. Ich habe mir später über diese panikartige Flucht meine Gedanken gemacht. Der Ruf »Die Russen kommen!« hatte in den meisten von uns etwas ausgelöst, was jedes rationale Handeln unmöglich machte. Der Gefahr, einer solchen Panik zu erliegen, sind vor allem die jungen, frontunerfahrenen Soldaten ausgesetzt. Ihnen müssen wohl die Ohren von all den greulichen, zum Teil auch wahren Geschichten geklungen haben, wie die Russen in ihrem Zorn auf die Deutschen ihre Gefangenen auf der Stelle massakrierten oder in die von den Deutschen angesteckten Häuser zurückjagten. Diese jungen Burschen hatten – was psychologisch ausschlaggebend war – noch keinen Vormarsch erlebt, bei dem sie die Russen hatten fliehen sehen.

Wenige Tage nach diesem Debakel erhielt ich vom Regiment, dem ich als Bildberichter zugeteilt worden war, die vertrauliche Nachricht von einem neuen Angriffsplan auf das umstrittene Donezdorf.

Als Einleitung griffen etwa dreißig Stukas die Widerstandsnester der Russen in einem rasanten Sturzflug an. Obwohl noch zehn Kilometer von der Front entfernt, hörten wir das Heulen der Sirenen, die beim Sturzflug von den Piloten eingeschaltet werden. In der darauffolgenden Nacht sollten verschiedene Panzer und Sturmgeschütze auf die Höhe gefahren werden, die uns von der eigentlichen Hauptkampflinie – kurz »HKL« – trennte. Sie würden dann von der weiter zurück liegenden Artillerie unterstützt werden.

Der erste Vorstoß und das entscheidende Brechen des Widerstands vollzieht sich jedoch meist im ersten Morgengrauen bei einem Licht, das Filmberichtern wie Fotografen brauchbare Bilder unmöglich machte. Es gab damals noch keine höher empfindlichen Filmemulsionen.

Einen Regimentskommandeur, der mich bei einer anderen Gelegenheit einem nächtlichen Spähtrupp zuteilen wollte, und der sehr ungehalten reagierte, als ich diese Aufgabe ablehnte, brachte ich rasch zur Vernunft: »Bitte Herrn Oberstleutnant gehorsamst ersuchen zu dürfen, das Risiko auf sich zu nehmen, wenn ich auf Grund der unzureichenden Beleuchtung bei nächtlicher Feindberührung Blitzlampen einsetzen muß!«

Ich fuhr dann als Fahrgast eines Funkwagens in der Nacht die zehn Kilometer an die HKL. Der junge Oberfunker reichte mir unterwegs seine dicken, gummigepolsterten Kopfhörer, aus denen Tanzmusik aus irgendeinem Land kam, daß sich wohl ganz und gar nicht für diesen Krieg zu interessieren schien. Wir fuhren mit dem Funkwagen auf hart gefrorenem Boden auf eine Anhöhe, von der aus das Niemandsland in leichter Neigung zum Donezfluß abfiel. Ausgestiegen stolperte ich zuerst einmal in einen der warmen Unterstände, in denen kleine Bunkeröfen eine wohlige Wärme verbreiteten. Einige Soldaten schliefen, eng aneinander gepreßt und sichtlich eschöpft. Gegen vier Uhr war es noch immer dunkel. Aber schon mit einer Ahnung des werdenden Tages ging ich zurück zur schweren Artillerie, die den Feuerschlag einleiten sollte, sobald die Infanterie, die jetzt schon auf das Dorf zumarschierte, auf nennenswerten Widerstand träfe.

Mit meiner ursprünglichen Idee, Farbfotos der fauchenden Feuerspritzen vor dem Graublau der ersten Dämmerung zu machen, hatte ich Pech. Es war taghell, ehe ein paar Schüsse abgefeuert wurden, und in der Zwischenzeit lag ich auf dem Bauch im harten Schnee, die mit Farbnegativfilm geladene Leica im Anschlag. Aufgeschichtete Steine ersetzten mir das fehlende Stativ. Ich hatte fest mit langen Belichtungszeiten gerechnet und nun war es hellichter Tag.

Bei den Artilleristen, die Funkverbindung mit der Angriffsspitze hatten, hieß es nur, daß es vorne zügig vorangehe. Ich würde mich beeilen müssen, wenn ich noch rechtzeitig Aufnahmen machen wollte. Nun ging es sicher viel schneller bei Tageslicht. Ich lief aber wohlweislich in der Spur der Panzer, die sich im Niemandsland nicht mehr an die bequeme Rollbahn gehalten hatten; diese konnte ja vermint sein.

Bald nach dem Passieren der bisherigen HKL sah ich die ersten toten russischen Soldaten. Sie mußten bei den Vorstößen der Russen in der vergangenen Nächten gefallen sein. Der Anblick der Leichen, halb verdeckt von den Halmen abgeernteter Maisstauden, stand in einem schrecklichen Kontrast zur Stille des frühen Morgens.

Plötzlich setzte im Dorf vor mir ein gewaltiger Lärm ein. Die Leuchtkugeln der angreifenden Spitze stiegen in den Himmel und zeigten, an welcher Stelle es schnell voranging. Ich beschleunigte meine Schritte und holte kurz vor dem Dorf eine Gruppe von Nachrichtensoldaten ein, die schon neue Kabel zu den rückwärtigen Stellen legten. Sie bemerkten mich zunächst gar nicht, weil ich sofort in ein leeres Haus gegangen war, an dem sie vorbeikommen mußten. So konnte ich sie aus dem ersten Stock von oben aus aufnehmen. Im Stillen mußte ich an Paul Wolff denken, der mich oft gemahnt hatte, auch die Vogelperspektive zu nutzen. Nachdem ich unten auf der Straße noch den Gegenschuß zum Thema »Nachrichtenmänner« gemacht hatte, verließ ich sie mit einem kurzen Gruß und betrat das Dorf, das wir wenige Tage zuvor in wilder Flucht geräumt hatten. Weit und breit war keine Menschenseele mehr zu sehen. Mitten auf der Straße lag mit ausgebreiteten Armen ein Toter auf dem Gesicht. Ein paar Hühner, die im Dreck scharrten und gackerten. Sonst nichts.

Nun wurde es mir doch ein wenig mulmig, als ich daran dachte, was für eine gute Zielscheibe ich für einen eventuell zurückgebliebenen russischen Soldaten abgeben mußte. Es war ganz schön leichtsinnig von mir, mit meinen zwei Leicas vor dem Bauch durch das leere Dorf zu spazieren, und ich war daher froh, als die Nachrichtenmänner wieder auftauchten. Sie grüßten mich und einer von ihnen fragte mich im Scherz: »Sind unsere Bilder was geworden?« Gemeinsam schlenderten wir dem Lärm der Artillerie nach.

Ich kam gerade noch rechtzeitig. Zuerst stieß ich auf eine Gruppe von Panzerjägern, die in der Deckung einer Hauswand rasteten. Kaum hatten sie meine beiden Leicas entdeckt, da riefen sie eher freundlich als spöttisch: »Aha, die PEKA ist auch schon da!

Ein bißchen wurmte es mich doch, daß ich so spät auf der Bildfläche erschienen war. Ich ließ mich von einem Feldwebel in die Lage einweisen und fragte, wo ich jetzt noch hingehen sollte. Aber der Lärm und eilige Munitionsträger wiesen gleichermaßen in eine Straße, in der einige Häuser lichterloh brannten.

Hier spürte ich erneut diesen unheimlichen Rauschzustand des Abenteuers, der die Jugend auszeichnet. Ich wollte in diesem Moment auf keinen Fall woanders sein.

Obwohl nur vereinzelte Schüsse in die Straße peitschten, war äußerste Vorsicht geboten. Ich eilte im Schutz der Häuser weiter nach vorn. An einer Ecke, wo eine Pak, eine Panzerabwehrkanone, zur Sicherung der Kreuzung stand, lagen zwei durch einen Granatvolltreffer scheußlich zerrissene deutsche Soldaten. Unweit davon stützte sich ein verwundeter Russe mit vor Schmerzen verzerrtem Gesicht auf seinen Ellenbogen und winkte mich mit seiner freien Hand zu sich, als wollte er mir ein Geheimnis ins Ohr flüstern. Ich wandte mich ab und eilte weiter.

Dann stand ich vor hohen Barrikaden, hinter denen am frühen Morgen die Russen das Weite gesucht hatten. Hinter den Barrikaden rastete eine Gruppe Infanteristen. Erneut bot sich mir die Gelegenheit, aus der Vogelperspektive einige eindrucksvolle und kompakte Bilder zu machen – genau die Sorte von optimistischen Frontbildern, die man in Berlin erwartete.

Aber am gegenüber liegenden Ufer des Donez begann eine »Ratsch-Bumm« sich auf uns einzuschießen. Im Schutz der Häuser hatten sich auch unsere Panzer versammelt. »Ratsch-Bumm« hatten die deutschen Landser diese kleinkalibrigen Haubitzen der Russen getauft. Sobald das Ohr das »Ratsch« des Abschusses gehört hat, ist »Bumm«, der Einschlag, auch schon da. Zwischen »Ratsch« und »Bumm« ist nicht einmal soviel Zeit, sich noch rechtzeitig auf den Boden zu werfen. Ihr erster Schuß landete noch mehr als hundert Meter hinter uns auf dem freien Feld. Ich konnte auf der Barrikade gerade noch meine »friedlichen« Schüsse tätigen, als es wenige Sekunden danach schon wieder rummste; diesmal allerdings näher.

Der Gleichmut der Männer war erstaunlich. Am M.G. nahmen sie überhaupt keine Notiz, obwohl es so aussah, als ob die Einschläge nach drei bis vier Schüssen da landen könnten, wo wir gerade hockten. Ich klappte die beiden Bereitschaftstaschen mit äußerer Ruhe zu und tat ein paar gemächliche Schritte zur Seite. Da schlug es knapp dreißig Meter von mir entfernt ein. Ich warf mich vor Schreck auf den Boden, tat dann aber so, als ob ich gestolpert sei. Nun schien es mir doch ratsam, hinter einer Hauswand zu verschwinden, wo schon andere hockten – wie Hühner im kalten Wind.

Das Schußfeld war natürlich von der anderen Seite aus einzusehen. Deshalb rannten die erfahrenen Infanteriesoldaten unmittelbar nach einem Einschlag schnell weiter nach vorn. Mit ihnen rannten auch die gefangenen Russen, die als Träger für die Munition eingesetzt wurden.

Aus unserer sicheren Deckung sahen wir, wie nach einer längeren Gefechtspause ein paar Männer offenbar völlig ahnungslos auf uns zugebummelt kamen. Ich wollte sie noch warnen, als es schon krachte und eine Erdfontäne hochspritzte, die zwei der Leute für einige Sekunden völlig verdeckte. Als die Sicht wieder frei war, standen beide verdutzt da. Hinter ihnen, nahe der Einschlagsstelle, kniete ein junger Bursche auf dem Boden. Er versuchte ein-, zweimal hochzukommen und sank dann mit unbewegter Miene, beinahe lächelnd, nach vorn. Kameraden sprangen hinzu, drehten ihn um, doch er war schon tot.

Einer der beiden anderen kam zu uns an die Hauswand und wischte sich die Erdklumpen von der Uniform. Er war kreidebleich, jedoch offenbar unverletzt. Aber sein Begleiter, ein gefangener Russe, saß jetzt auf der Erde und stöhnte. Ich fragte nach einem Sanitäter für ihn, doch ein Soldat meinte trocken, es sei das Beste, ihn gleich umzulegen.

Der arme Kerl hatte so gute Augen. Oder haben das vielleicht alle, denen die Todesangst im Gesicht steht? Er schaute mich flehentlich an und reichte mir sein kleines russisches Notverbandspäckchen, das eine Binde und etwas Watte enthielt. Ich zog ihm mit seiner Hilfe, so gut ich konnte, das grünbraune Sowjethemd vom Leib. Auf seiner linken Seite klaffte eine etwa zwei Zentimeter breite Wunde, aus der Blut sickerte. Ich preßte den Wattebausch darauf und wickelte den Verband um seinen Oberkörper. Dann führte ich den Humpelnden ins Haus, wo er sich ausruhen konnte. Ich habe ihn nicht wiedergesehen. Bei der ohnehin unzureichenden Sanitäterhilfe kann ich mir nicht vorstellen, daß er mit dem Leben davonkam.

Mittlerweile war die Ratsch-Bumm verstummt. Ich hatte an diesem Tag ein paar wichtige Bilder gemacht, so daß ich mit gutem Gewissen abschließen konnte. Hier zeigte sich ein weiterer Vorteil der P.K.-Berichter: Die Infanterie mußte den Russen weiter hinterher jagen, während ich über mein weiteres Tun frei entscheiden konnte.

KAPITEL 11

Aus meinem Kriegstagebuch: September 1943

Zwei Jahre Krieg in Rußland enden mit einem totalen Rückzug. Die Anfänge zeichneten sich bereits im Januar 1943 in Stalingrad ab. Nun macht sich die zweite Front in Italien, aber auch die dritte auf dem Balkan bemerkbar.

Diese Ereignisse darf ich natürlich nicht dokumentieren. Und schon gar nicht die Folgen, die unser Rückzug für das fremde Land hat. Das ganze Gebiet jenseits des Dnjepr wird geräumt. Doch man sagt den Einwohnern erst im letzten Moment Bescheid und gibt ihnen eine Frist von nur wenigen Stunden. So können sie nicht in der Nacht zuvor in die Felder ausrücken. Aber sie müssen weg, da das ganze Gebiet dem Erdboden gleichgemacht wird. Niemand soll mehr da sein, der den anrückenden Russen eine hilfreiche Hand, geschweige ein schützendes Dach bieten kann. Das versteht man also unter der menschenverachtenden Politik der »verbrannten Erde«.

Mit der Vertreibung hatte man noch bis zur Haupternte abgewartet. Der größte Teil des Getreides samt dem Vieh war nun schon abtransportiert. Leider war mit der Evakuierung der Menschen zu spät begonnen worden. Sie sollen ganz in der Nähe hinter dem Dnjepr wieder angesiedelt werden – ich glaub's nur nicht. Es heißt, daß männliche Bewohner zwischen fünfzehn und sechzig Jahren in Frontnähe beim plötzlichen Vormarsch des Feindes eine Verstärkung für diesen bedeuten können. Deshalb will man sie lieber in der deutschen Industrie einsetzen, in der so viele Hände fehlen. Seit kurzem gehen also Trupps durch die für die Evakuierung vorgesehenen Dörfer, die in tiefer Nacht die Menschen aus ihren Häusern holen.

Es spielen sich erschütternde Szenen ab. Männer und halbwüchsige Burschen werden unter den Betten hervorgezogen oder aus ihren Schrankverstecken geholt. Frauen kreischen und werfen sich in ihrer Verzweiflung vor den Besatzern auf den Boden.

Am frühen Morgen versammeln sich diese armen Gestalten zum Abmarsch. Männer umarmen ein letztes Mal ihre Frauen; Mütter laufen neben ihren Söhnen her, um ihnen die Taschen mit Sonnenblumenkernen vollzustopfen; Frauen singen mit vom Weinen verkrampften Gesichtern schwermütige Lieder. Bei aller Liebe für fotografische Dokumentationen verzichtete ich darauf, kaltblütig die Kamera ans Auge zu heben und dies alles festzuhalten.

104

Kurze Zeit später wird der Rest der Bevölkerung auf Wanderschaft geschickt. Wer noch Kühe und einen Wagen hat, ist gut dran, wenn einem unterwegs nicht von Soldaten die Kuh ausgespannt wird.

Ich bin zu einem Bataillon von Pionieren abkommandiert worden, dem die Aufgabe zufällt, Straßen und Brücken nach unserem Rückzug zu zerstören. Südlich von Charkow war mir ein nagelneues Motoradgespann zugeteilt worden. Robert, ein Gefreiter vom Fahrerpersonal der P.K., ist mein Fahrer. Auf dem komfortablen Sitz im Beiwagen stapelten wir unsere Tornister und Schlafsäcke sowie die Leica-Taschen, während mir der Soziussitz trotz seiner Härte mehr Bewegungsfreiheit ließ.

Zusammen mit den Pionieren fuhren wir gegen den Strom der zurückflutenden deutschen Soldaten in Richtung Feind. Dabei passierten wir ein lichterloh brennendes Dorf, in dem jedes Haus in Flammen stand. Obwohl ich nicht glaube, daß die strengen Bild-Zensuren in Berlin mir auch nur eine dieser gespenstischen Szenen abnehmen werden, habe ich versucht, unter dem grauen Wolkenhimmel und dem vielem Qualm Farbfilm zu belichten. Für die langsamen Verschlußzeiten mußte ich den Lenker des Motorrads als Stativ benutzen. Ich wählte Belichtungszeiten zwischen $\frac{1}{15}$ und $\frac{1}{2}$ Sekunde bei entsprechender Blendenöffnung meines 50 mm-I2-Summitars. Ein paar Bilder belichtete ich sogar noch länger – bis zu fünf Sekunden – um die Silhouetten der vor den brennenden Häusern herumlaufenden Soldaten absichtlich mit Bewegungseffekten zu verwischen. Es kann jedoch gut sein, daß diese Aufnahmen in Berlin als Fehlbelichtungen im Papierkorb landen.

Nach vielen Tagen absoluter Trockenheit fing es mittags zu regnen an. Der rußlanderfahrene Robert begann zu fluchen und prophezeite Schlimmes: »Wenn das so weiter schifft, landen wir in einem Scheißmorast.« Der Chef der Pioniereinheit, ein aufgeschlossener Leutnant, begriff sofort die durch den Regen verursachte Komplikation, als ich ihm von unserem Dilemma erzählte. Ihm war auch klar, daß ich das Krad weder zurückschicken noch einfach stehen lassen konnte. Auf den voll gepackten Lastwagen seines Trupps war natürlich auch kein Platz, und so riet er uns, hinter einem seiner LKWs herzufahren.

Der Weg war anfangs recht gut. Man plante in der Nacht die verhältnismäßig große Strecke von vierzig Kilometern zurückzulegen, wobei die Pioniere hinter der Infanterie alle Brücken zerstören mußten. Bald hatte jedoch der Regen die Straße derart aufgeweicht, daß wir mit dem Krad mehrmals stecken blieben. Schließlich ließ uns der Leutnant mit einem Seil von einem vorausfahrenden LKW ins Schlepptau nehmen. Robert konnte unser Krad noch mit eigener Kraft bewegen; das Seil sollte erst dann zu ziehen anfangen, wenn wir zu langsam wurden.

Jetzt begann eine Höllenfahrt! Langsam schob sich zwischen Räder und Kotflügel soviel Lehm, daß sich die Räder nicht mehr drehen konnten und wir zu schlingern und zu rutschen begannen. Wie ein führerloser Schlitten glitten wir von einer Wegseite auf die andere durch den Morast. Das Verhängnis ereilte uns an einer schmalen Stelle, als wir über eine Holzbrücke rutschten und ins Geländer gerieten. Dort blieben wir hängen und waren sicher, daß das Seil nun reißen würde. Doch der Lastwagen hielt und auch seine Räder begannen durchzudrehen. Die fluchenden Insassen schoben uns wieder auf die Straßenmitte und die Fahrt ging weiter. Stundenlang fuhren wir so hinter dem rußspeienden Auspuff her. Wir hatten keinen trockenen Faden mehr am Leibe.

An einem steilen Hang blieb dann der vorderste LKW unserer Kolonne stecken und drehte sich zu allem Überfluß auch noch quer. Alles stieg ab und faßte mit an. Als es dann weiterging, entdeckten wir, daß unser Krad abgehängt worden war. Wütend und keuchend liefen wir mit unserem Gepäck hinter der Kolonne her. Fluchend kletterten wir auf den fahrenden LKW, als hinter uns auch schon rote Leuchtkugeln in den Himmel stiegen. Einer schrie: »Das sind die Russen!« Die Kolonne fuhr weiter.

Inzwischen dämmerte der Morgen, als plötzlich eine russische Granate über uns hinwegfegte. Den Einschlag sahen wir eine ganze Strecke vor uns – in unserer Fahrtrichtung! Ich war wie betäubt und spürte weder Kälte noch Nässe. Dann stand die Kolonne wieder. Schrill erklang die Stimme des Leutnants: »Alle Mann absitzen! M.G. in Bereitschaft! Alles zum ersten Wagen!« Wieder steckte dieser mit den Vorderrädern tief im Morast. Die Angst verlieh uns Riesenkräfte. Wenn wir den Karren nicht flottkriegten, müßten wir uns bald mit den Russen herumschießen und die letzten zehn Kilometer zu Fuß türmen. Doch auch dieses Mal gelang es uns, den LKW mit vereinten Kräften wieder auf die Straße zu hieven.

Beim nächsten Steckenbleiben würden wir allerdings kaum mehr Zeit für ein weiteres Hauruckmanöver haben. Wir stiegen deshalb mit unserem ganzen Gepäck aus. Als wir an der Kolonne entlangliefen, sah uns der Leutnant und fragte nach dem Krad. Ich deutete nur stumm hinter uns. »Das war anständig von Ihnen!« dankte mir der Leutnant darauf im guten Glauben an unseren Solidaritätssinn.

Ich hatte richtig vorausgesehen, denn der Leutnant befahl nun allen abzusitzen, damit die Fahrzeuge entlastet und wir sofort zur Stelle wären, wenn wieder einer im Morast steckenbleiben sollte.

Wir erreichten bald die höchste Stelle der Straße und konnten nun ohne feindliche Beobachtung den deutschen Linien entgegen laufen. Dabei wären wir fast noch von den eigenen Leuten beschossen worden, gaben aber im letzten Augenblick mit unseren weißen Leuchtkugeln Signal. Die Überraschung beim vorgeschobenen Stützpunkt war groß, weil sie uns bereits in den Händen der Russen vermuteten, nachdem die Nachhut der Infanterie längst eingetroffen war.

Es dauerte lange, bis wir ein Quartier gefunden hatten, doch dann hatte ich endlich die nassen Stiefel von den Füßen. (Es ist übrigens ein großer Fehler, sie überhaupt in diesem Zustand auszuziehen, wenn man nicht mindestens 48 Stunden in Ruhe rasten kann.) Nach einer kurzen Mahlzeit sank ich auf meine Gummimatratze, die ich vor lauter Müdigkeit kaum aufgeblasen hatte. Ich schlief wie ein Sack bis in den Abend hinein.

Der Leutnant kam abends an mein Lager, um zu fragen, ob ich gleich weiter mitfahren oder lieber am anderen Morgen mit einem anderen Wagen nachkommen wollte. Doch keine zehn Pferde hätten mich jetzt aus der warmen Stube gebracht.

Mitten in der Nacht setzte plötzliches Artilleriefeuer ein. Jemand zerrte mich heftig an meinen wunden Füßen, so daß ich vor Schmerz laut aufschrie. Eine Stimme brüllte: »Die Russen sind durchgebrochen! Sie sind schon vorm Dorf!

Unsere Lage schien hoffnungslos. Niemand wußte, ob der Feind schon um die Hausecke schlich und gleich eine Handgranate durchs Fenster werfen würde. Ich wußte nur, daß ich mit meinen nackten, wunden Füßen wieder in die viel zu engen Stiefel steigen mußte. Aber in meiner Todesangst spürte ich keinen Schmerz. Die Pistole nahm ich in die Hand, mit dem Finger am Sicherungshebel. Die beiden Leicas hingen mir schon um die Schulter. Die sollten sie jedenfalls nicht bekommen.

Vor der Tür war es stockdunkel. Ein Luftzug blies auch noch die Kerze hinter mir aus. Ich stieß frontal mit jemandem zusammen, der Gott sei Dank vor lauter Schreck »Scheiße!« rief. Dieses Schimpfwort rettete ihm das Leben, weil ich sonst in meiner Panik geschossen hätte. Gegen den etwas helleren Himmel erkannte ich silhouettenhafte Gestalten, die ich zuerst wieder für Russen hielt, bis jemand auf deutsch Leute aufforderte, sie sollten ein M.G. in Stellung bringen. Hier erfuhr ich auch, daß die unmittelbare Gefahr eines russischen Durchbruchs soeben abgewendet worden sei.

Um sieben Uhr früh wurde ich abgeholt. Es war die Weisung erteilt worden, ein Verpflegungsmagazin zu räumen, das am Abend in die Luft gesprengt werden sollte. Aufgestapelt lagen da noch hunderte von Säcken und Kisten mit Zucker, Butter, Margarine, Konserven, Zigaretten und vielem anderen mehr. Jeder, der vorbei kam, konnte mitnehmen, was er wollte. Welche Gelegenheit wäre das, in der Kompanie meinen Ruf als Beschaffungsgenie weiter zu festigen! Doch leider besaß ich keine Transportmöglichkeit und ließ mir somit lediglich ein großes Paket Zigaretten aushändigen, die sich besonders gut als Tauschwährung eigneten. Die Landser ließen am Ende nur deutschen Tee und einige, in den Dreck getretene Pakete Margarine übrig. Um zehn Uhr nachts wurde dann das ganze Gebäude in die Luft gesprengt.

Der Qualm der brennenden Häuser brannte in den Augen. Man konnte das Blöken zurückgelassener Kühe und Kälber und das Wiehern von Pferden hören. Ich wartete mit dem Leutnant am Ortseingang auf die Infanterie und die Nachhut. Er war so müde, daß er mich bat, ein wenig zu wachen, damit er eine Mütze voll Schlaf nehmen könnte. Dann rollte er sich auf die blanke Erde und schlief sofort ein. Der arme Kerl war seit mehreren Tagen und Nächten ohne Schlaf auf den Beinen gewesen. Es war kalt und ich sammelte im Schein der brennenden Häuser, was ich an Holz finden konnte. Als mein kleines Feuer niedergebrannt war, riß ich Bretter aus den halbverkohlten Katen. Infanterieeinheiten zogen vorbei, kamen aus dem Dunkeln, tauchten für Sekunden in ein goldbraunes Licht, ehe die Dunkelheit sie wieder verschlang. Kaum einer der Vorüberstolpernden wandte den Kopf. Bleiche, eingefallene, müde Gesichter. Manche hatten mit beiden Händen die Sprossen der hoch beladenen Pferdekarren ergriffen. Sie hingen mehr daran, wurden eher mitgeschleift, als daß sie mitgingen.

Am anderen Morgen gab mir der Leutnant eine Bescheinigung für meine Kompanie über die Ursachen des Verlusts unseres Beiwagenkrads. Ich hatte den Wortlaut auf seine Anregung entworfen und die Vorgänge etwas dramatisch geschildert. Niemand konnte uns irgendwelche Vorwürfe machen.

Robert machte sich als Tramp auf den Weg nach Kriwoj-Rog, wo unser Haufen mittlerweile sein neues Quartier aufgeschlagen hatte. Ich blieb vorläufig bei meinen Pionieren.

Drei Tage später rief mein P.K.–Chef beim Leutnant an. Er zeigte Verständnis für den Verlust des Krads, denn »es ist besser, das zu verlieren, als die Männer, die es fuhren.« Ich solle mich unbedingt nach Dnepropetrovsk begeben. Es ging um eine für mich als Bildberichter wichtige Sache: die Sprengung der Brücke über den breiten Dnjepr. Sie sollte nach den strategischen Berechnungen in der Nacht um zwölf Uhr stattfinden, also zu einer Zeit, die mir als Fotograf gar nicht gefallen konnte.

108

Der Leutnant schilderte mir nicht nur den Ablauf einer solchen Sprengung in allen Einzelheiten, sondern er nahm sich auch die Zeit, mit mir am Dnjeprufer entlang zu fahren, wo er auch etwa einen Kilometer von der Brücke entfernt eine geeignete Stelle fand. Ein ehemaliger russischer Gefangener, der zum Hilfswilligen – oder kurz »Hiwi« – avanciert war, wurde angewiesen, eine mannshohe Grube auszuheben. Was dieser Bursche in Rekordzeit vor unseren Augen fertigbrachte, war erstaunlich. Ich hatte gottlob eine Pakkung Zigaretten bei mir, mit der ich ihm eine Freude machen konnte. Er begleitete mich dann auch zu den nächtlichen Aufnahmen.

Der Feuerball, der in der Mitte der Brücke um Mitternacht für Sekunden wie bei einem Riesenfeuerwerk aufblitzte, erlaubte eigentlich nur eine einzige Aufnahme, die den Höhepunkt der Explosion von 26 Tonnen Sprengstoff erfaßte. Viel länger konnte ich auch nicht auf dem Rand unseres Deckungsloch zubringen. Wie eine unsichtbare Hand schob mich die Druckwelle rückwärts, wobei mich der Hiwi regelrecht auffing. Augenblicklich duckten wir uns unter ein Brett, als auch schon Schutt und Trümmer auf uns niederzuprasseln begannen.

Es wurde zwei Uhr bis ich zurückkam. Die Kompanie wollte mir einen Wagen schicken, weil ich nach einem Besuch in dem ebenfalls zur Räumung vorgesehenen Schnapslager zwar keinen Wodka, aber ein Faß Honig reservieren ließ, das die Kompanie nur rechtzeitig abholen mußte. Von dem Honig hatte ich mir vorab in einem Blecheimer eine Kostprobe geben lassen. Zum Dank machte ich vom Lager, vom Chef und den Mitarbeitern einen ganzen Farbfilm voller Einzelaufnahmen, den ich belichtet, aber nicht entwickelt übergab; ich konnte ihn ja schlecht durch die P.K. entwickeln lassen.

Als ich vor meinem Quartier, einem verlassenen Haus in Dnepropetrovsk saß und auf den verabredeten Wagen wartete, sah ich fünf Landser, die eine widerspenstige Kuh hinter sich herzogen. Ich fragte sie, wo sie das Tier denn aufgegriffen hätten. Sie antworteten, sie hätten sie in irgendeinem verlassenen Gehöft brüllen hören und müßten sie erst einmal melken, wozu sie aber ein Gefäß brauchten. Das konnten sie natürlich aus meiner Küche haben. Dann fragte ich sie, ob sie wirklich so naiv wären und glaubten, die Kuh noch lange behalten zu können: »Mit der haben Euch die Russen bald eingeholt!« Ich versuchte, ihnen die Kuh abzuhandeln, hatte aber mit meinem Eimer Honig wenig zu bieten. Gerade hatte ich mich zu dem zusätzlichen Angebot von 500 Zigaretten hinreißen lassen, als einer von ausrief: »Häng' noch 'ne Null dran!« Daran konnte ich sehen, wie interessiert sie waren. (Ich mußte an meinen Kompaniechef denken, der einmal den Wunsch nach einer Kuh geäußert hatte.) »Jungs!« sagte ich, »da habe ich noch genau 1000 Zigaretten in meinem Gepäck. Das ist mein letztes Angebot, sonst haut ab mit Eurem störrischen Vieh!« (Ich wußte, daß ein Liter Kuhmilch auf dem Schwarzmarkt drei Mark kostete. Setzte ich für die Zigaretten auch 500 Mark an, so hätte sich die Kuh, wenn sie täglich acht Liter gäbe, in drei Wochen amortisiert. Und das war noch naiv gerechnet, wie ich später erfuhr.)

Die fünf erklärten sich einverstanden und teilten sich die Zigaretten. Ich holte aus der Küche einen Blechtopf; sie molken das Tier und trugen ihren Anteil davon.

Nun war ich mit »Lotte« – so hatte ich die Kuh getauft – allein auf weiter Flur und führte sie in einen kleinen Garten, von dem aus ich meinen Honigeimer im Auge behalten konnte. Als kurz darauf der lang erwartete Kompaniewagen eintraf, erschien mir dies wie das glückliche Ende einer gelungenen Inszenierung. Das Fahrzeug hatte sogar eine Plane, so daß meine organisierte Kuh und das Honigfaß vor fremden Blicken gut geschützt transportiert werden konnten.

KAPITEL 12

Marschbefehl nach Italien

Im Mai 1943 hatte ich ein schreckliches Erlebnis an der russischen Front. Mit zwei Soldaten verließ ich ein zum Soldatenheim umgewandeltes Restaurant durch eine Drehtür. Meine beiden Begleiter waren schon vorausgegangen, da fiel mir ein, daß ich meine Leica am Stuhl hängen hatte lassen. Ich machte also eine ganze Runde in das Lokal zurück, holte die vergessene Kamera und betrat erneut die Drehtür. In diesem Moment detonierte draußen auf der Straße eine Fliegerbombe und tötete die beiden anderen. Ich mußte in dem total aus den Angeln geratenen Drehmechanismus so lange warten, bis man mich unversehrt befreien konnte.

Jahrelang beschäftigte mich die Frage, ob es der Zufall oder die Vorsehung war. Heute fühle ich mich geneigt, an letzteres zu glauben.

Ein anderes Ereignis, eine »Zufallsbegegnung«, die für mein weiteres Leben von entscheidender Bedeutung sein sollte, bestärkte mich hierin.

Mitte November 1943 ging mein Sonderurlaub zu Ende, den ich erhalten hatte, da unsere Düsseldorfer Wohnung durch einen Bombenangriff total zerstört worden war. Meine Familie war in einem Notquartier im Schwarzwald untergebracht worden.

Wegen eines Einbruchs der Russen in die Widerstandslinien des deutschen Rückzugs drohte mein Urlaub im letzten Augenblick noch gesperrt zu werden. Doch dann konnte ich doch noch fahren.

Nun waren die drei Wochen Bombenurlaub nahezu zu Ende; ich mußte zurück. Meinen Marschbefehl würde ich bei der Soldatenleitstelle ausgestellt bekommen. Nach anderthalb Eisenbahnstunden kam ich in dem kleinen Ort im Schwarzwald an.

Natürlich mußte ich diese dienstliche Reise in meiner Uniform antreten. Das brachte mich zwar in den Vorteil einer kostenlosen Bahnfahrt inklusive Marschverpflegung, doch galt für mich jetzt wieder militärische Disziplin.

Den Weg zur Dienststelle fand ich sofort. Als Frontsoldat wurde ich überaus zuvorkommend behandelt. Bei der Übergabe meines Marschbefehls wünschte man mir »Gute Reise!«, wobei ich es mir beim Dankeschön nicht verkneifen konnte, zu fragen: »Wohin?« Als Antwort erhielt ich lediglich ein verlegenes Achselzucken. Die

Leute hier konnten das natürlich beim ständigen Zurück an der Ostfront nicht wissen. Es war Sache der Leitstellen unterwegs, meine P.K. 691 auszumachen.

Mit diesem Marschbefehl war nur gewiß, daß es zurück ins Ungewisse ging. In einen zweiten russischen Winter, dessen Härte mir noch in schrecklicher Erinnerung war.

Ich hatte jetzt nur noch den einen Wunsch, so schnell wie möglich wieder bei meiner Familie zu sein. Der direkte Weg zum Bahnhof führte durch eine belebte Hauptstraße, in der ich nur langsam vorankam. Hier galt es nun wieder, links und rechts auf jeden Uniformierten zu achten und ja nicht den soldatischen Gruß zu vergessen.

Da kam mir ein die Menge um Haupteslänge überragender Offizier entgegen. Kopf stramm nach links, die Rechte zackig an den Mützenrand und dann der Vorschrift gemäß dem Offizier voll ins Gesicht geblickt. Er trug eine Tasche unter dem Arm und grüßte mit einem Kopfnicken. Für den Bruchteil einer Sekunde glaubte ich in seinen Augen ein kurzes Aufleuchten bemerkt zu haben. Gleichzeitig ließ mich der Gedanke, den Mann von irgendwoher zu kennen, anhalten. Er hatte sich gleichfalls umgedreht und kam auf mich zu. Als er mir gegenüberstand, streckte er mir strahlend die Hand entgegen. Der sonore Baß, in dem er sich vorstellte, erinnerte mich an eine Begegnung aus der Vorkriegszeit: »Dr. S. aus F. Wir trafen uns zuletzt 1937 in der Wetzlarer Leica-Schule. Guten Tag, Herr Benser, was macht die Fotografie?«

Jetzt war alles klar. Ich hatte einen Leica-Freund wiedergetroffen. Dr. S. war, wie die Uniform zeigte, Stabsarzt. Wir kannten uns seit meinem ersten Leica-Vortrag 1935 in seiner Heimatstadt, wo ich bald Vertrauen zu dem damals knapp sechzigjährigen Arzt faßte und mich unverblümt mit ihm über Politik unterhalten konnte. Seine Erfahrungen als Militärarzt im Ersten Weltkrieg hatten ihn zu einem überzeugten Pazifisten und somit zu einem Gegner der Nazis gemacht. Als ich ihm zwei Jahre später wieder in einem Kurs der Wetzlarer Leica-Schule begegnete, war der Meinungsaustausch zwar vorsichtiger gewesen, aber trotzdem immer noch voller Übereinstimmung.

Natürlich wußte ich, daß wir mitten im Krieg, den er mir seinerzeit als wahrscheinlich prophezeite, äußerst vorsichtig zu sein hatten. Ich erzählte ihm von meiner Soldatenlaufbahn. Von der Ostfront brauchte ich kaum zu berichten; er war gut informiert, da er ja unter den Insassen seines Lazaretts genügend Augenzeugen hatte.

112

Als ich mit einem Blick auf die Uhr zu bedenken gab, daß ich angesichts meines nicht mehr lange dauernden Urlaubs am Abend gerne wieder bei meiner Familie wäre, schaute er mir ernst ins Gesicht, und es klang mehr wie ein Befehl als wie ein freundlicher Vorschlag: »Ich möchte Sie trotzdem, bevor Sie nach Hause fahren, im Lazarett noch einmal gründlich untersuchen.« Während er so sprach, faßte er mich mit der Rechten am Kinn, hob meinen Kopf, ließ mich ihn ansehen und sagte sehr ernst: »Ich lasse Sie erst wieder ziehen, wenn ich weiß, daß Sie durch und durch gesund sind. Und daran habe ich gewisse Zweifel.«

Daraufhin schob er mich in ein nahe gelegenes Restaurant, dessen Wirt er offenbar kannte. Dort servierte man mir ein köstliches Mittagessen, ohne jede Essenmarke – und ohne Rechnung. Ich war Gast des Stabsarztes.

Beim Abschied hatte mich Dr. S. noch instruiert, wo ich die Kaserne mit seinem Lazarett finden würde. Ich solle nur nach ihm fragen und angeben, daß man mich um zwei Uhr erwartete. In meiner Verwirrung fragte ich ihn, was ich nun mit dem Marschbefehl machen sollte und ob ich nachher noch einen Zug nach Hause erreichen würde. Seine Antwort verwirrte mich nur noch mehr: »Sie können meinen Vorschlag zu einer gründlichen Untersuchung auch als einen Befehl sehen.«

Das Ergebnis der Untersuchung erschreckte mich am Anfang sehr. »Sie bleiben hier im Lazarett zu weiteren Untersuchungen. Bitte geben Sie mir Ihren Marschbefehl; ich werde die vorläufige Aufhebung veranlassen. Und hier ist das Telefon. Geben Sie meinem Vorzimmer Ihre Rufnummer und sagen Sie Ihrer Frau, daß ich Sie vorläufig für ein paar Tage hier behalten muß. Sie soll sich aber keine Sorgen machen.«

Ich brauche kaum zu erklären, warum ich den Namen von Dr. S. verschweige. Ich hätte diesem außergewöhnlichen Menschen gerne ein Denkmal gesetzt. Aber es gibt leider auch heute noch unbelehrbare Menschen, die die Beharrlichkeit, mit der mich dieser liebenswerte Mann vor einer Rückkehr nach Rußland zu bewahren trachtete, mißbilligen und verurteilen würden. Daher möchte ich die Identität meines Gönners nicht preisgeben.

Das Weitere ist schnell erzählt: Dr. S. kannte meine Italienvorliebe und entließ mich nach »intensiver Behandlung einer beginnenden tuberkulösen Erkrankung« Mitte Februar 1944 aus dem Lazarett. Mein Marschbefehl lautete nun auf einen Einsatz in Italien bei der Heeresberichterstaffel Süd. Meine Reportagen galten der Nettunofront unweit von Rom. Aber mein Standquartier auf der Via Cassia befand sich in der offenen Stadt Rom.

Unsere Dunkelkammer in der Vatikanstadt!

Schnappschüsse aus Krieg und Frieden

Kaum in Rom angekommen fand ich ein winziges Fotolabor in der Vatikanstadt nahe der Peterskirche, das zu mieten war. In dem ansonsten primitiv eingerichteten Raum gab es immerhin einen VALOY-Vergrößerer. Zwei Correx-Dosen mit Nockenbändern machten das Entwickeln der Leica-Filme einigermaßen sicher. Das galt auch fürs Fixierbad in einem zweckentfremdeten Nachttopf. Hier konnte ich mit Hilfe eines Kameraden die Fotos meiner Reportage »Rom – offene Stadt – zur Front geht's mit der Straßenbahn« in aller Ruhe entwickeln und vergrößern. Das geschah vorläufig heimlich, da mich mein Kommandeur anfangs nur mit Einzeleinsätzen beschäftigen wollte. Aber die Serie war bereits mit einem mir freundlich gesonnen P.K.–Redakteur in Berlin abgesprochen. In den folgenden Wochen glückten mir einige gute vergleichende Momentaufnahmen des makabren Nebeneinanders von Krieg und Frieden:

114

Ein eleganter Oberkellner serviert auf der Terrasse eines Restaurants in der Via Veneto seinen Gästen ein opulentes Mahl. Im frontnahen Schützengraben dagegen kommt die Suppe aus dem Kübel in die Blechnäpfe. Die Soldaten löffeln hastig in geduckter Haltung. Der Grund ist die mögliche Feindeinsicht.

Auf einer sonnigen Parkbank sitzt eine hübsche junge Römerin und blättert mit eleganten Lederhandschuhen in einer Zeitschrift. Verdeckt durch den Schleier ihres Hutes ist ihr Gesicht kaum zu erkennen. Zwischen Mauerresten einer Häuserruine hält sich ein einzelner Soldat als Späher versteckt. Von der Stirnseite seines Stahlhelms hängen ihm dicht an dicht grüne Wollfäden ins Gesicht; die mit dunklen Handschuhen getarnten Hände halten das Fernglas. So kann er die nahe Front beobachten, ohne einen Scharfschützen fürchten zu müssen.

Ein deutscher Soldat in einer Loge des römischen Opernhauses. Stehend applaudiert er Sängern und Sängerinnen, die sich am Schluß vor der offenen Bühne im Licht strahlender Scheinwerfer verneigen. An der nahen Nettunofront unmittelbar vor Rom steigen Leuchtspurraketen in den westlichen Abendhimmel. Im Vordergrund des Bildes sieht man deutlich die Silhouetten der Kanoniere, die ihr Geschütz laden.

Acht solcher gegensätzlichen Motivpaare erschienen kurz vor der Räumung Roms auf einer Doppelseite der »Berliner Illustrirten«. Diese Veröffentlichung des »Kriegsberichters Benser« versöhnte mich für kurze Zeit etwas mit meinem merkwürdigen Handwerk.

Die Nettunofront – Frühjahr 1944

Kurz darauf mußte ich mein friedliches Quartier in der offenen Stadt Rom zeitweilig verlassen und wurde an die fast unmittelbar an den Stadtrand grenzende Front versetzt. Gemessen an Rußland handelte es sich hier allerdings nur um eine kleine Front.

Einen ganzen Abend lag ich bis nachts um zwölf in einem kleinen Bunker direkt an der HKL und beobachtete den Feuerzauber der feindlichen Granatwerfer, die den ganzen Frontabschnitt ziemlich unsystematisch beschossen und deshalb auch so schwierig zu berechnen waren.

An diesem Abend an der Italienfront wurde mir klar, daß hier ein Krieg stattfand, der mit dem in Rußland kaum verglichen werden konnte. So furchterregend grausam auch die Mittel zur Vernichtung des Gegners gewesen sein mochten, wenn hier ein heftiges Gefecht mit vielen Verwundeten stattgefunden hatte, passierte fast regelmäßig folgendes: Noch mitten in der Schießerei wurde von einer Partei eine Rotkreuzflagge geschwungen. Es dauerte dann keine zwei Minuten und das Feuer schwieg im ganzen Abschnitt. Von diesem Moment an konnte sich jeder frei auf eine Böschung stellen, nirgendwo fiel auch nur ein Schuß. Die Partei, die in Sorge um ihre Verwundeten und Toten war, schickte eine Gruppe Sanitäter. Die eilten dann aufrecht über das Schlachtfeld, nicht nur im sogenannten Niemandsland, sondern auch vor den Stellungen des Gegners. Wenn alles getan war, ging das schauerliche Gemetzel weiter.

Nachts ging es dann immer zurück; meist mit dem Verpflegungswagen in rasender Fahrt die dunkle Straße entlang. Die lag zwar unter Beschuß, konnte aber bei der Dunkelheit nicht eingesehen werden. Im gebirgigen Gelände hinter der Front konnte ich in einer provisorischen Dunkelkammer meine belichteten Filme entwickeln. Dabei stellte sich heraus, daß mir zu meiner Serie für das Thema »Nettuno und Cassino« noch einige Aufnahmen fehlten, die ich bei dem Regiment, das ich vor wenigen Tagen besucht hatte, noch nachholen konnte. Ich rief den Kommandeur an, der sich bisher schon als recht hilfreich erwiesen hatte und der mir auch dieses Mal seinen Wagen schickte, um mich abholen zu lassen.

Wegen der schlechten Sichtverhältnisse fuhren wir relativ langsam. Natürlich fuhren wir ohne Licht; die Straße vor uns war mehr zu ahnen als zu erkennen. Auf einmal kam uns ein anderer Wagen entgegen. Zum Ausweichen war es zu spät, und wir stießen frontal zusammen. Ich flog über meinen Vordermann hinweg in den Straßengraben, wo ich weich landete. Die Kameraden, auch die im anderen Auto, waren zum Teil leicht verletzt, aber das Ganze war doch noch einmal ziemlich glimpflich abgegangen. Es wurde zehn Uhr, bevor wir abgeschleppt werden konnten, und es dauerte noch länger, bis ich zu Fuß das Regiment erreichte, wo ich schon erwartet wurde.

Ich hatte dem Oberst einige Bilder mitgebracht, an Hand derer ich erklären konnte, was ich gerne noch einmal fotografieren wollte. Es war schließlich Mitternacht geworden, als ich mich verabschiedete und von einem Leutnant in mein Quartier geführt werden sollte. Während der Bunker des Oberst direkt am Mussolinikanal lag, war der Gästebunker etwa 300 Schritte entfernt jenseits des Kanals über eine kleine Brücke erreichbar. Ich trug den Tornister und die Tasche mit den Leicas, der Leutnant meine Decke und den Schlafsack aus Schafspelz. Es war jetzt so dunkel, daß man buchstäblich nicht mehr die Hand vor den Augen sehen konnte.

Nur in der Ferne hörte man ein paar Schüsse. Ansonsten war es still; bis auf die Frösche, die im Kanal quakten. Mein Begleiter erzählte mir von einem Mädchen, dem er an eben diesem Abend über den Soldatensender einen Gruß geschickt hatte. Der Krieg schien so fern, wie wir schwerbeladen durch Disteln und Brennesseln stolperten und voller guter Dinge waren. Nach einer Weile erreichten wir den Kanal, den wir nur durch den Widerschein des Lichts im Wasser wahrnahmen.

Von diesem Moment an weiß ich nichts mehr. Ich erinnere mich nicht, daß ich irgendetwas hatte kommen hören. Denn ich stand noch aufrecht, als der erste Einschlag in unmittelbarer Nähe bereits vorüber war. Der Leutnant, der direkt neben mir lag, stieß einen Schmerzensschrei aus. Dann erst warf ich mich auf den Boden und rollte einen Meter weiter in den hier noch flachen Kanal hinein. Ich hielt mich am schrägen Rand fest; man konnte sich dagegen lehnen, saß aber mit den Füßen im Wasser.

Ich hatte panische Angst von Splittern getroffen zu werden und überlegte fieberhaft, was zu tun war. Erstmal galt es, den Leutnant runterzuziehen, doch der kam schon von alleine angekrochen. Er stöhnte zwar, aber lebte noch und sagte mir, daß er »einen Splitter im Arsch« hätte.

Jetzt wurde die Luft, wie es im Soldatenjargon heißt, »eisenhaltig«. Eine Granate nach der anderen schlug ein. Das Rauschen, mit dem sie ankamen, erinnerte an Fliegerbomben, nur hörte man es ohne Luftschutzkeller noch viel lauter und war kaum gegen Splitter geschützt. Diese konnte man noch mehrere Sekunden nach dem Einschlag wie Hummeln durch die Luft schwirren hören.

Um uns zumindest gegen kleinere Splitter zu schützen, wickelten wir uns meinen Schlafsack um unsere Köpfe.

Nach zwei Minuten Ruhe meinte der Leutnant, daß er zuviel Blut verlöre, und ob wir nicht doch versuchen sollten, zurückzugehen. Da ging es wieder los. Allerdings schlugen die Granaten nun mehr auf der rechten Seite ein, was uns schließlich in einer vermeintlichen Pause den Mut gab, aufzuspringen und den Weg zum Oberstbunker zurückzuwagen. Ich mußte sehr an mich halten, nicht voraus zu eilen. Der Verwundete brauchte meine Hilfe, bis wir den Bunker erreichten.

Die beiden Leicas und mein restliches Gepäck ließen wir natürlich liegen. Im Morgengrauen habe ich dann alles abgeholt. Die zahlreichen Granattrichter an der Stelle, an der wir in der Nacht den plötzlichen Feuerüberfall erlebt hatten, sprachen für sich.

KAPITEL 13

Die letzten Kriegstage

Im April 1945, in den letzten Wochen des Zweiten Weltkrieges, befand ich mich zusammen mit einem Kriegsberichter »Wort« unserer P.K. auf einem fast ununterbrochenen Rückzug vor den alliierten Truppen zwischen Saarbrücken, Kaiserslautern und Ludwigshafen. Mein Leutnant Helmut Jahn war Einsatzleiter und somit mein Chef. Ein fähiger Journalist, der klar und verständlich schreiben konnte. Darüber hinaus war er ein Phänomen im Ersinnen interessanter und packender fotografischer Szenen. Dabei hatte der Leutnant selbst nie eine Kamera in der Hand gehabt. Ihn interessierte auch keine Fototechnik. Wenn wir über meine fotografischen Pläne sprachen, und ich bestimmte Ideen hinsichtlich der Wahl meiner Leica-Objektive hatte, meinte er nur: »Mich interessiert nicht, mit was Sie das aufnehmen, sondern nur, wie Sie es fotografieren!«

Ich kannte ihn seit zwei Jahren. Er hatte mir für die Bildserie »Rom – offene Stadt« einige wichtige Ratschläge gegeben.

»Der Krieg ist längst verloren!«

Ebenso klar und scharfsinnig wie in seinem journalistischen Metier war er auch in der Beurteilung des Krieges und der deutschen Situation. Da wir uns lang genug kannten, hatten wir keine Bedenken, darüber zu sprechen, daß der Krieg schon seit längerer Zeit verloren sei. Er nannte es ein wahres Verbrechen, das sinnlose Gemetzel trotzdem fortzusetzen. Seine Devise war daher, das bisher durch Glück und Verstand erhalten gebliebene Leben nicht noch in letzter Minute aufs Spiel zu setzen.

In jenen Wochen vor Kriegsende waren solche Sätze besonders gefährlich. Am dritten April 1945 wurde beispielsweise der sogenannte »Flaggenbefehl« des berüchtigten SS-Reichsführers Himmlers erlassen, in dem es unter anderem hieß: »Im der jetzigen Phase des Krieges kommt es einzig und allein auf den unnachgiebigen Willen zum Durchhalten an. Gegen das Öffnen bereits geschlossener Panzerabwehrsperren und das Heraushängen weißer Tücher sind härteste Maßnahmen anzuwenden, die keinesfalls aufgeschoben werden dürfen. In einem Haus, aus dem eine weiße Fahne erscheint, sind alle männlichen Personen sofort zu erschießen.«

Quartier bei der eigenen Familie

Der ständige Rückzug der deutschen Truppen an der bereits im eigenen Land liegenden Westfront zwang meinen Leutnant fast täglich zum Ortswechsel. Ich kam auf diese Weise dem kleinen Schwarzwaldort südlich von Freiburg immer näher, in dem meine ausgebombte Familie Unterkunft gefunden hatte. Der Leutnant hatte den freundlichen Einfall, mich als Kriegsberichter dorthin zu schicken.

In der südwestlichen Ecke zwischen Freiburg und Lörrach erwartete man den Vormarsch der Franzosen. Im Vergleich zu den US-Truppen verlief der erheblich langsamer, fast mit einer gewissen Gelassenheit. Ich konnte ohne Bedenken mein neues Quartier bei der eigenen Familie aufschlagen und meiner fotografischen Arbeit zwischen Schwarzwald und Rhein in Ruhe nachgehen. Meine Aufgaben waren in einem Marschbefehl genau beschrieben. Das Papier enthielt natürlich auch den Hinweis, daß ich mit meinem Dienstwagen bei »Ausfall der Einsatzmöglichkeiten« den letzten Truppenteilen zu folgen hätte. Dieses Dokument war auf jede mögliche Weise auszulegen. Ich konnte für mich den Schluß des Krieges nahezu selbst bestimmen.

So machte ich mich also auf den Weg zu den Meinen und erschien völlig unerwartet und mit großem Hallo begrüßt in der idyllisch gelegenen neuen Heimat der Familie. Hier saß ich nun mit neun Menschen zusammen, die das Schicksal von Millionen Deutschen teilten: Alle hatten zu Hause Feuerstürme erlebt und mehr in Kellern geschlafen als in ihren Betten. Sie waren mit den Nerven am Ende. Man hatte nun wieder ein Dach über dem Kopf, aber die Sorge um das tägliche Brot blieb. Lebensmittel waren schon seit Jahren rationiert gewesen, doch in den zurückliegenden Monaten war alles noch knapper geworden. Auf dem Land gab es zwar immer Möglichkeiten, sich zusätzlich zu versorgen, aber mit Geld ging das schon lange nicht mehr. Und was konnten die aus den Städten Geflohenen an Sachwerten schon anbieten, wenn Möbel und Hausrat in Schutt und Asche lagen?

Vorsorge für die Nachkriegszeit

Ich mußte mich an Gespräche mit Oskar Barnack erinnern, der mir 1931 eindrucksvoll die Knappheit an Nahrungsmitteln am Ende des Ersten Weltkrieges schilderte. Er hatte damals bei den Bauern in der Wetzlarer Umgebung Eier, Speck und Mehl gegen Fotos eingetauscht, die er mit seiner Ur-Leica machte.

Ich wollte nun wie er versuchen, Bilder gegen Eßbares zu tauschen. Mein geplanter fotografischer Einsatz zwischen Rhein und Schwarzwald wurde zu einer Beschaffungstour für eine provisorische Dunkelkammer. Es ging vor allem um Vergrößerungspapiere verschiedener Gradationen, um Schalen für Entwickler und Fixierbad und alle jene Kleinigkeiten für ein Fotolabor, wie ich sie als Rekrut 1941 schon einmal besorgen mußte. Mehrere Correxdosen und ein nach Berlin ausgelagerter VALOY-Vergrößerer waren bereits in den Schwarzwald gebracht worden. Filme waren, wie so viele begehrte Artikel, in den Geschäften nur unter dem Ladentisch zu haben. Jetzt halfen die alten Beziehungen zu Fotohändlern in Orten wie Freiburg und Lörrach, die sich noch an meine Vorträge erinnerten und meiner Bitte um »ein paar Leica-Filme« gerne nachkamen.

Ein Versteck für die Leicas

Jede Planung – auch für die allernächste Zukunft – war sehr ungewiß. Noch kämpften die Franzosen bei Belfort im eigenen Land. Sie würden aber in Kürze über den Rhein setzen, und dann mußte ich mich aus dem Staub machen. Nicht der Franzosen wegen; im Rückzug deutscher Soldaten bildeten vielmehr Gruppen marodierender »Werwölfe« die größte Gefahr. Sie knüpften ohne viel Federlesen jeden Mann an den nächsten Baum, der sich eigenmächtig von der Truppe entfernt hatte. Sie konnten aber auch die Leicas requirieren, und es war daher höchste Zeit, ein Versteck für Wertsachen und Kameras zu schaffen. In zwei Blechkisten verpackt vergrub ich daher Kameras und Schmuck in einer Ecke im Gemüsegarten.

Zwei Tage später war es dann Zeit für meinen Abmarsch. Am frühen Abend fuhr ich mit dem vollgepackten Tornister in meinem Dienstwagen los. Mein Tornister war allerdings nur mit Steinen und Zeitungspapier gepackt. Das ganze Unternehmen sollte nur der Tarnung dienen. Für die meisten Mitglieder der Familie war es ein echter Schmerz, als sie wegen meiner vermeintlichen Fahrt ins Ungewisse von mir Abschied nehmen mußten. Die Nachbarn winkten und sahen mich ordnungsgemäß zu meiner Truppe zurückkehren, doch noch in der gleichen Nacht wollte ich heimlich wieder zurückkommen. Meine Frau hatte daher unbemerkt ein winziges Versteck in einem unzugänglichen Teil des Dachbodens für mich vorbereitet.

Ich fuhr nur etwa acht Kilometer weit in ein höher gelegenes Waldstück, wo ich das Auto stehen ließ. Der Rückmarsch in der sternklaren Nacht fiel mir nicht schwer. Ein ans Fenster geworfenes Steinchen war das verabredete Zeichen und meine Frau ließ mich heimlich zur Haustür ein.

Wenn es wirklich zu einer Durchsuchung kommen sollte, würden die ahnungslosen Hausbewohner kaum die Nerven verlieren. Es hat dann auch nur noch zwei Tage und zwei Nächte gedauert, bis die ersten französischen Truppen durchs Dorf zogen und ich mein Versteck verlassen konnte. Mein Erscheinen am Abendbrottisch war natürlich eine große Überraschung.

Am gleichen Abend gab es in der Nachbarschaft im Haus eines bäuerlichen Ehepaares noch beträchtliche Aufregung. Ganz plötzlich mußte im Dorf eine Gruppe marokkanischer Soldaten untergebracht werden, die nun am späten Abend Quartier suchten. Auch bei eben diesem Nachbarn erschienen mehrere Marokkaner, die klingelnd Einlaß begehrten. Der Mann, der mit seiner Frau und zwei erwachsenen attraktiven Töchtern das Haus bewohnte, bot mit seinem weißgrauen Vollbart einen geradezu Ehrfurcht erheischenden Anblick. Im weißen, wallenden Nachthemd erschien er mit einer Kerze in der Hand in der Haustür und verbat sich mit donnernder Stimme die nächtliche Störung. Die von seiner Erscheinung zutiefst eingeschüchterten Söhne aus dem Morgenland sollen, wie man später im Dorf erzählte, entsetzt das Weite gesucht haben.

Kriegsende in Wetzlar

Während ich die letzten Wochen des Krieges im Schwarzwald verbrachte, hatten in Wetzlar tapfere Frauen die drohende Zerstörung der Stadt durch die anrückenden US-Truppen verhindert. Trotz der Gefahr, in die Hände der Gestapo zu geraten, waren sie ihrer Überzeugung treu geblieben.

Eine von ihnen war Frau Dr. Elsie Kühn-Leitz, die couragierte Tochter von Dr. Ernst Leitz II. Als sich die amerikanischen Truppen Wetzlar näherten, und der Nazi-Kreisleiter spontan noch einen Wetzlarer Bürger hatte hinrichten lassen, weil aus dessen Haus ein weißes Tuch gehängt worden war, schwang sich Elsie Kühn-Leitz mutig auf ihr Fahrrad und fuhr den US-Panzern entgegen. Dank dieses riskanten Unternehmens gelang es ihr, den Amerikanern klar zu machen, daß in Wetzlar kein Widerstand geleistet würde und die Bevölkerung Schutz verdiente.

Sie war schon 1943 in einen gescheiterten Versuch verwickelt gewesen, jüdischen Mitbürgern zur Flucht über die Schweizer Grenze zu verhelfen. Deshalb hatte sie auch mehrere Monate in einem Frankfurter Untersuchungsgefängnis gesessen, was recht gefährlich gewesen war, denn bei den fast täglichen Bombenangriffen konnte natürlich kein Häftling die Schutzräume aufsuchen.

Frau Leitz-Kühn war den Nazis auch schon vorher durch ihre Bemühungen um das Schicksal von Ost-Arbeiterinnen aufgefallen, als sie in einer mutigen Beschwerdeschrift die Unterbringung der Frauen als »Rückführungslager ins Himmelreich« bezeichnet hatte.

Die resolute und für ihre Kochkünste berühmte Leitz-Kantinen-Wirtin »Mutti« Beutemüller soll es in jenen bewegten letzten Wetzlarer Stunden verstanden haben, sieben übriggebliebene Soldaten derart gut mit Speis und Trank zu versorgen, daß diese darüber – angeblich – ihren eigentlichen Auftrag versäumten, die Lahnbrücken in die Luft zu sprengen.

KAPITEL 14

Leben in der französischen Zone

Mein Plan, mit der Leica die Schwarzwälder Bauernhöfe abzuklappern, erhielt durch ein Gespräch mit einem Freiburger Fachfotografen einen Dämpfer. Dieser Kollege kannte die schwerfällige Art seiner Landsleute gut und meinte, daß mein Vergleich der augenblicklichen Situation mit den Erfahrungen Oskar Barnacks nicht stimmig sei. Barnack habe 1917 mit Fotos bezahlt, die für damalige Zeiten noch etwas Besonderes gewesen seien.

Mein Gesprächspartner hielt nicht viel von Hausbesuchen bei Bauern, um ihnen Bilder von der Familie anzubieten. Für festliche Gelegenheiten sehe er nach wie vor mehr Erfolg in seinem Studio. Nur im Falle von Kindstaufen würde er schon mal in die Kirche oder in das Haus der Eltern gehen.

Die dämmernde Einsicht, daß ich mir von den Möglichkeiten eines Wanderfotografen etwas zuviel versprochen hatte, wurde dann allerdings ausgerechnet von den französischen Besatzungsbehörden widerlegt. Noch in den letzten Apriltagen kam ein Erlaß heraus, wonach jeder Erwachsene über einen Ausweis mit Lichtbild verfügen müsse. Jeder müsse diesen Ausweis bei sich tragen, sobald er außerhalb seines Wohnortes kontrolliert würde. Das Dokument nannte sich »Laissez-Passer« und wurde von den Betroffenen, die über keinen Reisepaß verfügten, bald auf gut deutsch ausgesprochen »lässe-passer« genannt.

Eier als harte Währung

Diese Entwicklung ließ mein ambulantes Fotogewerbe natürlich von heute auf morgen florieren. Ich hatte viel zu tun und radelte nun täglich in das mehrere Kilometer entfernte Münstertal, wo meine Kundschaft wohnte. Schon beim zweiten Besuch brachte ich dann die fertigen Bilder mit. Es waren durchweg kleine Paßfotos im Format 4,5 x 6 cm, die ich natürlich aus halbierten 9 x 12 cm-Papierformaten zusammengeschnitten hatte. Ich bot meine Paßbilder jeweils zu zwei, vier oder sechs Stück an.

Die Bauern wollten die Bilder bar bezahlen, aber ich meinte etwas kleinlaut, daß ich zu Hause zehn Personen zu ernähren hätte und auch mein Arbeitsmaterial nur durch Tausch gegen Naturalien bekommen könnte. Man zeigte für meine Lage Verständnis, wollte aber auch hier feste »Preise« wissen. Anfangs war das überall vorhandene und begehrte Hühnerei meine Währung. Mein Preisvorschlag lautete: ein Ei pro Paßbild, wobei die Mindestmenge zwei Abzüge waren. Meine erste Einnahme waren 32 Eier, die ich eingewickelt in viel Zeitungspapier in einem aus dem Krieg mitgebrachten Tornister unbeschadet nach Hause brachte. Doch dies hätte die Ernährung auf Dauer etwas zu einseitig gestaltet, und ich wollte daher auch andere Eßwaren eintauschen.

Tiefkühltruhen gab es 1945 noch nicht, und im Vergleich zu heute wirkt es geradezu grotesk, daß wir in Bezug auf die Konservierung von Nahrungsmitteln stets den nächsten Winter im Auge hatten. So wurden beispielsweise im Sommer getrocknetes Obst oder auf Fäden gereihte gedörrte Bohnen bis in die kalte Jahreszeit aufbewahrt. Ich entsinne mich noch, wie die Kinder immer gestaunt haben, wenn wir grüne, unreife Tomaten sorgfältig einzeln in Zeitungspapier wickelten und sie in einem Schrankfach so lange liegen ließen, bis sie ihre gewohnte tiefrote Farbe besaßen.

Es blieb auch nicht lange bei den langweiligen Paßbildern ausschließlich. Ich entdeckte bei meiner Kundschaft reizende Kindergesichter und ehrwürdige Großelternportraits, die sicher eine Ewigkeit nicht mehr fotografiert worden waren. Dafür nahm ich oft das 90-mm-Objektiv für regelrechte Portraitstudien. (Oskar Barnack hätte seine Freude an dem Neunziger gehabt!)

Vor allem bei den Kindern gelang mir so mancher Schnappschuß. Dies waren natürlich alles keine Auftragsbilder. Ich vergrößerte sie meistens auf matte, manchmal auch getönte 9 x 12 cm-Papiere und hatte eigentlich fast ausnahmslos Erfolg mit ihrem Absatz. Gelegentlich kam es auch zu Nachbestellungen. Dies half, uns mit Speck, Schmalz, Wurst, Butter und vor allem mit Eiern, wenn nicht überreichlich so doch ausreichend zu versorgen. Nachdem ich entdeckt hatte, welch eine Köstlichkeit die lange entbehrten selbstgebackenen Bauernbrote bedeuteten, ließ ich mir auch gelegentlich ein Brot mitbacken.

Meine Frau trug auf ihre Weise zur Lebensmittelversorgung bei. Als ausgebildete Malerin zeichnete sie für die gute Stube Portraits der Bauernkinder, die gleichfalls mit Naturalien entlohnt wurden. Die Zeit und die Mühe, ein gutes Portrait mit Pastell aufs Papier zu bringen, lassen sich mit der Erstellung von Paßbildern nicht vergleichen.

Einmal vermittelte eine Bauersfrau meine Frau an einen im Nachbarort lebenden Müller weiter. Der Zentner Mehl, den sie als Bezahlung für ein Portrait des Müllersohnes erhielt, entspricht sicher nicht heutigen Honoraren für künstlerische Arbeiten.

Während die Portraitsitzung noch dauerte, war eine primitive, aus rohem Holz geschlagene Backmulde fertig geworden. Ich holte mir beim Müller zwölf Kilo Mehl als Vorschuß, die ich für meine ersten acht Brote brauchte. Auf eine nähere Erklärung, wie mir dann mein erstes selbstgebackenes Brot gelungen ist, will ich verzichten. Nur ein Tip des backkundigen Müllers ist mir noch in Erinnerung geblieben: »Der Teig ist erst dann fertig, wenn Ihnen das ganze Hemd am Körper klebt und an Ihren Fingerspitzen, rosig und trocken aus dem Teig gezogen, nichts mehr hängen bleibt.«

In unserer Nachbarschaft gab es eine öffentliche Backstube, in der ich dann regelmäßig alle vierzehn Tage sechs Laib Brot zu je zwei Kilo backen konnte. Wir waren eben zehn Personen.

Angesichts der Lebensmittelrationierung war es in den ersten Nachkriegswochen um die Ernährungslage schlecht bestellt. Und mein Vorrat an Leica-Filmen war schon bald um die Hälfte geschrumpft. In all den Jahren hatte ich mir um meinen Filmkonsum nie Gedanken gemacht. Wie die meisten Leica-Freunde war ich selten mit einer einzigen Aufnahme zufrieden – vor allem nicht bei Bildern von Menschen. In der Gewißheit der 36 Bilder auf einem Filmstreifen waren wir Leica-Enthusiasten es doch von Anfang an gewohnt gewesen, Aufnahmen zum Aussuchen doppelt und dreifach zu machen. Heute, wo man für Schnappschüsse gerne einen Motor einsetzt, reicht für eine einzige Szene manchmal selbst ein ganzer Leica-Film nicht aus.

Filme, Fotopapiere, Chemikalien und all die für die Dunkelkammer notwendigen Dinge konnte ich mit der »Eierwährung« zwar eintauschen, aber dies bedeutete immer eine umständliche Fahrt ins zwölf Kilometer entfernte Freiburg. Kurz nach dem Krieg konnte man dort eigentlich nur mit dem Fahrrad hinkommen. Und das dauerte teils fahrend teils schiebend hin und zurück gut vier Stunden. In sechs Kilometer Entfernung fuhr zwar auch die Eisenbahn, aber der Zugverkehr war sehr unregelmäßig, und es konnte leicht passieren, daß einem das Fahrrad gestohlen wurde, wenn man es dort vor dem Bahnhof abstellte.

Aus dem bereits wieder in Betrieb genommenen Kalkwerk des Ortes fuhr ein mit einem Holzvergaser betriebener Lastwagen relativ häufig in die Stadt. Jedoch fuhr er stets am frühen Morgen, und es gab auch nur einen komfortablen Sitz neben dem Fahrer. Auf der offenen Ladefläche war es noch zu kalt. Wir tauften das merkwürdige Gefährt »Holzversager«. Es war jedoch in diesen entbehrungsreichen Zeiten, als es an Benzin für die wenigen, nicht requirierten Autos fehlte, eine besonders billige Fahrgelegenheit.

Ich stand weiter vor dem Problem, mit meinen Paßbildern möglichst viel Film zu sparen. Eine Zeit lang verlegte ich mich auf die primitive Methode, zwei Personen in paßfotogerechter Haltung nebeneinander vor einem neutralen Hintergrund aufzunehmen. So mußte ich aus dem Querformat nur die Köpfe herausvergrößern. Den gleichen Trick auf drei Personen – unter Verwendung des 35mm-Weitwinkels – anzuwenden, konnte ich mit meiner Berufsehre dann endgültig nicht mehr vereinbaren. Ich hatte meine ehemalige Schamschwelle schon zur Genüge strapaziert.

Eine interessante, wenn auch nicht alltägliche Art, viel Film zu sparen bot sich an einem Sonntag mitten im Mai. In den vorwiegend katholischen Schwarzwalddörfern fand an diesem Sonntag die Heilige Kommunion statt. Ein Dorf mit einer malerischen Kirche in unmittelbarer Nähe unseres Quartiers bot mit über hundert Kommunionskindern eine gute Gelegenheit, einmal statt der langweiligen Paßbilder ganze Kindergruppen auf einem einzigen Bild abzulichten.

Bei einem Bauern aus dem Ort, einem meiner Kunden, informierte ich mich über den rituellen Ablauf der Feierlichkeiten. Sein Enkelkind sollte dieses Jahr mit dabei sein. Eine vorherige Besichtigung der Örtlichkeiten zeigte, daß nach dem Segen am Sonntagvormittag gegen zehn Uhr alle Besucher, allen voran die Verwandten der Kinder, aus dem Portal treten würden, um die breite Freitreppe herabzusteigen. Sie würden dann am Fuß der Treppe ein Spalier bilden, das sich auf beiden Seiten der ins Zentrum führenden Straße fortsetzen würde.

Ich mußte mir von meinem Bauern eine Stehleiter ausleihen, die – in Höhe der Kirchentür gegenüber der Treppe aufgestellt – freie Sicht für das 50 mm-Objektiv gewähren würde. Dies bestätigte mir ein prüfender Blick durch den Universalsucher VIDOM, den ich immer dabei hatte. Während dieser lokalen Visite bot mir der Besitzer des gegenüberliegenden Hauses einen Fensterplatz an, von dem aus ich »doch besser als von so einer wackligen Stehleiter« fotografieren könnte. Doch ich mußte sein Angebot dankend ablehnen, da ich im Haus meinen Standort nicht so schnell hätte wechseln können.

Mein Bauer schilderte mir nun den Verlauf der Prozession. Nach den Erwachsenen würden zuerst die Mädchen in ihren hübschen weißen Festkleidern und mit weißen Kränzen im Haar vor der Freitreppe erscheinen, dicht gefolgt von den dunkel gekleideten Knaben. Alle hätten eine brennende, in einer weißen Papiermanschette steckende Kerze in der Hand. Das sähe feierlich aus, schütze aber auch die Hand vor heißen Wachstropfen.

126

Bei dieser Schilderung der kerzentragenden Kinder sagte mir meine Phantasie, daß die meisten der hundert Gesichter, die ich auf wenige Bilder zu bringen hoffte, auf der Treppe die Augen wahrscheinlich mehr auf die Füße richten würden; aus Angst, sie könnten stolpern. Damit würden aber die Kindergesichter für meine Fotos just im wichtigsten Augenblick abgewendet sein. Der Bauer verstand meine Bedenken sofort. Er würde seine Enkelin anweisen, den anderen zu sagen, daß sie gerade dann fotografiert würden, wenn sie die Treppe heruntergingen. Sie solle den anderen raten, einfach in die Kamera zu schauen, damit sie auch ganz aufs Bild kämen. Dies war mit ein Grund, warum mir der angebotene Fensterplatz nicht so günstig schien wie der exponierte, für alle sichtbare Platz auf der Leiter.

Alles klappte wie geplant. Mit Vergnügen beobachtete ich durch den Leica-Sucher wie alle, einchließlich der Erwachsenen, den in unüblicher Manier auf einer Stehleiter kauernden Fotografen musterten. Wie bei einer Parade vor einer bedeutenden Persönlichkeit wandten sich die Köpfe aller Kinder, ungeachtet der tropfenden Wachskerzen, meiner Leica zu. Während ich schließlich vor lauter Begeisterung doch acht Bilder schoß, bedauerte ich es, daß ich die zweite Leica mit dem 35mm-Weitwinkel nicht mitgenommen hatte. Im Hochformat hätte ich mit diesem Objektiv die Kindergruppe in der ganzen Breite abgebildet und dazu noch mehr Kinder von der vordersten bis zur hintersten Reihe. Über dieses Bedauern vergaß ich ganz meine Absicht, mit dem Film sparsam umzugehen.

Knapp eine Stunde später stand ich bereits in der provisorischen Dunkelkammer unseres Badezimmers und drehte den Bakelitknopf der Spule meiner Correxdose, in der die paar Zentimeter Film meiner acht belichteten Bilder entwickelt wurden. Die Erwachsenen gingen mir dabei hilfreich zur Hand. Nach der üblichen Entwicklungszeit unterbrach ich kurz mit kaltem Wasser und goß das Fixierbad in die Dose. Die ganze Prozedur fand unter Zeitdruck statt – ich wollte ja rechtzeitig zurück sein, um die Abzüge zu verkaufen. Das mit dem Haarföhn getrocknete Filmstückchen ging nach kurzer Wahl der fünf besten Negative in den VALOY-Vergrößerer. Um ein Chaos zu vermeiden, numerierte ich die belichteten Bildchen vor der Vergrößerung auf der Rückseite mit einem Bleistift. Nun konnten sie in einer großen Schale zu jeweils fünfzehn Stück entwickelt werden. Mangels der üblichen kleinen Zangen holten meine Helfer die Bilder mit den bloßen Händen aus den Schalen, wobei die Fixierbadhände natürlich nicht in die anderen Bäder greifen durften.

Schließlich schwammen 150 Bilder im einzigen, von der Größe her ausreichenden Gefäß unserer provisorischen Dunkelkammer: in der Badewanne. Zum Trocknen wäre eine Trockenpresse natürlich mein Traum gewesen. Stattdessen wurde dieser besonders zeitraubende Arbeitsgang mit Hilfe von Frottierhandtüchern etwas beschleunigt.

Unsere »Dunkelkammer« enthielt auch das einzige W.C. des Hauses. Das Badezimmer mußte leider vom späten Vormittag bis ca. vier Uhr nachmittags für unzugänglich erklärt worden. Jeder hatte sich auf seine Weise mit der temporären Zweckentfremdung des W.C.s arrangiert. Nur unser vierjähriger Sohn Klaus versuchte sich einmal durch Klopfen und Jammern Eintritt zu verschaffen, um einem plötzlichen Bedürfnis nachzukommen. Doch ein Lichteinfall in der Dunkelkammer hätte, wie jeder weiß, verheerende Folgen gehabt, und so konnte dem Drängen unseres Sohnes leider nicht stattgegeben werden. Aber wir hatten ja einen großen, verwilderten Garten hinter dem Haus...

Gegen fünf Uhr nachmittags radelte ich ins Dorf zurück und breitete meinen ambulanten Laden auf der Kirchentreppe aus. Fünf von eins bis fünf durchnumerierte Musterbilder waren zur Ansicht auf einen kleinen Karton geklebt, und bald umschwärmten mich kaufwillige Kinder wie Wespen ein Honigglas. Ein Bild für ein Ei war mein Preis, und schon stoben die Neugierigen auseinander, um aus der heimischen Speisekammer – vielleicht auch heimlich aus dem Hühnerstall! – den Kaufpreis zu holen.

Ich hätte meinen Umsatz ohne weiteres steigern können, wenn ich dieses Geschäft auf die umliegenden Dörfer ausgedehnt hätte. Aber es war schon eine ziemliche Mühe, 123 Eier in Zeitungspapier einzuwickeln und sie so im Tornister und in zwei vom Lenker baumelnden Strohtaschen nach Hause zu transportieren. Dort wurde ich mit Staunen empfangen, obwohl die Familie der Ansicht war, daß dieser plötzliche Eierüberschuß besser ein Einzelfall bleiben sollte. Denn die sonntägliche Sperre von Bad und W.C. sei angesichts der Anzahl der davon betroffenen Personen auf Dauer vielleicht doch etwas problematisch.

KAPITEL 15

Als Bildreporter zum »German News Service«

Unser Aufenthalt in der französischen Besatzungszone fand im Spätsommer 1946 ein ziemlich abruptes Ende. Die Versorgung der Bevölkerung mit den notwendigsten Lebensmitteln hatte sich verschlechtert. Brot und die wichtigsten Nahrungsmittel waren streng rationiert. Es gab sie nur auf Lebensmittelmarken. Um die Lage zu verbessern beschloß die Behörde, aus anderen Besatzungszonen stammende Flüchtlinge nach Hause zu schicken. Man machte sich keine großen Gedanken, ob diese in der alten Heimat ein Dach über dem Kopf finden würden oder nicht. Für uns bedeutete dies in letzter Konsequenz, daß wir wieder nach Düsseldorf zurückmußten.

Eine abenteuerliche Reise

Die Rückreise mit der Eisenbahn war in jenen Tagen ein richtiges Abenteuer. Der Zugverkehr litt noch immer unter den Auswirkungen des Krieges. Überfüllte Züge und lange Wartezeiten machten das Bahnfahren zu einer wahren Strapaze. Statt nun mit den drei kleinen Kindern auf eigene Faust abzureisen, wählten wir die organisierte Abschiebung in relativ geräumigen Güterwagen, aus denen die Sonderzüge in die Heimatorte bestanden. Ein normaler Reisender mußte für Strecken, die früher an einem halben Tag zurückgelegt werden konnten, viele Unterbrechungen und Aufenthalte in Kauf nehmen. Oft kam es zu unvorhergesehenen Übernachtungen in vollen Wartesälen und man mußte auf harten Bänken oder dem kalten Boden schlafen.

Es mag grotesk klingen, doch die Reise in einem Güterwaggon war zwar länger, dafür aber viel bequemer, da man auf Stroh liegen konnte. Dazu kam noch, daß die Menschen als »Ausgewiesene« umsonst befördert wurden. Wir wußten, daß wir in diesen Waggons einige Zeit hinter winzigen Sichtluken und großen Schiebetüren zubringen müßten, meldeten uns aber trotzdem zusammen mit vielen anderen zum organisierten Rücktransport in die Heimat. Die Rückreise konnten wir nur zu fünft antreten, da meine Mutter im April im Alter von 65 Jahren gestorben war.

Ich hatte nun von meinem fotografischen Hausiererleben die Nase voll. Möglichst bald wollte ich das Knipsen von Paßfotos und Kindergeburtstagen zugunsten einer anregenderen Tätigkeit aufgeben. Auf den Rat ehemaliger Kameraden schrieb ich einen Brief an den Chef der von der britischen Besatzungsbehörde eingerichteten Presseagentur, des German News Service – kurz GNS – in Hamburg.

Ich bewarb mich dort mit einem ausführlichen Zeugnis von Leitz um den Posten eines Bildreporters. Das Büro des GNS stand unter Leitung von Mr. Hans Berman, einem ehemaligen deutschen Sprecher beim Londoner BBC. Während der letzten Kriegsmonate hatten wir ihn oft im Radio gehört. »Tatatadamm«, das Pausenzeichen von BBC, erklang als charakterischer Auftakt des Feindsenders, dessen Abhören natürlich streng verboten war. Da wir keine Kopfhörer hatten, um heimlich lauschen zu können, pflegten wir das kleine Radio unterm Federdeckbett zu verstecken und schwitzten dort im Verborgenen. Es bestand immer die Gefahr, daß uns bösartige hellhörige Nachbarn bei der Gestapo denunzierten.

Ich weiß nicht, was Mr. Berman veranlaßt hatte, mich auf Grund meiner Bewerbung einzuladen, um in Hamburg die Leitung des Bildbüros zu übernehmen. Das von Dr. Hugo Freund, dem Prokuristen bei Leitz, ausgestellte Zeugnis, mußte ihn wohl überzeugt haben, daß meine Arbeit für die Firma in der Zeit seit 1933 die Vorlage eines sogenannten »Persilscheins« überflüssig mache. So nannte man die offizielle Versicherung der Behörde, daß man weder bei der Nazi-Partei noch in anderen Organisationen der Nazis mitgewirkt habe.

Mit der Hamburger GNS war vereinbart worden, daß ich meinen Dienst am 15. August antreten würde. Es traf sich somit gut, daß am 12. August ein Heimkehrertransport aus dem nahem Freiburg ins Rheinland abfahren sollte.

Diese Reise ist eine Schilderung wert. Mehrere Bündel und Beutel mit Decken und Federkissen machten zusammen mit einem großen Vulkanfiber-Koffer unser Gepäck aus. Dazu kamen noch ein Leiterwagen und ein Hühnerkäfig mit sechs Legehennen, die ich im Sommer einmal als Honorar kassiert hatte. Für die Verpflegung während der Reise hatte meine Frau Vorsorge getroffen. Beim gelegentlichen Halten auf Bahnhöfen konnten wir außerdem Trinkwasser bekommen. Dort gab es natürlich auch die entsprechenden Örtlichkeiten, wo man sich desselben wieder entledigen konnte. Einmal hielt unser Güterzug während der Nacht auch auf offener Strecke. Ein Schaffner rannte am Zug entlang, klopfte an die Waggontüren und schrie: »Große Pinkelpause! Frauen rechts, Männer links raus!« Wir halfen uns dann gegenseitig von den hohen Waggons herunter.

In einem Bahnhof zwischen Karlsruhe und Heidelberg – ich vermute, daß wir beim Passieren der amerikanischen Besatzungszone den Zug verlassen mußten – stellten wir uns auf Geheiß der Beamten schön brav in Reih und Glied auf, weil uns aus Gründen der Hygiene ein weißer Puder (wahrscheinlich DDT!) mit einer Art Blasebalg in den Kragen geblasen werden sollte. Das überschritt nahezu die Grenze des Zumutbaren. Es geschah natürlich zur allgemeinen Vorsorge, weil die Leute ja von Läusen und Flöhen befallen sein konnten. Wir waren ja schon lange nicht mehr aus den Kleidern gekommen.

Das Bild der Menschenschlange vor dieser Zwangsdesinfektion ließ mich nie wieder los. Als ich zwanzig Jahre später auf einer australischen Farm Zeuge wurde, wie man frisch geschorene Lämmer aus einem Kral trieb und ihnen ein Brandzeichen aufs Hinterteil brannte, und wie sie dann unter wütendem Blöken auf die Weide sprangen, fühlte ich mich unwillkürlich an diese entwürdigende Entlausungsaktion erinnert.

Nach dieser peinlichen Prozedur hieß es dann wieder: »Einsteigen!« Kurz vor Düsseldorf mußte ich umsteigen und die Meinen allein weiterreisen lassen. Der Zug in den Norden stand auf dem Nachbargleis. Ich wußte, daß meine Familie bald in guter Obhut sein würde und ließ sie mit dem Gepäck ziehen. Ich selbst hatte mir nur eine Leica und einen Brotbeutel mit etwas Proviant umgehängt.

Die überfüllten Abteile des Personenzuges ließen mir den Güterzug mit seinen gemütlichen Strohlagern im nachhinein wie ein ferner Luxus erscheinen. In Hannover mußte ich wiederum umsteigen. Der Zug nach Hamburg war noch voller. Die in den Abteilen gedrängt Stehenden vereitelten den Zutritt und hielten die Türgriffe von innen fest. Es gab also nur Stehplätze auf den Trittbrettern, doch das Wetter im August war ja warm und man würde sich schon nicht erkälten. Bei einem Halt kurz vor Hamburg setzte ich mich dann auf einen der Puffer zwischen den Waggons. Dies schien mir weniger riskant als während der Fahrt auf dem Trittbrett zu stehen. Ein Mitreisender auf dem benachbarten Puffer gab mir den Rat, mich mit meinem Hosengürtel an einer Eisenstange festzubinden. Den Grund erklärte er mir, da der Zug wieder anrollte, in einer ausdrucksvollen Gebärdensprache: Die Augen geschlossen und die Wange in die rechte Hand schmiegend warnte er mich vor der Gefahr des Einschlafens. Sein nach unten auf die rollenden

Räder weisender Daumen sollte mich auf die Folgen eines möglichen Sturzes hinweisen, und das waagrechte Vornüberziehen der
Handkante an seinem Hals hieß unverkennbar: »Kopf ab!« Der
neue Sitzplatz war auf die Dauer die reinste Tortur, aber die
Gewißheit, den neuen Job in Hamburg zur vereinbarten Stunde
antreten zu können, ließ mir die letzte Reisestunde kurz erscheinen.

Längst in die tägliche Routine der Redaktionsarbeit eingebun-
den, machte ich mir viel später den Vorwurf, auf dieser abenteuerlichen Reise nicht mehr die Kraft gehabt zu haben, Szenen wie die
überfüllten Züge mit den Trittbrettfahrern oder den Kumpel auf
dem Puffer neben mir zu fotografieren. Solche Bilder wurden bei
uns ständig gebraucht.

Die Kamera mit dem Schreibtisch vertauscht

In Hamburg fand ich meinen Koffer mit dem Allernotwendigsten
vor, den ich aus dem Schwarzwald vorausgeschickt hatte. Zum
Antrittsbesuch konnte ich in eine Art Sonntagsanzug schlüpfen,
den ich zuletzt 1942 zu den Vorträgen in Budapest getragen hatte.
Das Jackett und die Hosen schlotterten mir nur so am Leib, und der
Gürtel mußte um viele Löcher enger geschnallt werden. Das
Jackett, seinerzeit ein gut sitzender Einreiher, war jetzt ohne
weiteres in einen Zweireiher zu verwandeln.

Mr. Berman empfing mich sehr freundlich und erklärte mir
meinen künftigen Aufgabenbereich. Er erwarte für die mit zwölf
Mitarbeitern besetzte »Abteilung Bild« sowohl eine Verbesserung
der Leistung im Labor als auch beim Einsatz der »Bildberichterstatter«. Mit beidem lag es in der ersten Zeit des Bestehens der Agentur
etwas im Argen. Ich würde zwar Chef, aber nicht mehr aktiver
Fotograf sein.

Bald war ich durch die Arbeit in der Verwaltung und meine
Neigung, alles selbst zu machen, anstatt Aufgaben zu delegieren,
nur noch ans Büro gefesselt. Da saß ich nun und versuchte,
Fotografen zu erklären, was ich von ihnen haben wollte.

In den Monaten August und September 1946 fanden die Nürn-
berger Kriegsverbrecherprozesse statt. Durch das tagtägliche Interesse der Zeitungsredaktionen an aktuellen Fotos aus der US-
amerikanischen Zone wurden wir ganz schön auf Trab gehalten,
denn digitale Bildübertragungen durch Funk gab es damals noch
nicht. Die Originalbilder aus Nürnberg mußten mit eigenen Kurier-
fahrzeugen aus Frankfurt geholt werden, wo die offizielle von den
Amerikanern eingerichtete Presseagentur DANA lag.

Die Fahrzeit eines Kurierautos zwischen Hamburg, Hannover und Frankfurt konnte fast auf die Minute genau kalkuliert werden. Die Autobahn zwischen Hannover und Frankfurt existierte mit einigen Unterbrechungen schon damals, nur war der Begriff »Stau« noch völlig unbekannt.

Unsere Frankfurter Konkurrenz DANA, die später in DENA umbenannt wurde, pflegte mit uns in den ersten Jahren einen regen Austausch von Pressebildern. Während die Kollegen aus Frankfurt uns beispielsweise mit Bildern aus Nürnberg versorgten, konnten wir im Gegenzug vom relativ nahen Auffanglager Friedland an der Grenze zur Sowjetzone mit Bildern von aus russischer Kriegsgefangenschaft zurückkehrenden Soldaten dienlich sein. Bewegende Fotos mit Wiedersehensszenen Heimgekehrter mit ihren Eltern, Frauen und Kindern. Oder Aufnahmen von verzweifelt Wartenden, die den Heimkehrern Bilder ihrer Männer oder Söhne entgegenstreckten, in der Hoffnung, etwas über deren Schicksal zu erfahren. Das waren einmalige Dokumente.

Weder das Labor noch die Reporter konnten sich auf die üblichen Bürozeiten beschränken. Oft dauerte das Duplizieren frisch eingetroffener Fotos oder die rasche Herstellung von Abzügen bis in die späten Abendstunden. Ein Fahrerdienst war Tag und Nacht in Bereitschaft. Die für Bildreportagen zur Verfügung stehenden Mitarbeiter, vier Männer und eine Frau, waren mit ganz verschiedenen Kameras ausgerüstet. Es zeigte sich aber immer wieder, daß fotografisches Talent auch mit ganz einfachen Kameras Erstaunliches zuwege bringen konnte.

Wenn ich jemals während meiner Bürotätigkeit zu der Überzeugung gelangte, daß ich nicht hinter einen Schreibtisch passe, sondern daß mein Platz hinter einer Kamera sei, so war es als verantwortlicher Bildredakteur hier in Hamburg . Obwohl ich einen guten Job und allen Grund zur Zufriedenheit hatte, wußte ich doch, daß ich früher oder später wieder selbst hinter der Kamera stehen würde. Doch gerade diese Schreibtischerfahrungen, die ich in der Agentur machte, sollten mir viele Jahre später beim Aufbau einer anfänglich riskanten eigenen Bildagentur zu Gute kommen.

Obwohl ich der Praxis eine Zeit lang den Rücken kehren mußte, ließ ich Wetzlar nicht aus den Augen. Dort gratulierte man mir zu meinem Hamburger Traumjob. Wer konnte in dieser schlimmen Zeit schon derlei Vergünstigungen in Anspruch nehmen: ein Auto mit Chauffeur, überall offene Türen bei kulturellen und sportlichen Veranstaltungen; allein das Wort Presse war der magische Schlüssel für nahezu jede verschlossene Tür.

Alle Mitarbeiter der GNS konnten täglich in der agentureigenen Kantine zu Mittag essen; dies stand uns – mit 400 Extrakalorien pro Tag – als ein Privileg zu. Angesichts der Lebensmittelrationierung war jede Sonderzuteilung willkommen.

In dem berüchtigten Stadtteil St. Pauli gab es einen ausgedehnten Schwarzmarkt, auf dem auch sonst kaum erhältliche Lebensmittel gekauft werden konnten. Etwa ein halbes Jahr vor der Währungsreform konnte man dort zu seiner wöchentlichen Butterration von 62,5 Gramm für hundert Mark noch ein halbes Pfund Butter zusätzlich kaufen. Auch hundert Gramm Bohnenkaffee, sonst fast nicht zu haben, kosteten auf dem Schwarzmarkt um die hundert Mark. Das Hauptzahlungsmittel war jedoch – wie in allen Besatzungszonen – die Zigarette. Sie kostete zwischen sechs und sieben Mark das Stück. Ich konnte also mit meinem vergleichsweise hohen Monatsgehalt von 700 Mark gerade hundert Zigaretten erstehen.

Es war aber nicht nur der Mangel an Eßbarem, der den Menschen zu schaffen machte. Der Winter wurde zum Problem, wenn der Nachschub an Kohle plötzlich stockte. Als Folge des Krieges fehlte es an fahrtüchtigen Waggons. Während des harten Winters 1947/48 fiel in Hamburg eines Nachts das Thermometer auf minus 20 Grad. Am nächsten Morgen wurden aus zahlreichen sogenannten Nissenhütten, über fünfzig Tote geborgen: Obdachlose, die in den Behausungen aus dünnem Wellblech eine provisorische Unterkunft gefunden hatten. »Kältetote werden geborgen« stand als schaurige Bildunterschrift auf unseren aktuellen Pressefotos.

Selbst wir, die von den Engländern wohl behüteten Presseleute, bekamen die Kälte zu spüren. Als die Kohlen im Keller unseres Gebäudes in der Rothenbaumchaussee knapp wurden und die Raumtemperaturen auf etwa 12 Grad zurückgingen, konnten wir immer noch mit Mantel und Pullover am Schreibtisch arbeiten. Im Fotolabor begann es allerdings bei diesen Temperaturen kritisch zu werden. In den Entwicklerschalen waren die notwendigen 18 Grad kaum zu erreichen. Ich werde nie vergessen, was wir an einem Tag alles anstellten, als einige dringend benötigten Vergrößerungen versandklar gemacht werden sollten. In der Wetzlarer Leica-Schule hatten wir Bilder, in denen bestimmte Details etwas kräftiger herauskommen sollten, durch stellenweises Anhauchen der naß aus dem Entwickler genommenen Fotos verbessert. Auch durch Reiben einzelner Bildteile mit dem Handballen waren Korrekturen möglich. Ich probierte alles. Unsere Hamburger Laborantin sah meinen entsprechenden Bemühungen amüsiert zu und erklärte mir dann, daß sie allein durch Herumrühren mit beiden Händen in der Entwicklerflüssigkeit die richtige Temperatur erziele. Das war aber auch logisch: mit 36 Grad Körpertemperatur.

Ich konnte damals Renate Sch., einer begabten und sorgfältig arbeitenden Fotografin, ihre Neigung für ihre 13x18cm-Kamera samt Stativ für Reportagen ausreden. Nach anfänglichem Protest hatte sie dann mit einer 6x6cm-Kamera auf einem holsteinschen Gutshof eine Reihe recht guter Fotos vom Melken und anderen bäuerlichen Tätigkeiten gemacht. Aktuelle Aufnahmen interessierten uns zwar eher, aber trotzdem nahmen wir die Fotos in unser Archiv auf. Auf Renates Bitte machten wir ein paar Abzüge für die Bauersleute als kleines Dankeschön fürs Modellstehen. Die Leute waren dann so hingerissen von den Bildern, daß sie Renate »und ihren Kollegen« zum Dank aus ihrer offenbar florierenden Rübensirupherstellung acht Eimer ihres köstlichen Zuckersaftes anboten. Das Abholen machten wir für einen Samstag aus, da die Dienstwagen unter der Woche ständig im Einsatz waren. Einer der Fahrer wurde beauftragt, die Eimer gegen Beteiligung zu mir in mein kleines Einzimmerappartment zu bringen, welches im Gegensatz zu unserem Büro im Erdgeschoß lag. Er mußte also die schweren Eimer nicht die Treppen hoch schleppen. Außerdem brauchten es ja nicht alle Kollegen in der GNS mitkriegen, was die cleveren Fotografen da wieder organisiert hatten.

Ich war an diesem Samstagabend noch ziemlich spät im Büro gewesen. Als ich ins Haus kam, bemerkte ich, daß sich das Licht im Hausflur nicht anknipsen ließ. Als sich das gleiche am Schalter neben meiner Zimmertür wiederholte, wußte ich, daß wir wieder einmal einen der so häufigen Stromausfälle hatten. Für solche Fälle lag im Kleiderschrank ein Kerzenhalter samt Kerze und Zündhölzern bereit. Natürlich kannte ich mich in meinen eigenen vier Wänden gut genug aus, um den Kleiderschrank auch im Dunkeln zu finden. Dabei stolperte ich über die Eimer, die der Fahrer nichtsahnend mitten im Zimmer abgestellt hatte. Beim Fallen stieß ich mit meinem linken Arm den runden Deckel eines Eimers auf und versank bis über die Armbanduhr in der braunen, dickflüssigen Melasse. Einen anderen Eimer hatte ich im Sturz umgekippt, so daß sich die zähe, klebrige Masse übers Parkett ergoß. Ich brauchte im Dunkeln ein paar Sekunden, bis ich mich tropfend und klebend ins dunkle Badezimmer tasten konnte.

Im Büro war das natürlich ein Anlaß zu allgemeiner Heiterkeit, aber als sich das Gelächter wieder gelegt hatte, teilte man die noch vollen Eimer brüderlich miteinander.

KAPITEL 16

Hunger nach Bildern: Meine erste Bildagentur

Der bisher unter britischer Obhut stehende GNS-Pressedienst in Hamburg wurde bereits 1947 in deutsche Hände übergeben. In den gleichen Räumen wurde nun der DPD – Deutscher Presse Dienst – eingerichtet; immer noch in freundschaftlicher Konkurrenz zur Frankfurter DENA in der US-Zone. Mein Job blieb derselbe. Das Beste an ihm schien der Titel zu sein: Ich war der Bildchef, die anderen machten die Bilder.

In der Zeit vor der Währungsreform waren unsere Kunden meist Zeitungsredaktionen. Sie waren also in erster Linie an aktuellen Bildern interessiert. Der Druckpapiermangel wirkte sich natürlich auf die Auflagenhöhe aus. Die Zeitungen waren an den Kiosken schnell vergriffen. Oft ging ein Exemplar von Hand zu Hand, und vor den Schaufenstern der Zeitungsverleger standen Menschentrauben bei Wind und Wetter, um die aushängenden neuesten Ausgaben zu lesen.

In dieser außergewöhnlichen Situation kam ich mit einem unserer Bildberichterstatter, Dr. Ulrich Mohr, auf eine bemerkenswerte und für einen gewissen Zeitraum lukrativ scheinende Idee: Wir gründeten einen »Bildaushangdienst« und nannten uns zusammen mit einem Redakteur, der ein besonderes Talent für prägnante Bildunterschriften besaß, »Drei-Mohren-Verlag«.

Jede Woche ließen wir zehn im DPD-Bildarchiv ausgewählte Querformatfotos drucken, die im 18 x 24 cm-Format hergestellt und an einige hundert westdeutsche Abonnenten verschickt wurden. Sie hingen dann im wöchentlichen Wechsel nicht nur in Buch- und Papiergeschäften aus, sondern auch in Tabakkiosken, die selbst keine Zeitungen verkauften, und in allen möglichen Läden, die auf sich aufmerksam machen wollten. Dies zeigte sich unmittelbar nach der Währungsreform, als sich überall die Regale wieder zu füllen begannen, von besonderem Vorteil.

Unser Aushangdienst war laufend von Neugierigen umlagert, bis Anfang der 50er Jahre genügend Zeitungen und Zeitschriften erschienen, um den Hunger nach Bildern zu befriedigen. Nun erschienen auch »Stern«, »Spiegel« und zahlreiche Boulevardblätter, und es lag gewiß am Titel, daß sich »BILD« besonders gut verkaufte.

136

Der »ETSI Bild- und Filmdienst«

Die cleveren drei Mohren machten ihren Laden nicht etwa dicht, sondern hatten die Nase weiter vorn. Wir konnten ja auch Bilder und Filme produzieren; damit lag es bei den offiziellen Presseagenturen etwas im Argen. Die DPD war inzwischen mit der DENA zur DPA – Deutsche Presse Agentur – fusioniert. Bilder für die Werbung, vor allem Farbfotos, waren weniger ihr Metier. Da die »Mohren« Ende 1950 einen Hamburger Kaufmann als Teilhaber gewannen, der eine Segeljacht namens »ETSI« für regelrechte Reportagereisen zur Verfügung stellte, nannte sich die kleine Bildagentur fortan »ETSI Bild- und Filmdienst«.

Ich hatte schon 1950 erkannt, daß meine Zeit bei der DPA zu Ende gehen müsse. Mein Wunsch, als Fotograf endlich wieder aktiv zu werden, rückte in greifbare Nähe. Ein Besuch in Wetzlar ließ mich an Vorkriegsbeziehungen anknüpfen. Dr. Freund, der Mann, dem ich meine langjährige Befreiung vom Militärdienst zu verdanken hatte, erklärte sich bereit, sich für eine Fortsetzung der Leica-Werbung in Form von Lichtbildervorträgen einzusetzen. Er hatte auch Verständnis für meinen Wunsch, die zukünftige Werbung nur auf der Basis einer freien Mitarbeiterschaft zu machen.

Noch war bei Leitz die Nachfrage nach Leicas und Zubehör viel größer, als daß sie mit der wieder angelaufenen Produktion befriedigt werden konnte. Aber das würde sich in absehbarer Zeit wohl ändern. An einen Vorschuß für die Vorbereitung einer Diareihe war natürlich im Augenblick nicht zu denken. Darüber mußte in Wetzlar zuerst offiziell entschieden werden. So war ich auch weiterhin auf die reichlich dünne Kapitaldecke unseres ETSI-Unternehmens angewiesen.

Unsere Idee einer Reportagereise in den Süden hatte unterdessen mehr und mehr Gestalt angenommen. Wir planten das Segelunternehmen auf vier Monate. In Italien und an der nordafrikanischen Mittelmeerküste wollten wir sowohl Filme für die Wochenschau drehen, als auch Farbfotos für die vom ETSI-Bilderdienst betreuten illustrierten Zeitschriften aufnehmen. Um seine Schulbildserien aufzufrischen, interessierte sich der Heidelberger V-Dia-Verlag für zahlreiche Motive in dem von uns angepeilten Raum. Das paßte ausgezeichnet zu meinem eigentlichen Ziel, Bilder für neue Leica-Vorträge zu machen. Denn eine Menge der geplanten Fotoreportagen konnten auch für die Leica-Werbung von Interesse sein. Davon aber war in diesem Stadium der Reisevorbereitungen noch nicht die Rede.

Bei der DPA fand ich für meinen Wunsch, zur aktiven Fotografie zurückzukehren, volles Verständnis, nachdem ich meinen Nachfolger eingearbeitet hatte.

In Hamburg waren auch zwei Motorräder der Neckarsulmer Motorradwerke vom Typ NSU-Fox mit 98 ccm-Viertaktmotoren an Bord verladen worden. Man hatte uns diese Maschinen als Transportmittel zur Verfügung gestellt; gleichzeitig sollten sie uns auch als Modell dienen. Diese Idee beruhte auf Kontakten mit der NSU-Werbeabteilung, deren umsichtiger Leiter Arthur Westrup schon damals überzeugende »public relations« betrieb. Zu dieser »P.R.« gehörten beispielsweise Pressefotos, die die beiden NSU-Maschinen während ihrer Verladung in Hamburg als scharf konturierte Silhouetten gegen den Himmel zeigten.

Start der Segeljacht gen Süden

Mitte März 1951 stach die 40-t-Hochseejacht ETSI mit Kurs aufs Mittelmeer in See. Der Filmberichterstatter, sein Kameramann und ich zogen es als ausgesprochene Landratten vor, Dr. Mohr mit der vierköpfigen Besatzung allein durch die Biskaya segeln zu lassen. Sie brauchten allerdings wegen eines Motorschadens entgegen unserer Planung ganze sechs Wochen. Sie hatten einen großen Teil der Reise durchs Mittelmeer allein mit Windkraft zurücklegen müssen. Wir anderen sahen die sehnlichst erwartete Jacht erst am 1. Mai endlich im Hafen von Neapel einlaufen.

Geplante Filmaufnahmen für die Wochenschau von der Ankunft im Hafen mit dem Vesuv im Hintergrund und winkenden Neapolitanern am Kai fielen buchstäblich ins Wasser. Es regnete Bindfäden und weder der Vesuv noch irgendwelche Neugierige am Jachthafen waren zu sehen.

Wir holten die beiden Motorräder von Bord. Durch die Strapazen der langen Seereise hatten sie einige Rostflecken angesetzt, die wir aber rasch beseitigen konnten. Doch die Jacht mußte wegen der Beschaffung diverser Ersatzteile ein paar Wochen in Neapel liegen bleiben.

In dieser Zeit filmten und fotografierten wir fleißig. Dank meiner Italienischkenntnisse mußte ich aber leider oft den zweiten »Assi« (Assistenten) an der Filmkamera spielen, statt mich ausschließlich der Fotografie zu widmen. Denn ohne sprachliche Verständigung war die Arbeit kaum durchzuführen, da wir beim Filmen oft auf die Hilfe einheimischer Hilfskräfte angewiesen waren. Das reichte vom Beschaffen einer Leiter bis zum Ruf nach einem Elektriker, weil der Stromanschluß nicht funktionierte. Wir filmten und fotografierten an so unterschiedlichen Stellen wie den 2000 Jahre alten steinernen Badewannen der Römischen Heilbäder des Tiberius auf Ischia als auch in Sizilien beim Aufstieg zum Ätna im eisigen Wind vor Sonnenaufgang.

Endlich unterwegs nach Afrika

Der Zeitverlust machte mir zu schaffen, da ich mit meinen fotografischen Plänen nicht vorankam. Unsere Reise verzögerte sich derart, daß die ETSI erst Ende Juni Libyen und den Hafen von Tripolis anlaufen konnte. Im Hochsommer aber bietet Afrika zwischen elf und vier Uhr tagsüber äußerst ungünstiges Fotolicht. Die hoch stehende Sonne ergibt eine harte Beleuchtung. Es war ohnehin ratsam, in dieser Zeit jeden erreichbaren Schatten aufzusuchen, obwohl auch dort das Thermometer auf über 40 Grad kletterte. Trotzdem konnte ich während einiger Kurzausflüge ab Tripolis an der Küste und in libyschen Oasen eine Reihe interessanter Aufnahmen machen. Das in einer Oase bei Leptis Magna aufgenommene Bild zeigt mich mit der Fox beim Einsatz mit dem Visoflex I.

Letzte Oasen – Reportage in Libyen.

139

In der Enge an Bord gerieten wir bald aneinander. Meine Reisepläne sah ich immer mehr gefährdet. Ich würde meine Diaserie nur auf die Beine stellen können, wenn ich mich schnellstens selbstständig machte. Der Beschluß der anderen, das viel zu heiße Afrika zu verlassen und dafür über Griechenland an die türkischen Gestade zu segeln, machte mir die Entscheidung leicht.

Quer durch die Wüste auf eigene Faust

Mein Gepäck vestaute ich in nicht zu großen Taschen und Behältern, die auf dem Gepäckträger des kleinen Motorrads Platz hatten. Neben der aufs Nötigste reduzierten Leica-Ausrüstung und meiner Reiseschreibmaschine hatte ich einen »Kulturbeutel« und eine Art Sturmgepäck dabei. Den rund fünfzig Farbfilmen galt meine besondere Sorge. Ich verstaute sie in zwei Gummibeuteln, damit ich sowohl die frischen als auch die belichteten Filme bei jedem Aufenthalt über Nacht möglichst gleich ins Kühle bringen konnte.

Mehr Schwierigkeiten hatte ich mit der Leica-Ausrüstung. Der kleine Koffer und der Gedanke an die Strecke, die vor mir lag, zwang mich zum Verzicht auf eine besondere Tasche, in der das Visoflex I-Gehäuse zusammen mit den längeren Brennweiten 135 m und 200 mm (Telyt) transportiert wurde. Der Entschluß, das 135 mm-Hektor f/4,5 zurückzulassen, fiel mir besonders schwer. Ich hatte es seit langem mit dem Adapter ZOOAN am Visoflex verwendet und den Stutzen, mit dem ich es früher an die Leica schraubte, zu Hause gelassen. Nun hätte ich es zusammen mit dem »Hektorkopf« an meiner Leica IIIf dringend gebraucht. Meine Objektivreihe beschränkte sich auf das Elmar 35 mm f/3,5, das Summitar 50 mm f/2 und das Elmar 90 mm f/4. In meiner Not den Spiegelkasten zurücklassen zu müssen, tröstete ich mich mit dem Gedanken an Henri Cartier-Bresson, der eine solche Reise mit noch weniger Objektiven bestitten hätte.

Bald schon habe ich mich in der Hitze und dem Staub des afrikanischen Sommers über meinen Entschluß gefreut, mich derart eingeschränkt zu haben. Daß ich mein zweites Leica-Gehäuse – eine IIIa – auch ohne Visoflex trotzdem mitnahm, war eine Art Unfallversicherung, falls mir mit dem ersten Gehäuse etwas zustoßen würde. Diese Vorsichtsmaßnahme hatte mich die Erfahrung gelehrt.

Von dem unter Moslems ohnehin schwer einsetzbaren elektronischen Multiblitzgerät trennte ich mich dagegen ohne große Bedenken. Ich konnte es sogar einem libyschen Fotokollegen verkaufen.

140

Für ihn war es ein echtes Schnäppchen, für mich eine willkommene Aufbesserung meiner spärlichen Reisekasse.

Ich kaufte mir dann noch einige leichte, für dieses Klima besser geeignete Kleidungsstücke sowie eine Leibbinde, die angesichts der Temperaturstürze während der afrikanischen Nächte eine absolute Notwendigkeit war.

Nunmehr frei und auf mich selbst gestellt, studierte ich zusammen mit dem ortskundigen Käufer meines Multiblitzgeräts libysche und tunesische Landkarten. Er riet mir zu der Route ab Tripolis über Ben Gardan, Gabes, Kebili und den jetzt trockenen Dschott Djerid, einen riesigen Salzsee, um in die berühmten Oasen Touzeur und Nefta zu kommen. Von dort könne ich dann nach Norden die 700 Kilometer lange Strecke über Sbeitla und Kairouan nach Tunis nehmen.

Reisebericht aus der Sicht meines zweirädrigen Weggenossens

Absender: z. Zt. im Landesinneren
NSU-Fox AW 87-1270 von Tunesien 15. 7. 1951
an die NSU-Werke in Neckarsulm (Württemberg)

Liebe väterliche Geburtswerkstätte!

Mein ebenso verrückter wie liebenswerter Fahrer liegt im Bett und kuriert sein Bein von einem kleinen Sturz, den wir gestern nachmittag in einer Sandverwehung machten. Schuld ist eigentlich keiner von uns an diesem Unfall, der ihm offenbar mehr weh getan hat als mir. Das Schlimmste war, daß uns die sorgfältig gehütete Flasche mit Trinkwasser dabei zerbrach und das kostbare Naß vor unseren Augen im Wüstensand versickerte.

In diesem gottverdammt heißen Land sollte man im Sommer eigentlich nicht spazieren fahren, sondern bis Oktober warten, wenn die Datteln reif und die Temperaturen tagsüber erträglich sind. Man weiß nämlich nie, wie die Straßen bei den plötzlichen Sandverwehungen zu befahren sind; ganz tückisch sind jene, die in der blendenden Helligkeit nicht zu erkennen sind, und die Straßen nur zehn bis fünfzehn Zentimeter bedecken. Wenn ich dann mit meinen vierzig Sachen plötzlich in eine solche Verwehung gerate, so fange ich mit meinen schmalen Rädern zu schwimmen an. Und so war es gestern, als Benser plötzlich runterschalten mußte. Das ging aber nicht so schnell, da er bei meiner – sonst so praktischen – Fußschaltung beide Beine zum Balancieren brauchte; und so sind wir also geschleudert und umgekippt.

Die hohen Verwehungen stellen kein Problem für uns dar, denn die können wir ja sehen. Benser schaltet dann in den ersten Gang, springt ab und läuft mit mir – dabei Vollgas gebend – über die Miniaturdünen. Solange Araber in der Nähe sind, geht's auch noch. Die packen immer mit an und schieben. Erst vorgestern, vor dem Bordj Filibert in Kebili waren wir ringsum regelrecht zugeweht wie eine Berghütte im Schneetreiben. Da hat der Boß Monsieur Filibert sogar freundlicherweise vier Araberjungen aus dem Dorf kommen lassen, die mich mit Ächzen und Stöhnen – ich wiege mit Gepäck immerhin meine 90 Kilo! – durch den Sand schoben. Die Bilder, die Benser dabei natürlich machte, wird er Euch bald schicken. Darunter ist ein ganz verrücktes Foto, wie ich als Paket auf den Rücken eines Dromedars geschnallt bin. Der Grund für diesen merkwürdigen Transport war, daß wir eine Wanderdüne überwinden mußten, die unsere Straße auf mehreren hundert Metern verschüttet hatte. Sonst hätten wir einen Umweg von über hundert Kilometern in Kauf nehmen müssen. Das Wüstenschiff schnaubte natürlich unwirsch, als es mit mir als ungewohnter Last aufstehen mußte.

Nach einem Sandsturm waren die Wüstenstraßen für das Motorrad unpassierbar geworden. Ein Königreich für ein Dromedar!

Gott sei Dank bin ich von der Rasse her Viertakter. Das haben schon die Araber in Tripolis gesagt, da ich Sand nun einmal viel besser vertrage. Trotzdem bekomme ich manchmal, wenn der Wind von hinten so richtig bläst, ein Tuch vor die Vergasernase, damit ich auch ja keinen Kitzelhusten kriege.

142

Benser spricht viel mit mir; nicht als Folge der großen Hitze, sondern weil er meint, daß ich das einzige Wesen bin, bei dem er sich auf deutsch etwas aussprechen kann. Ansonsten schlägt er sich hier in Tunesien mehr schlecht als recht mit Französisch, Italienisch und ein paar arabischen Sprachbrocken durch.

Gestern war wohl der bislang aufregendste Tag unserer Reise. Wir mußten, um ins Innere Tunesiens zu gelangen, durch das berüchtigte Schott El Djerid. Das ist einer der größten Salzseen der Sahara, d. h. ein richtiger See ist er nur nach Regenfällen, aber dann ist er über 400 km^2 groß. Jetzt im Sommer, während der regenlosen Zeit, gibt es an seiner schmalsten Stelle eine fast 80 Kilometer lange Piste. Rechts und links steht etwa alle hundert Meter eine Tonne oder ein großer Stein, um die etwa acht Meter breite asphaltglatte Straße zu markieren. Wir haben nicht einmal den Versuch gemacht, den Salzgrund außerhalb der Piste zu befahren. Das ist nämlich verdammt gefährlich, so harmlos der Boden auch aussieht. Man hat schon Mühe wieder rauszukommen, wenn das Rad nur bis zur Felge einsinkt. Wir sind also brav auf der Piste geblieben. Achtzig Kilometer lang und weit und breit kein Schatten. Direkt vor uns in der Mittagshitze eine Fata Morgana nach der anderen: Palmen-oasen, die in einem See auf dem Kopf stehen, Minaretts und Moscheen, die in Wirklichkeit viele Kilometer weiter hinter dem Schott lagen; es war zum Verrücktwerden.

Da fing Benser also an, mit mir zu reden: »Laß mich hier bloß nicht im Stich! Mach mir keine Zicken und halt ja die Luft in Deinen Pneus an!« Als wir mitten im Schott waren und die Sonne senkrecht über uns stand, so daß wir in unseren Schatten keine Streichholz-schachtel legen konnten, kriegte ich plötzlich kein Benzin mehr. Das Röcheln, das ich da von mir gab, ging mir genauso an die Nieren wie Benser, der immer nur »Ogottogott!« rief. Er stand neben mir und hüpfte mit seinen dünnen Schuhsohlen auf dem glühend heißen Salzboden von einem Bein aufs andere. Dann tat er etwas sehr Vernünftiges, und nahm den Tankverschluß ab, um nach dem Benzinstand zu schauen. Dabei war dies scheinbar sinnlos, da wir in Kebili erst vollgetankt hatten. Doch es bewirkte immerhin, daß mir der Vergaser wieder vollief. Doch auch nur zehn Minuten ohne Schatten hier zu stehen ist keine Kleinigkeit, während wir beim Fahren durch den Fahrtwind wenig von der Hitze spüren.
Bei der nächsten Schottdurchquerung sollten wir doch lieber Meldung beim französischen Gendarmerieposten am Anfang der Piste machen. Unvorstellbar, wenn ich in der Mitte des Schotts

hätte stehen gelassen werden müssen. Der Verkehr ist in dieser Jahreszeit gleich Null. Und ohne Wasser vierzig Kilometer zu Fuß bei diesen Temperaturen! Ich brauch' ja keins – aber der Benser! Zu einer anderen Tageszeit hätten wir nur frühmorgens fahren können; am Nachmittag steht einem die Sonne direkt ins Gesicht, so daß man gar nichts mehr gesehen hätte. Und unter Umständen nach Einbruch der Dunkelheit anzukommen wäre wegen der vielen Nomaden sehr unangenehm gewesen.

Seit dieser Schottpistenfahrt haben wir beide ein besonders gutes Verhältnis zueinander. Denn ich habe ihn natürlich nicht im Stich gelassen, obwohl ich mir wegen der Reifen bei der Hitze schon Sorgen machte. Und das mit meinem angeblich luftdichten Tankverschluß muß ich auch noch mal genau untersuchen!

Einmal war es übrigens mit dem Benzin wirklich sehr knapp. Wir hatten die Strecke bis zur nächsten Tankmöglichkeit glatt unterschätzt, und ungefähr zwei Kilometer vorher begann ich wieder mal wegen akuten Benzinmangels im Vergaser zu röcheln. Benser hat mich daraufhin sanft auf die Seite gelegt, um auf diese Weise den letzten Tropfen Reserve in den Vergaser zu bekommen. Bei der Tankstelle gab es dann nur Benzin in einem Eisenfaß, aus dem es in ein Schauglas hochgepumpt werden mußte. So konnten wir die Verunreinigungen sehen. Wir machten so lange Krawall, bis der Sprit, der uns angeboten wurde, einigermaßen sauber schien. Als wir fertig waren, kamen ein paar Halbwüchsige mit ihren Benzinfeuerzeugen, die sich um die letzten Tropfen rauften.

Der letzte Tropfen Sprit im Tank – und wie man ihn in den Vergaser kriegt!

Es war so herrlich kühl in der Oase!

Obwohl ich von Wasser völlig unabhängig bin, ist mir gestern doch klar geworden, was es in dieser Weltgegend bedeutet. Wasser ist Leben! Es ist unvorstellbar, mit welcher Üppigkeit sich sofort die Vegetation entfaltet, wenn in den Oasen plötzlich Quellen da sind. Bananen, Apfelsinen, Feigen, Granatäpfel, Melonen und Trauben gedeihen hier in paradiesischer Fruchtbarkeit und wenige Kilometer vorher nichts als Sand, Sand und nochmals Sand. Wann immer wir in einer solchen Oase ankommen, fahren wir sofort über

Pfade und Dattelbaumbrücken an die nächste zugängliche Wasserstelle, wo Benser sich dann erstmal den Staub aus dem Gesicht wäscht und einen Araberjungen anstellt, der auch mich saubermacht. So etwas gibt dann übrigens tolle Bilder für die Werbeabteilung: ein blaues Rinnsal von einem Bach, mit einem Teich dahinter voll kreischender, badender Araberjungen. Und waschende unverschleierte Frauen unter Palmen. Ahnungslos, daß sie mit mir zusammen fotografiert werden, obwohl es vom Propheten streng verboten wurde und man sie sonst nur verschleiert herumgehen sieht. Nach ihren Fersen zu urteilen – das wissen Kenner! – müssen ein paar sehr Hübsche darunter sein. Bei der Oasenwäsche habe ich jedenfalls einige barbusige schwarze Schönheiten erspäht.

Benser hat übrigens längst herausgefunden, daß er mich gut zu heimlichen, an sich verbotenen Aufnahmen gebrauchen kann. Er tut so, als ob er etwas zu reparieren hätte, und macht völlig sinnlos solange ein bißchen an mir herum, bis neugierige Zuschauer sich gelangweilt abwenden. Und dann schießt er mit dem »Neuner« von meinem Sattel, oder sogar zwischen Sattel und Werkzeugkasten als idealer Schießscharte, seine Bilder. Das ist unter so fotoscheuen – oder besser: fotofeindlichen! – Menschen die einzige Möglichkeit, zu ungestellten Aufnahmen zu kommen.

Natürlich gibt es in diesen Oasen nur selten elektrisches Licht. Manchmal habe ich daher – darauf bin ich richtig stolz! – den einzigen elektrischen Strom am Ort erzeugt. Und sei es nur, daß Benser nachts noch die Landkarte studieren kann oder mit meiner Hilfe dafür sorgt, daß er nicht alle Fliegen mittrinken muß, die in seinem Glas schwimmen. Dabei ist das gar nicht so einfach für mich. Haben mir doch kurz nach unserer Abreise aus Tripolis so ein paar verfluchte Lausebengels die Batterie geklaut! Ersatz ist natürlich im ganzen Land nicht zu kriegen und so schnurre ich nun schon seit vielen Tagen ohne Hupe und Standlicht durch die Wüste. Zum Glück weiß ich, wie man auch ohne Batterie Strom erzeugt.

Es gäbe noch manches von unseren Abenteuern zu erzählen. Von den giftigen Schlangen, die sich in der römischen Ruinenstadt Leptis Magna in Libyen zischend am Wegrand aufrichteten statt das Weite zu suchen. Von widerlichen Skorpionen, vor denen Benser übrigens so viel Muffe hat, daß er sich – vernünftigerweise! – nie auf den Boden zum Schlafen legt. Morgens schaut er immer zuerst in seine Schuhe, bevor er sie anzieht, da die Mistviecher darin anscheinend bevorzugt nächtigen sollen. Aus diesem Grund hat er auch mehrmals ganz ernst gemeinte Einladungen von Arabern, als ihr Gast in ihren Zelten zu schlafen, dankend abgelehnt. Nicht etwa, weil es die Landessitte hierzulande verlangen soll, daß man dem Gast die Lieblingsfrau zur Seite legt, sondern vielmehr wegen den Ziegen und dem giftigen Krabbelgetier. Ich selbst wäre ja neugierig gewesen, wie es in einem Araberzelt so zugeht.

Bleibt nur noch zu sagen, daß wir meiner väterlichen Werkstatt in Bälde interessante Bilder schicken werden, die zeigen sollen, was wir hier alles erlebt haben. Solange verbleibe ich als

Eure getreue NSU Fox

P.S. Von meiner einwandfrei funktionierenden Kupplung brauchen wir gar nicht reden. Ich bin mit Ausnahme meiner Fußrasten, die in dieser Hitze wie Kork zerbröseln, mit allem vollauf zufrieden. Nur eins noch: Benser, dieser Idiot, hat das gelbe Heftchen mit den Instruktionen über mich verloren. Oft wird er nach Einzelheiten über mich gefragt und stottert dann lauter Blödsinn über mein Innenleben – dieser technische Ignorant! Bitte schickt ihm doch per Luftpost, poste restante, Tunis, schnellstens diese Broschüre. Und vergeßt nicht, zwei Abziehbilder mit meinem werten Namen beizufügen, da ich auf beiden Tankseiten nur noch schlecht zu lesen bin.

Absender
NSU-Fox AW 87-1270 z. Zt. noch in Tunis 12. 8. 1951
An die NSU-Werbeabteilung
Neckarsulm/Württemberg

Das Hotelzimmer in Tunis. Draußen hatte es 48° C im Schatten.

Liebe Werbefexe,

wußte ich doch, daß Ihr mir – flugs wie Ihr seid – die erbetenen Ersatzteile postwendend nach Tunis schicken würdet. Seid so gut und erzählt dem vielbeschäftigten Arthur nicht alles aus unserer Korrespondenz. Uns haftet mit unseren langen Briefberichten ja bereits der Ruf an, eher lästig als nützlich zu sein. Und das wäre das Letzte, was sich Bensern nachsagen ließe.

Den muß ich heute schon wieder vertreten. Die französische Geheimpolizei hat ihn in meiner Gegenwart vor acht Tagen in aller Frühe mit der ihr eigenen Liebenswürdigkeit abgeholt. In Tunis paßten sie ihn vor seinem Hotel ab, zeigten ihm in gewohnter Manier die Reversinnenseite und stellten sich mit »Police!« vor. Benser, ganz die alte Schule, antwortete in bestem Schulfranzösisch nur: »Meine Herren? Ich hatte noch nicht das Vergnügen, Sie kennenzulernen. Womit kann ich dienen?« Dann wurde er abgeführt, und ich stand den ganzen Tag in der Bruthitze vor dem Hotel, ohne daß ich etwas für ihn hätte tun können.

Abends kam er dann mit einer Eskorte zurück und schob mich in eine Polizeigarage. Und da stehe ich nun seit sieben Tagen und muß mich, ohne mich wehren zu können, von allerlei Gesindel betatschen lassen, die mich anzapfen um ihre Feuerzeuge zu füllen. Ein paar wollten sogar meinen Motor starten, aber da bin ich gerade zum Trotz nicht angesprungen. Ich fahre doch nicht mit jedem!

Benser hat mir heute erzählt, daß er bei der Polizei zwar auf dem Boden schlafen muß, aber ansonsten wirklich anständig behandelt wird. Seine ganze Post wurde von zwei deutschkundigen Beamten Brief für Brief gelesen, und alle verdächtigen Briefe – auch völlig belangloses Zeug – wurden kopiert und nach Paris geschickt. Aber da sie trotz allen Suchens und Prüfens seiner Unterlagen, Negative und Farbdias keinerlei Anhaltspunkte fanden, die auf eine geheimdienstliche Tätigkeit schließen ließen, wurde sein Los bald erträglicher.

Nach einer fünfstündigen Vernehmung haben die Beamten gestern erklärt, ihnen sei noch nie ein Fall wie dieser vorgekommen, daß ein Mensch im Geheimen derart geschickt aus allen Lagen fotografieren könne, ohne ein Spion zu sein. (Hier scheint wohl immer noch der Maginot-Geist in den Köpfen herumzuspuken! Die Leute vergessen darüber ganz, daß die Deutschen heute weder eine eigene Außenpolitik noch einen eigenen Geheimdienst betreiben dürfen!) Bensers Kunstfertigkeit scheint den Beamten wohl ordentlich imponiert zu haben. In ihrem Bericht erwähnen sie, daß er »seine Bilder selbst von einer fahrenden Fox aus geschossen habe.«

148

Ich erinnere mich noch, wie mir manchmal selbst ganz angst und bang wurde, wenn er mich nur mit der linken Hand festhielt und im Vorbeifahren verschleierte Frauen mit $\frac{1}{500}$ Sekunde knipste.

Schönen Dank für die Gebrauchsanweisung. Benser sagte nach kurzem Schmökern darin nur: »Oh weh, Föxlein, da müssen wir ja allerlei nachholen. Wenn wir beide morgen entlassen werden, kriegst Du erst 'mal Dein Fett ab!« Übrigens teilen wir Eure Meinung über das Shell X-100 keineswegs. Und was soll das mit dem Mobilöl »Arctic« für Nordafrika? Ihr habt wohl 'nen Schuß weg! Denkt 'mal gefälligst ein bißchen globaler! BP wird hier genommen, sonst fang' ich an zu kochen!

Übrigens wurde ich hier in Tunis, als wir beide noch in Freiheit waren, ganz schön bewundert. Ich verstehe ja nicht viel Französisch, aber meine Formschönheit gepaart mit meiner robusten und praktischen Konstruktion hat hier allerhand Anklang gefunden.

Wenn alles gut geht, fahren wir in vier Tagen auf dem Weg durch Innertunesien nach Algier. Falls meine Fußrasten und die Batterie nicht mehr rechzeitig ankommen, werden sie uns nachgeschickt. Also keine Sorge und nochmals nachträglich vielen Dank!

In alter Freundschaft, Eure FOX

Fotospion ohne Auftrag

Absender
Walther Benser Tunis, 15. August 1951
An den
»Drei-Mohren-Verlag« Hamburg

Bericht über meine Verhaftung und das Verhör durch den »Service Sécurité Tunisienne« vom 4.8. bis 15.8.1951.

Am 4. August wurde ich um neun Uhr morgens vor meinem Hotel von zwei Beamten in Zivil verhaftet. Sie brachten mich ins Amtszimmer der Sécurité.

Kurze Zeit später holte man meine Leica-Ausrüstung, die Filme und meine Schreibmappe aus meinem Hotel. Zwei Dolmetscher begannen, meine Texte und tagebuchartigen Aufzeichnungen sorgsam durchzulesen. Sie machten sich dabei ständig Notizen, die anschließend in Ordnern abgeheftet wurden. Auf meine Fragen antwortete man nur ausweichend. Ich wurde ständig bewacht; selbst beim Gang zur Toilette war jemand dabei. Auf meinen

Protest hin erhielt ich zur Antwort, daß sie es nicht gern sähen, wenn sich ihre Gäste im Waschraum erhängten.

Mein Appell an das, auch in französischen Gebieten geltende, Recht des »habeas corpus« – d. h. die Untersuchungshaft darf ohne richterliche Verfügung die Dauer von 24 Stunden nicht überschreiten – wurde mit der Begründung entkräftigt, ich sei nicht verhaftet, sondern nur vorläufig festgenommen worden. Man könne aber, wenn ich darauf bestände, einen Haftbefehl wegen des Verdachts der Spionage erwirken, wobei ich dann jedoch in ein Untersuchungsgefängnis gebracht werden müßte. Da meine Behandlung ansonsten korrekt und höflich war, verzichtete ich auf einen solchen Wechsel ins Ungewisse.

Ich aß mit meinen Bewachern, den Dolmetschern und den Beamten, die mich verhörten, sogar am selben Tisch. Das Essen brachte man uns aus einem Restaurant. Schlafen mußte ich auf einer Strohmatte im Amtszimmer auf dem Fußboden. Ich hatte keine Decke, aber bei dem schwülen, warmen Schirokko, der vom Mittelmeer her wehte, störte mich das nicht weiter. Nur morgens hätte ich mir gern wegen der Moskitos eine Decke über den Kopf gezogen.

Es setzte ein reger Fernschreibenwechsel mit Paris ein, und wie ich während des ersten Verhörs erfuhr, ging es nicht allein um meine Person, sondern vor allem um die Jacht ETSI, den Mohren-Verlag und die Deutsche Presse-Agentur.

Der eigentliche Grund für meine Festnahme war die Verhaftung eines deutschen Bildreporters an Bord der Bremerhavener Segeljacht INGEBORG in Bordeaux gewesen, dem angeblich Spionage nachgewiesen werden konnte – mit der Aussicht auf fünf Jahre Gefängnis.

Da das französische Konsulat in Hamburg allen ETSI-Reisenden bereits im März Visa für die Länder des Mittelmeerraums ausgestellt hatte, standen wir natürlich ebenfalls auf der Liste der Verdächtigen. Bei meinem Grenzübertritt auf tunesisches Territorium in Ben Gardan gab ich an, als Passagier der ETSI-Jacht vorausgefahren zu sein. Was hätte ich den Grenzbeamten über meinen Entschluß, alleine weiterzureisen, auch schon erzählen sollen? Seitdem ich mich dann in der Oase Touzeur beim französischen »Controlleur Civil« gemeldet un ihn über meine fotografischen Absichten unterrichtet hatte, wurde ich nicht mehr aus den Augen gelassen. Mit meinen Bemühungen, heimlich und unbemerkt zu fotografieren, schürte ich natürlich nur noch den gegen mich gehegten Verdacht der Spionage. Da die ETSI auch nicht mehr auftauchte, war ich in den Augen der S.S.T. ein raffiniert getarntes Ein-Mann-Kommando.

Der Inhalt meiner Aufzeichnungen und Papiere muß die Phantasie der Pariser Vorgesetzten derart angeregt haben, daß nun geradezu grotesk anmutende Anweisungen an die mich verhörenden Beamten ergingen:

In einem Brief H. U. Wieselmanns, des Chefredakteurs der Stuttgarter Zeitschrift »Auto«, war beispielsweise zu lesen: »...übrigens wird Dich interessieren, daß sich die NSU-Freunde einen neuen Direktor zugelegt haben. Es ist Herr von Heydekamp, den Du wohl auch kennst. Früher hat er Tiger-Panzer gebaut, und jetzt macht er friedliche Föxe...« Daraufhin wurde ich gefragt, was ich ihnen über diesen Mann erzählen könnte, was er früher gemacht hätte, wie alt er wäre und was ich sonst noch über ihn wüßte. Natürlich konnte ich ihnen nichts erzählen, da ich außer dem Namen keine anderen Informationen über ihn hatte.

Herr Rumpf von DPA-Bild bedankte sich bei mir in einem Brief mit den Worten: »Was Du alles über Afrika berichtest, ist sehr interessant. Wenn Du zurück bist, mußt Du mir unbedingt mehr erzählen.« Natürlich wollte man nun wissen, was ich diesem dubiosen Herrn Rumpf im Einzelnen alles berichtet hätte. Doch ich konnte ihnen nur sagen, daß dieser Herr der Nachfolger an meinem Arbeitsplatz sei, und ich ihm lediglich meine Erfahrungen mit Filmen und Objektivfiltern geschildert hatte.

Im Scherz hatte ich einmal einem Freund von Tripolis aus eine Postkarte mit einem weiblichen Akt geschickt, und er hatte mir zurückgeschrieben: »Deine Karte ist ja toll. Doch was wirst Du alles sehen und erleben, wenn Du erst einmal französische Gebiete betreten hast!« Jetzt fragte man mich, was der Schreiber dieser Zeilen damit meinte, und was ich ihm mitgeteilt hätte.

In einem Brief des Mohren-Verlags stand: »Leider ist Henri Nannen, der maßgebende Mann in der Redaktion, für längere Zeit in die USA verreist. Wir konnten ihm daher Ihre letzte Bildserie vom libyschen Beiramfest noch nicht zeigen...« Nun hieß es: »In wessen Auftrag haben Sie beim Beiram fotografiert...und wer ist Henri Nannen?«

Ich hatte nicht den Eindruck, daß meine Erklärungen, die nichts als die volle Wahrheit waren, die Neugier der Herren in Paris zu befriedigen vermochten.

Als nächstes befaßte man sich mit meinem eigenen verdächtigen Tun, das bisher nur am Rande zur Sprache gekommen war. In dem Bericht des in der Oase Touzeur auf mich angesetzten Agenten, den ein Dolmetscher mir vorlas, hieß es: »Der Verdächtige verwendete mehrmals sein Motorrad, um sein heimliches Fotografieren von Personen zu verbergen. Er täuschte Reparaturen vor, um hinter seiner Maschine versteckt unter dem Sattel hindurch mit einem kleinen Fotoapparat, vor den ein großes Objektiv geschraubt war, Aufnahmen zu machen. In einem anderen Fall spazierte er scheinbar ziellos vor dem Postamt umher, den Fotoapparat dabei schußbereit an einem Tragriemen vor der Brust hängend, und fotografierte das Postgebäude in verdächtiger Manier mit allerlei Personen und Marktständen im Vordergrund.«

Ich konnte mir bei diesen minutiösen Schilderungen meines für diese Leute so merkwürdigen Gebarens das Lachen schwerlich verkneifen. Nach dem Grund für meine plötzliche Heiterkeit gefragt, ließ ich durch den Dolmetscher sagen: »Alle Achtung vor der Beobachtungsgabe Ihres Agenten. Doch von moderner Fotografie versteht er offenbar nicht viel. Der kleine Fotoapparat, von dem hier die Rede ist, heißt Leica.

Mit diesen Worten stand ich auf, holte die Leica IIIc und das 35mm-Summaron aus meiner Kameratasche auf dem Tisch und erklärte den Beamten, wie ich meine geheimen Bilder vorbereitete.

»Dieses kleine Objektiv ist ein sogenanntes Weitwinkel. Damit kann eine Gruppe, wie sie zum Beispiel auf der Treppe des Postamtes saß, aus einem Abstand von nur drei bis vier Metern mühelos fotografiert werden. Die Szene vor dem Postamt habe ich fotografiert, weil sie mich als ein typisches Alltagsbild in einer afrikanischen Oase interessiert hatte. Und unter modernen Fotografen, die mit solchen kleinen Kameras ausgerüstet sind, ist es längst kein Geheimnis mehr, daß es besser ist, wenn man vermeidet, die Kamera bei solchen Szenen ans Auge zu nehmen. Vor allem in Ländern mit einer moslemischen Bevölkerung wie Tunesien ist es, wie Sie selbst wissen, nicht ratsam, die Leute erkennen zu lassen, was man vorhat. Daher fotografiere ich, wenn es notwendig scheint, praktisch blind, das heißt, ohne durch den Sucher zu schauen. Und deshalb hat Ihr Agent auch nicht bemerkt, was ich in Wirklichkeit fotografierte! Trotz dieser Methode gelingt es mir mit meiner Leica in den meisten Fällen brauchbare Bilder zu machen.«

Während diese Erklärungen Satz für Satz übersetzt wurden, hatte ich das Weitwinkel in die Leica geschraubt und stellte mich so vor meine Zuhörer, daß meine vor mir hängende Kamera die Szene sichtlich im Visier hatte. Dabei legte ich die linke Hand so lässig auf die Kamera, daß sie kaum noch zu sehen war.

»Das Postamt, meine Herren, interessierte mich wirklich nicht, sondern einzig und allein die auf der Treppe sitzende Mutter mit ihren Kindern. Wenn ich sie so fotografiert hätte, wie das Touristen üblicherweise tun, ...« mit diesen Worten riß ich die Leica ans Auge und drückte den Auslöser, »...hätte sie wahrscheinlich laut-

152

hals protestiert. Dies ist der ganze Grund für meine Geheimnistuerei; weil der Prophet das Abbilden von Menschen verboten hat. Und dieser kleine Fotoapparat knipst dazu noch so leise, daß man ihn kaum hört.«

Allmählich bekam ich den Eindruck, daß die Leute begannen, meinen Worten Glauben zu schenken. An der Mimik meines Dolmetschers meinte ich zumindest ablesen zu können, daß er von meiner Harmlosigkeit überzeugt schien.

In der Tat ließ man mich bald darauf laufen. Ich erhielt auch meine Kameraausrüstung und die Filme zurück, nachdem ich versichert hatte, daß ich nach Tunesien gekommen sei, um mit meinen Bildern Geld zu verdienen. Große Lust, meine Fahrt durch die ebenfalls unter französischer Verwaltung stehenden Länder Algerien und Marokko fortzusetzen, hatte ich begreiflicherweise nicht mehr. Außerdem fehlte es mir an Geld. Was ich noch hatte, reichte gerade für die Überfahrt nach Palermo in Sizilien, wohin ich mir telegrafisch etwas Geld überweisen hatte lassen.

Meine Fotoausbeute im September sollte dann noch so ergiebig werden, daß die farbigen Dias der sizilianischen Wochen in den Leica-Vorträgen wenige Monate später zu den erfolgreichsten Bildern zählten.

Doch Wetzlar meldete sich erst, nachdem meine Vorträge von einem bekannten Hamburger Reisebüro unter dem Motto »Die WELT zeigt die Welt« mit großem Erfolg veranstaltet worden waren. Für das Jahr 1952 hatte man sich dann bald auf ein umfangreiches Leica-Vortragsprogramm mit dem Titel »Sonniger Süden« geeinigt.

KAPITEL 17

Die hohe Zeit der
Leica-Diavorträge

Wenn Sie, verehrter Leser, einen der Leica-Vorträge in den Fünziger oder Sechziger Jahren besucht haben sollten, so werden Sie sich wahrscheinlich erinnern, daß auf der Bühne mit ein wenig Abstand zwei Lichtbildschirme nebeneinander aufgebaut waren. Ich hatte so die Möglichkeit, Ihnen Vergleiche zahlreicher fotografischer Probleme im wahrsten Sinn des Wortes vor Augen zu führen.

Indem ich zwei Dias gleichzeitig projizierte, konnte ich beispielsweise falsche und richtige Belichtungszeiten des gleichen Motivs verständlich erklären. Auch die erstaunliche Wirkung eines Polarisationsfilters konnte so sichtbar gemacht werden. Links das Dia, das ohne Filter aufgenommen wurde: eine reizvolle Landschaft etwa, mit Wiesen und Dörfern im Tal und einem imposanten Gebirgsmassiv im Hintergrund. Trotz des sonnigen Wetters lag ein Dunst über dem Bild, das wegen der Spiegelung des Himmels auf Dächern und Wiesen seine ursprüngliche Farbigkeit verloren hatte. Im Gegensatz dazu stand auf dem rechten Schirm das gleiche Motiv, diesmal mit einem Polarisationsfilter fotografiert: die Wiesen in sattem Grün, die Ziegel der Hausdächer in warmem Rot und darüber scharf konturiert die Wolken gegen einen tiefblauen Himmel.

Früher mußte ich Vergleiche dieser Art nacheinander auf einer Leinwand vorführen. Das Projizieren der Dias nebeneinander war die ideale Lösung; auch für die verständliche Erläuterung des ganzen Leica-Systems. In Leica-Prospekten und Foto-Fachbüchern wurde schon längst an Hand von Vergleichsbildern auf die Wirkungsweise der verschiedenen Leica-Objektive hingewiesen. Die Eignung langbrennweitiger Objektive bzw. von Teleobjektiven für das »Heranholen« ferner Objekte war nur ein wichtiges Argument. Ein weiterer wichtiger Hinweis für auswechselbare Objektive war, daß mit langen und kurzen Brennweiten erhebliche Unterschiede in der perspektivischen Wiedergabe entstehen.

154

Vor meinen zwei Großleinwänden demonstriere ich hier, wie man aus der Froschperspektive Aufnahmen macht.

Doppelprojektion im Pingpong-Rhythmus

Dabei hatte ich, wenn ich ehrlich bin, die Idee der Doppelprojektion weniger der Einsicht einer besseren Vergleichsmöglichkeit, als vielmehr einem Zufall zu verdanken.

Bei der ersten Besichtigung des größten Saales, der je für einen meiner Vorträge gemietet werden sollte, kam mir im Jahre 1953 die Erkenntnis, daß mein 4x4 Meter großer Schirm auf der monumentalen Bühne eher einem Handtuch gleichen würde als einer Leinwand. Mir war klar, daß Zuschauer, die mehr als dreißig Meter von der Leinwand entfernt saßen, keinen großen Eindruck von meinen farbigen Dias haben würden.

Zufälligerweise hörte der Hausmeister dieses 2650 Personen fassenden Kongreßsaales im Deutschen Museum in München meine Befürchtung und ließ zu meiner Überraschung im Bühnenhintergrund stillschweigend zwei riesige Vorhänge aufziehen, hinter denen eine weiß gestrichene zehn mal zwölf Meter große Projektionswand auftauchte. Das setzte bei mir einiges in Bewegung: ein zweiter Projektor mußte her! Ich sah eine Möglichkeit, meine Bilderschau besonders anschaulich präsentieren zu können. Noch am gleichen Tag rief ich in Wetzlar an und bat um einen zweiten VIIIs-Projektor gleicher Ausrüstung.

Kenner der Szene haben mir versichert, daß meine Idee der Doppelprojektion die Jahre später in Mode geratende Mehrfachprojektion – oder kurz »Multivision« – beeinflußt, wenn nicht sogar initiiert hätte.

Die 200 mm-Objektive ermöglichten es, daß wir bei der Premiere die beiden Projektoren in 34 Metern Abstand zu der riesigen Leinwand aufstellen konnten. Auf diese Weise kamen Bildgrößen von sechs Metern Durchmesser zustande, so daß bei zwei gleichzeitig projizierten Querformat-Dias die Leinwand cinemaskopartig nahezu von Rand zu Rand genutzt wurde.

Soviel Technik sowie die neuartige Doppelprojektion stellten natürlich höhere Anforderungen an den Assistenten. Deshalb schickte man mir aus Wetzlar einen ehemaligen Kinovorführer, der mir zur Hand gehen sollte. Walter Heun verstand es meisterhaft, mit flinker Hand stets die richtigen Bilder in die beiden Wechselschieber zu stecken. Oft geschah dies rechts und links zur gleichen Zeit.

Walter begleitete mich dann auch 1955 zu Vortragsreisen in die Vereinigten Staaten. (Er blieb schließlich bei der E. Leitz Inc. New York und hat in den USA bis in die jüngste Zeit hinein sowohl mit Vorträgen als auch mit Leica-Kursen eine wichtige Rolle in der Schulung zahlreicher Leica-Freunde gespielt.)

Weil die Zuschauer bei den Links-Rechtsprojektionen die Augen im »Pingpong-Rhythmus« bewegen mußten, galt dieser Trick als die beste Methode, müde Vortragsbesucher am Eindösen zu hindern. Daher zeigten wir auch Einzelbilder abwechselnd links und rechts, um diesen Rhythmus nicht zu unterbrechen. Durch Ein- und Ausschalten war dies mit den damaligen Projektoren allerdings nicht zu erreichen. In den frühen Fünfziger Jahren gab es auch noch keine Diatransportmagazine oder andere für die Projektion nutzbare Techniken. Walter behalf sich damals mit einem selbstgebastelten »Verdunklungsdia«. Dies war nichts anderes als eine mit Isolierband beklebte 5 x 5 cm-Glasplatte, die als Blende den gerade nicht benutzten Projektor abdunkelte.

In der ersten Zeit meiner aufwendigen Projektion gab es nicht viele Bilder, die für Vergleiche nebeneinander auf der Leinwand in Frage kamen. Daher suchte ich eifrig unter meinen ausgeschiedenen Farbaufnahmen nach geeigneten Dias. Begreiflicherweise

156

hatte ich die wegen ihrer Mängel nie für eine Veröffentlichung vorgesehen, sie aber erfreulicherweise dennoch aufgehoben. Ich stellte nun diese etwas mißratenen Dias den gelungenen, thematisch jedoch gleichen Bildern an die Seite und konnte so den Zuschauern begreiflich machen, wie man zu besseren Aufnahmen kommt. Bei der Vorführung solcher links und rechts auf die Leinwände projizierte Bilder lief ich davor wild gestikulierend auf und ab und kommentierte: »So nicht ... besser so!«

In den folgenden Jahren habe ich viele neue Bilder fotografiert, dabei aber meist vergessen, mit Absicht eine mißlungene Aufnahme für spätere Vergleiche zu schießen. Doch das war nicht weiter schlimm, da ich sowieso immer allerlei Fehler machte und Ausschußmaterial zur Genüge anfiel.

Von den Leica-Freunden unter meinen Zuschauern wurde meine an Hand der »schlechten« Bilder geäußerte Selbstkritik dankbar honoriert. Erkannten doch viele stillschweigend oder auch vergnügt ihre eigenen Fehler wieder.

Die hier geschilderte Premiere in München vom 16. September 1953 hatte derart viel Aufmerksamkeit erregt, daß bei der Wiederholung drei Wochen später der gleiche Saal bereits kurz nach 19 Uhr wegen Überfüllung geschlossen werden mußte. Sehr bald entstand ein Gedränge vor dem Haupteingang. Die Leute standen Schlange bis auf die Straße. Als ich mit meinen Diakästen unterm Arm völlig ahnungslos daherkam, versuchte die berittene Polizei gerade Ordnung zu schaffen. Ich bat den Hausmeister, über ein Megaphon anzukündigen, daß der Vortrag um 21 Uhr wiederholt werden würde. Er brachte mich daraufhin durch einen Nebeneingang in den Saal, wo ich vierzig Minuten vor dem eigentlichen Beginn des Vortrags dem Publikum die Situation zu erklären versuchte. Wir fingen dann früher an – was allgemein begrüßt wurde – und die zweite, unerwartet angekündigte Veranstaltung konnte pünktlich um 21 Uhr beginnen. Diese Erfahrung ließ Leitz von da an die Veranstaltungen in größeren Städten durch zwei aufeinanderfolgende Vorträge teilen, um so den erwarteten Andrang zu vermeiden.

Die »Laterna Magica«

In Wetzlar war damals ein kleiner 100-Watt-Taschenprojektor auf 150 Watt umgerüstet und auf den Markt gebracht worden. Zwischen mir und dem winzigen Gerät war es Liebe auf den ersten Blick, und ich taufte den PRADO 150, wie er ganz nüchtern hieß, in LATERNA MAGICA um.

Ich entschloß mich, das Gerät mit dem lichtstarken Objektiv spontan während einer kurzen Pause im Vortrag vorzustellen. Durch einen winzigen Spalt in seinem »Verdunklungsdia« beleuchtete mich Walter wie mit einem Spotscheinwerfer. Einem Zauberkünstler gleich zeigte ich den PRADO im Schattenriß gegen die weiße Projektionswand und gab den Blick in sein Inneres durch Hochklappen des Gehäuses frei. Schließlich setzte ich je ein Dia in die beiden Wechselschieberrähmchen. Wie vorher verbredet ließ Walter den Lichtstrahl erlöschen. Dann leuchtete aus dem PRADO das erste Dia auf: ein scharfes, etwas überbelichtetes Hundeportrait. Zuerst zeigte ich es in der üblichen Heimprojektionsgröße – in 1,50 Meter Hochformat. Dann stieg ich mit dem PRADO vorsichtig Stufe für Stufe von der Bühne herab bis in den Mittelgang, das immer größer werdende Hundeportrait stets auf die Leinwand gerichtet. Natürlich mußte ich die Schärfe ständig nachstellen. Dank der kurzen Brennweite des Objektivs erreichte ich sehr bald die sechs Meter Größe der zuvor gezeigten Bilder. Die leichte Überbelichtung ließ das Bild weiter sehr hell erscheinen. Das änderte sich auch kaum, als ich die volle Wandgröße von zehn Metern erreichte. Als ich wie zum grandiosen Finale den kleinen Projektor frech nach oben an die weiße Saaldecke schwenkte, schwebte mein Hund in einer Art »Wolkenprojektion« über dem begeistert applaudierenden Publikum.

Das Max und Moritz-Dia, das ich mit dem kleinen PRADO 150 manchmal an die Decke der Vortragssäle projizierte.

Nun schob ich blitzschnell den Wechselschieber und präsentierte das bunte Foto einer der berühmten Max-und-Moritz-Zeichnungen von Wilhelm Busch auf der gesamten Länge der Projektionswand. Während meiner ganzen Vortragspraxis habe ich noch nie einen derartigen Applaus erlebt wie bei diesem Gag.

Wenige Tage später erreichte mich aus der Wetzlarer Werbeabteilung die dringende Forderung, die PRADO-Werbung im Rahmen meiner Leica-Vorträge unverzüglich einzustellen. Ich war ebenso überrascht wie erbittert; bis ich durch die Münchner Vertretung den Grund erfuhr: Das Lager mit PRADO-Projektoren sei auf Grund der Nachfrage total leergeräumt worden. Man befürchtete, wie bei anderen Leitz-Artikeln, für die Zukunft lange Wartezeiten.

Erste Vortragsreise in die USA

Im Sommer 1955 stand fest, daß die Leica-Vorträge auch in den USA gezeigt werden sollen. Auch in der Neuen Welt wollte ich zwei Leinwände verwenden. Die Säle sollten zwischen 800 und maximal 2000 Plätze haben. Größere Räume waren nicht vorteilhaft für das weiter hinten sitzende Publikum. Eine seltene Ausnahme bildeten die mit Rängen und Logen ausgestatteten Theater- und Opernsäle, die auch einer größeren Zahl von Besuchern einen relativ nahen Abstand zur Leinwand boten.

E. Leitz Inc. wollten meine ersten Vorträge im Oktober 1955 beginnen lassen. Ich vereinbarte jedoch eine wesentlich frühere Ankunft in New York, um genügend Zeit für meine Textvorbereitung zu haben. Mein Vorführer und Assistent war immer noch derselbe wie in München, Walter Heun, nur mit dem Unterschied, daß der früher so zurückhaltende Mann durch den Umgang mit den US-Besatzungssoldaten in Wetzlar wesentlich gewandter und gesprächiger geworden war. So kam es zu Beginn meiner Vorträge in den USA oftmals groteskerweise vor, daß ich als der eigentliche Vortragende wortlos neben meinem mich munter kommentierenden, Assistenten stand.

Über meine USA-Eindrücke habe ich damals einige Berichte für die »Leica Fotografie« geschrieben, die für die ausgehenden Fünfziger Jahre charakteristisch sind:

Idlewild Airport, New York

Kurz vor der Landung serviert man an Bord der großen KLM-Maschine noch einen alten Genever, der wie nasse Wolle riecht, aber köstlich schmeckt.

Die Sonne geht langsam unter und taucht die mächtigen Flügel der Maschine in ein rotgelbes Licht. Sicher ist der Genever daran schuld, daß mein Foto dieses dramatischen Sonnenuntergangs mißlingt. Ich bin doch tatsächlich mit dem Finger ins Bildfeld meines Weitwinkelobjektivs geraten.

Dann setzt das Flugzeug zur Landung an. Ich bin bestimmt nicht der einzige Passagier, der gänzlich flugunerfahren zum ersten Mal auf Idlewild landet und angesichts des unendlichen Ozeans vor dem Flughafen insgeheim schon an eine Notlandung denkt. Aber Gott sei Dank ist dann doch eine Landebahn unter uns.

Als Ameise unter Ameisen werde ich nach Verlassen des Flugzeugs durch ein System von Gängen und Absperrseilen zum »immigration officer« geleitet. Meine Englischkenntnisse sind so gut wie nicht mehr vorhanden. Trotzdem klappt alles reibungslos. Ein Fließband schiebt die Gepäckstücke heran, und als ich meinen vertrauten Koffer endlich ausmache, fühle ich mich schon nicht mehr so allein. Gepäckkulis stehen herum – offenbar zur Selbstbedienung. Und nun noch durch den Zoll. Wieder ein Fließband. Aus Versehen stelle ich meine große Leica-Tasche auf das gerade mal stillstehende Band. Als ich noch meinen Koffer danebenstellen wollte, werden meine Leicas plötzlich wie von Geisterhand entführt. Aber der hilfreiche Zöllner bemerkt es und sammelt meine ganze Habe wieder ein. Zwei Leicas und meine gute, alte IIIa, die sich in der Tasche mit dem Spiegelkasten befindet, und deren antiquierter Entfernungsmesser gewissermaßen »a.D.« ist. Dann noch ein Beutel für die Filme und das Stativ.

Obwohl alles ordnungsgemäß deklariert ist, beschleicht mich doch ein ungutes Gefühl, wohl ein Rudiment des »Zollkomplexes«, den ich aus der Alten Welt mitgebracht habe. Die dumpfe Erinnerung an Streitereien mit kleinkarierten Zöllnern an den Grenzstationen Jugoslawiens, Griechenlands und Ägyptens, die keinen blassen Schimmer von Fotografie haben und denen ich vergeblich zu erklären versuchte, warum ich mehrere Kameras brauchte.

In den Vereinigten Staaten hingegen sind Fotoenthusiasten, die mit Kameras und Zubehör wie ein Christbaum behängt daherkommen, keine Seltenheit. Der verständnisvolle Beamte läßt mich

160

daher auch ohne weiteres passieren, nicht ohne einen kurzen Blick durch das Visoflex III samt Spiegelkasten und Telyt 200 mm mit der ausziehbaren Sonnenblende getan zu haben.

Als er mich schließlich entläßt, atme ich befreit auf und bedanke mich höflich. In meinem Überschwang hätte ich dem Mann beinahe noch den für den Gepäckträger gedachten Dollarschein in die Hand gedrückt.

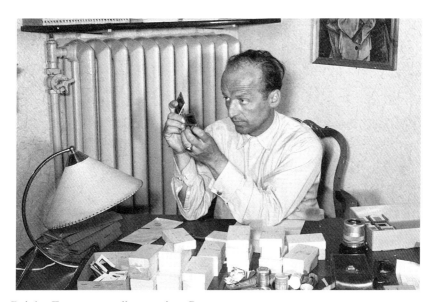

Bei der Zusammenstellung meines Programms

Vision New York

Ein ellenlanges, schwarzes Auto fährt vor, länger als ich je eins gesehen habe. Eine Art Superweitwinkelverzeichnung auf Rädern mit einem pechschwarzen Fahrer am Steuer. Auf einer Straße mit fünf oder noch mehr Fahrbahnen gleiten wir auf New York zu; die Wolkenkratzersilhouette am dunstigen Abendhimmel. Autos vor uns, neben uns, hinter uns gleiten wie an unsichtbaren Fäden gezogen in stets gleichbleibendem Abstand, mit stets gleichbleibender Geschwindigkeit vorüber, oder bleiben zurück. Eine Disziplin im Straßenverkehr, die typisch für Amerika ist.

Wir fahren über eine Brücke von erhabener Eleganz – wie schön kann Technik sein! Plötzlich sehe ich eine fotografische Einstellung vor meinem geistigen Auge, mehr schon eine Vision, und augenblicklich verschiebt sich das Bild wieder. Auf der linken Seite kommt ein Friedhof von gigantischen Ausmaßen ins Bild. Die Besucher fahren pietätvoll Schrittgeschwindigkeit – durch die Gräberreihen! Ich beschließe im Stillen, hier später einmal ein Bild zu machen, mit Stativ und langer Brennweite im gewichtigen Querformat. Dieser eindrucksvolle Gegensatz zwischen der Stadt der Toten und der der Lebendigen!

Wie wünschte ich mir hier, oder da, oder dort nur einen Moment verweilen zu dürfen! Einen einzigen Augenblick! Unmöglich. Kein Platz für Fußgänger! Nur ein flüchtiger Eindruck bleibt. Vergänglich! Visionen, die vergehen, ohne daß ich sie, wie ich es gewohnt bin, festzuhalten vermag. Sie bleiben lediglich in meinem »Album der Erinnerungen«, das außer mir niemand kennt, und in dem ich all die Bilder aufbewahre, die ich nie fotografiert habe...

Vom Fotoclub zur Massenveranstaltung

Die Fotografie spielte im Leben des einzelnen Amerikaners bereits in den Fünfziger Jahren eine weitaus größere Rolle als im Dasein eines Westeuropäers. Ebenso wie es auch kein Luxus war, ein Auto zu fahren. Fotografie als Hobby belastete das Haushaltsbudget nicht über das Maß des Erschwinglichen hinaus, obwohl der Verbrauch an – nicht gerade billigen! – Farbfilmen ebenfalls höher war als bei uns.

Trotzdem war es in den USA noch keinem Fotoklub, nicht einmal den versierten Werbefachleuten von Kodak gelungen, Veranstaltungen rein fotografischer Natur im großen Rahmen durchzuführen. Radio, Kino, Theater sowie das gerade eingeführte Fernsehen auf sieben Kanälen fesselte die Aufmerksamkeit der amerikanischen Öffentlichkeit.

Die U.S.-Leitz-Vertretung spielte daher mit hohem Einsatz, als sie zum ersten Mal Säle mit Raumkapazitäten von 1500 bis 2000 Zuschauern für die Leica-Vorträge anmietete.

Es war gewiß nicht meine Person, sondern ganz allein der Name »Leica«, der das große Interesse der Massen weckte. Staunend, oft kopfschüttelnd, standen die Fotohändler in den Saaleingängen, um ihre Kunden zu begrüßen, während sich draußen Parkwächter und Polizisten um das ordnungsgemäße Parken von Hunderten von Autos kümmerten. Die amerikanischen Zeitungen schrieben, es sei der Leica zum ersten Mal in der Geschichte der Fotografie gelungen, die Leute für eine Massenveranstaltung zu begeistern.

162

»Don't Loose your accent, you kill the people!«

Um einen Vortrag in einer Fremdsprache flüssig halten zu können, braucht man als Ausländer im Normalfall viel Übung in Konversation. Ich hatte in den Staaten nur drei Wochen Zeit und griff daher wieder zu jener Methode, mit der ich schon 1940 in Italien vorgetäuscht hatte, die Landessprache fließend zu beherrschen.

Meinen Text hatte man bei E.Leitz Inc. bereits vor meiner Ankunft übersetzt. Nachdem ich eingetroffen war, feilten und korrigierten wir anhand der Vortragsdias noch etwas daran herum. Ein »native speaker« sprach meinen Vortrag auf ein Tonband, mit dessen Hilfe ich dann in meinem Hotelzimmer täglich fünf bis sechs Stunden übte. Es war schwer, aber Tag für Tag klappte es mit dem Nachsprechen besser.

Natürlich hatte ich mir zur Täuschung des Publikums mein raffiniertes Lesepult mitgebracht, das ich für den gleichen Trick schon in Italien verwendet hatte. Im Übrigen trugen grobe Versprecher, die ich stets eilig zu verbessern suchte, zur allgemeinen Erheiterung bei.

Der Grund für die Toleranz der Amerikaner gegenüber radebrechenden Ausländern wurde mir wenig später von einem berühmten Filmschauspieler erklärt. Harold Lloyd, den ich als Halbwüchsiger wegen seiner Tollkühnheit bewundert hatte, war es, der mir am anderen Morgen nach einem Vortragsabend im Coffee-Shop des Bostoner Sheraton-Hotels gegenübersaß. Dabei erkannte er mich eher als ich ihn, da er meinen Vortrag am Tag zuvor besucht hatte. Als er sich vorgestellt hatte und mir Komplimente zu machen begann, erklärte ich ihm, wie er mich in meiner Jugend in seinen Bann geschlagen hätte. Aber um ihm meine Bewunderung auszusprechen, sei mein Englisch zu schlecht, wie er ja am Tag zuvor selbst hätte feststellen können. Darauf sagte er: »Oh Walther, don't loose your accent, you kill the people.«

Auf mein entsetztes Gesicht hin erklärte er mir, daß der amerikanische Kontinent in den letzten Jahrhunderten regelrecht von Einwanderern bevölkert wurde, die anfangs kein Wort Englisch sprachen. Und so sei es nur natürlich, daß die Alteingesessenen Fremde tolerieren, deren Englisch mangelhaft ist, da der Akzent der eigenen Eltern und Großeltern oft noch deutlich zu hören sei. Viele Amerikaner fühlten sich im Gegenteil durch den fremden Akzent an die alte Heimat erinnert, ja seien manchmal geradezu gerührt vor Heimweh. Die Daten der zweiten USA-Reise von 1956 finden Sie auf den beiden nachstehenden Seiten. Die Reise begann Mitte Januar in Virginia und führte von Küste zu Küste, also vom Atlantik zum Pazifik und zurück. Ende Mai war dann noch ein Abstecher in einige wichtige kanadische Städte vorgesehen. Vor dem Start dieser Tournee entdeckte ich auf dem Schreibtisch des New Yorker Sachbearbeiters einen handschriftlichen Vermerk unter dem letzten Vortragsort auf der Liste: »Sanatorium«.

Die »Kanone«, die ich in Chikago kaufte. Es handelt sich hierbei natürlich nicht um die äußerst seltene Vorkriegs-RIFLE von Leitz, sondern um die SABRE STOCK, die von der »Sabre Photographic Supply Company« in Illinois Ende der fünfziger Jahre hergestellt wurde.

DATE	CITY AND STATE	LECTURE HALL	TIME
Feb. 13 - Norfolk, Va.	Monticello Hotel	8 PM
" 14 - Charleston, S.C.	Rivers H.S. Aud.	8 PM
" 15 - Atlanta, Ga.	Dinkler-Plaza Hotel	8 PM
" 16 - Nashville, Tenn.	Peabody College	8 PM
" 17 - Memphis, Tenn.	Goodwyn Institute	8 PM
" 20 - Houston, Texas	Univ. of Houston	8 PM
" 27 - Tucson, Arizona	Tucson H.S. Aud.	8 PM
" 28 - Phoenix, Arizona	W.Phoenix H.S. Aud.	8 PM
Mar. 1 - Albuquerque, N.M.	Albuquerque H.S.Aud.	8 PM
" 5 - Pasadena, Calif.	John Marshall Jr.H.S.	8 PM
" 6 - Long Beach, Calif.	John Evans,Jr. H.S.	8 PM
" 7 - San Diego, Calif.	Balboa Park Recital Hall	8 PM
" 8 - Burbank, Calif.	John Burroughs,Jr.HS	8 PM
" 9 - Santa Monica, Calif.	Santa Monica City Col.	8 PM
" 13 - San Francisco, Calif.	Nourse Aud.	8 PM
" 16 - Oakland, Calif.	Oakland Aud.Theatre	8 PM
" 21 - Portland, Oregon	Oriental Theatre	8 PM
" 23 - Seattle, Wash.	Palomar Theatre	8 PM
" 27 - Seattle, Wash.	Univ. of Wash.Campus	8 PM
" 29 - Spokane, Wash.	Masonic Temple Aud.	8 PM
Apr. 3 - Salt Lake City, Utah	South H.S. Aud.	8 PM
" 6 - Denver, Colo.	Denver Museum of Natural History	(7 PM (9 PM
" 9 - Colorado Springs,Colo.	Col. Springs Fine Arts Center Aud.	8 PM
" 11 - Lincoln, Nebraska	Lincoln H.S.	8 PM
" 12 - Omaha, Nebraska	Technical H.S.	8:30 PM
" 14 - Des Moines, Iowa	Des Moines Women's Club Aud.	8 PM
" 16 - Minneapolis, Minn.	North High School	8 PM
" 17 - St. Paul, Minn.	Central H.S. Aud.	8 PM
" 18 - Milwaukee, Wisc.	Hotel Antlers	8 PM
" 19 - Peoria, Ill.	Masonic Temple Assn.	8 PM
" 20 - Springfield, Ill.	Hotel St.Nicholas	8 PM
" 23 - Chicago, Ill.	Oriental Ballroom	(7 PM (9 PM
" 24 - South Bend, Ind.	Central H.S. Aud.	8 PM
" 25 - Detroit, Mich.	Detroit Institute of Arts	(7 PM (9 PM
" 26 - Flint, Mich.	Homedale Elementary School Aud.	(7 PM (9 PM
" 27 - Grand Rapids, Mich.	Fountain St. Baptist Church Sanctuary	8 PM
" 29 - Indianapolis, Ind. (Sunday)	Murat Temple Theatre	2:30 PM

Novick -

VN -

KENNEY

165

BENSER LECTURES - 1956 (Cont'd.)

DATE	CITY AND STATE	LECTURE HALL	TIME
KENNEY	May 1 - Louisville, Ky. 20	Henry Clay Hotel	8:30 PM
" 2 - Evansville, Ind.	*CENTRAL H.S. AUDIT.*	*8.00 PM*
" 3 - Cincinnati, Ohio 21	*EMERY AUDITORIUM*	*8.00 PM.*
" 4 - Huntington, W.Va. 22	The Woman's Club	8 PM
" 7 - Columbus, Ohio	East High Aud.	
" 8 - Toledo, Ohio	Macomber Voc. H.S.	8 PM
" 9 - Akron, Ohio	*UNIV. OF AKRON*	*8 PM.*
" 10 - Erie, Pa. 23	Strong Vincent H.S.	8 PM
NAYLOR " 11 - Buffalo, N.Y. 24	Buffalo Municipal Aud	
" 14 - Rochester, N.Y.	*COLUMBUS CIVIC CENTER*	*8 PM*
" 15 - Johnson City, N.Y.	Endicott Johnson E.Br. Rec. Center	8 PM
" 17 - Boston, Mass. 25	John Hancock Hall	8 PM
" 18 - Springfield, Mass.	Technical H.S. Aud.	8 PM
MORAN " 21 - New York, N.Y. 26	Hunter College - Assembly Hall	8 PM
" 22 - Brooklyn, N.Y.	Brooklyn Academy of Music	8 PM
HUISGEN " 23 - Reading, Pa.	Rajah Theatre	8 PM
" 24 - Harrisburg, Pa.	Scottish Rite Cathedral	8 PM
" 25 - Washington, D.C. 27	Geo.Wash.University	8 PM
" 28 - Baltimore, Md. 28	The Alcazar	8 PM
" 29 - Wilmington, Del. *HACKENSACK,N.J., STATE ST. SCHOOL*		*8 PM.*
" 31 - Philadelphia, Pa.	Bellevue-Stratford	8 PM

58 VANCOUVER B.C 30
59 Toronto To 31
60 Ottawa 32
61 MONTREAL 33
62 Stadler Midland 34 Stadler

Hy Becker
E. LEITZ, INC.

Erneut auf Tournee durch die USA: Von Küste zu Küste

In Anbetracht der unerwartet starken Resonanz auf die ersten beiden Vortragsreisen in die Vereinigten Staaten, spielte man bei der E.Leitz Inc. für mehrere Jahre danach mit dem Gedanken, eine dritte Tournee zu veranstalten. Wieder ging diese Reise von Küste zu Küste.

Geschickt hat in der Zwischenzeit der Verlag, der 1955/56 während der ersten USA-Tournee mein Buch »Color Magic« herausgebracht hatte, ein weiteres Buch vorbereitet. Weil das Erste vergriffen war und der Inhalt gewissermaßen eine Fortsetzung brauchte, zerbrach man sich wegen des Titels für das zweite Buch nicht weiter den Kopf und nannte es schlicht: »More Color Magic«.

Kurz vor dem Start meiner Vorträge im Januar 1960 erschien ein liebenswürdiger Bericht über meine Rückkehr nach Amerika (der hier in der freien Übersetzung wiedergegeben ist):

»Benser ist wieder da!

Europas »professioneller Fotoamateur« auf seiner dritten US-Tournee!

Im Herbst 1955 betrat ein asketisch wirkender Deutscher amerikanischen Boden, um in einer Reihe von Vorträgen einheimische Amateurfotografen das Einmaleins der Farbfotografie zu lehren.

Als Walther Benser nach drei Monaten und 46 Auftritten in seine Heimat zurückkehrte, ließ er rund 100000 begeisterte Zuschauer zurück.

Benser kam Anfang des Jahres 1956 zu einer zweiten Tournee in die USA zurück, mit neuen phantastischen Dias und seinem erfrischenden deutschen Akzent im Reisegepäck. Dieses Mal besuchte er 58 Städte und die Leute strömten noch mehr als bei seiner ersten Vortragsreise. Eine Besuchergruppe reiste einmal aus fast tausend Kilometern Entfernung mit dem Flugzeug an!

Kein Wunder, daß die amerikanischen Fotoenthusiasten die Ankündigung einer dritten Benser-Tournee nächsten Januar mit Begeisterung aufnahmen.

Streng genommen ist Walther Benser ein echter Profi. In Europa hält er seit über zwanzig Jahren Vorträge und war einer der ersten Lehrer in der berühmten Leica-Schule in Wetzlar. Im Ausland kennt man ihn unter dem Namen »der professionelle Amateur« – ein Titel, der als Kompliment gedacht ist und als solches aufgefaßt wird. Benser, der die Sachkenntnis eines – auf seinem Gebiet unangefochtenen – Fachmanns besitzt, hat nämlich bei aller Professionalität nie den Enthusiasmus des Amateurs verloren. Sein Spezialgebiet ist das Farbbild und seine Themen sind stets solche, die für jeden Liebhaber der Fotografie von Interesse sind. Darüber hinaus hat er eine Menge guter Tips und kann selbst Profis noch einiges über die Kleinbildfotografie beibringen.

Es darf gelacht werden! »Spaß« und »Begeisterung« sind Schlüsselbegriffe in Bensers fotografischem Vokabular. Seine lehrreichen Vorträge sind gespickt mit witzigen Nebenbemerkungen, was seine Philosophie nur unterstreicht, daß Fotografie ernsthaft betrieben werden kann ohne langweilig sein zu müssen. Indem er eher die Fotografie als sich selbst ernst nimmt, erzieht Benser sein Publikum auf angenehme Weise zu besseren Fotografen. Wen wundert es, daß seine Vorträge, wo immer er auch hinkommt, stets bis auf den letzten Platz besetzt sind. Das Schild »Leider nur noch Stehplätze!« stand kurz vor dem Beginn fast immer am Saaleingang.

Um besser veranschaulichen zu können, worauf es ihm ankommt, verwendet er zwei Bildschirme. Auf den einen projiziert er – von überzeugender Selbstkritik begleitet – das weniger gut gelungene Bild. Auf dem anderen ist das selbe Motiv zu sehen, dieses Mal in besserer Qualität und mit all dem fachmännischen Kommentar, mit dem Benser seine Tricks preisgibt.

Und er kennt viele Tricks. Manchmal erscheint das »Vorher«-Bild dem größten Teil seiner Zuschauer als Nonplusultra. Doch wenn er das »Nachher«-Bild zeigt, geht ein Raunen durch das überraschte Publikum. Der Unterschied? Manchmal mag es ein zusätzlicher Aufhellblitz sein, der vorsichtig eingesetzt wurde. Oder ein minimaler Wechsel der Kameraposition, um etwas Vordergrund ins Bild zu bringen. Mit der Doppelprojektion gelingt es Benser jedes Mal, seine Tricks und Kniffs an den Mann zu bringen.«

Vom eisigen New York in den warmen Süden

Nach einer Premiere in New York schickte ich meinen neuen Assistenten Rolf Scholer mit dem VW-Bus und dem Gepäck zu meinem nächsten Vortragsort Richmond/Virginia voraus. Ich zog die geruhsamere Reise mit der Eisenbahn vor, auf die ich, da es meine erste Bahnfahrt in den USA sein sollte, neugierig war.

Kurz nach Mitternacht stand ich dann mit einem Handkoffer in der großen Halle der »Pennsylvania Station«, von wo aus die Expreßzüge in den Süden fuhren. Die Halle hatte die Ausmaße eines Doms, die Atmosphäre war allerdings weniger feierlich. An einem Schalter, der mchr dem Schreibtisch eines Managers glich, kaufte ich mein Ticket. Über einen kleinen Bildschirm gab der Beamte die Bestellung auf. Sekunden später kam mein Fahrschein per Rohrpost bei ihm am Schalter an. Auch bei uns ist dies heute fast die Regel, aber damals schrieb man das Jahr 1960!

Auf einer Rolltreppe begab ich mich dann zu den chromblitzenden Zügen in der »Bahnhofsunterwelt«. Auf der Nachbarrolltreppe bewegte sich eine Menschenfracht, für wenige Augenblicke ihrer Hektik entkommen, in stoischer Gelassenheit nach oben dem Ausgang entgegen. Es waren fast nur Farbige, deren Haut in der fahlen Kunstlichtbeleuchtung olivgrün schimmerte. Dazwischen grelle Farbflecken; ein Hut, über und über mit künstlichen Sommerblumen verziert, darunter kohlschwarze Augen.

Mein Gott! Was für Bilder! Ich überlegte einen Augenblick ernsthaft, ob ich nicht einen späteren Zug nehmen und mich lieber in diesem Bahnhof für ein paar Stunden auf die Lauer legen sollte; mit dem 35 mm 1:2 und dem Highspeedfilm würde sich eine Jagd auf »Cartier-Bresson-Motive in Farbe« lohnen. Aber ich war zum Umfallen müde. Und die nächsten drei Monate würden noch sehr anstrengend für mich werden. Also siegte die Vernunft.

Mein Zug sollte nach Fahrplan knapp sechs Stunden bis Nord-Virginia brauchen. Die Heizung im Wagen bot einen krassen Gegensatz zu den winterlichen Temperaturen in New York. Wie in den Hotels so waren auch hier die Fenster hermetisch verschlossen. Kein Entrinnen vor dieser keimfreien, aber trotzdem ungesunden, stickigen Luft.

Die Folgen des abrupten Klimawechsels machten sich während des Tages vor dem Vortrag bemerkbar. Doch eine Grippe war das Letzte, was ich brauchen konnte. So ließ ich mir nach dem Vortrag vom ansässigen Fotohändler einen Fotoenthusiasten vorstellen, der Arzt war und mir in seiner Praxis noch am selben Abend erst einmal einen Schuß Penicillin verpaßte. Zum Dank für die Pillen und guten Ratschläge, die er mir noch dazugab, überredete ich ihn zu einer Leica mit zwei Zusatzobjektiven.

Am nächsten Tag brachen wir mit unserem Bus zu unserem Bestimmungsort in Florida auf, der noch rund 1000 Meilen weiter südlich lag. Von Tag zu Tag, bald gar mit jeder Stunde, gewahrten wir einen Wandel in Klima, Landschaft und Umgebung: Palmen, blühende Bougainvillea, Sand und entschlossen schöne Mädchen auf Wasserskiern oder in Traumautos; ein wahrer Rummelplatz, auf dem sich alles gegenseitig zu überbieten trachtete.

Eigentlich sollte ich mich freuen über den plötzlichen Sommer, den ich da erlebte, aber ich geriet nicht so recht in Stimmung. Lustlos und mehr aus Pflichtbewußtsein trug ich meine Leica-Ausrüstung spazieren, ohne die wirkliche Absicht, gute Bilder zu machen. Ich ahnte schon, was für eine Kritik ich ernten würde, wenn ich ohne Dias aus Florida zurückkehrte.

Wie nie zuvor wurde mir hier bewußt: Zum erfolgreichen Fotografieren gehören nicht nur verlockende Motive und passendes Licht, sondern es spielt vor allem auch die innere Bereitschaft dazu eine Rolle. Diese aber kann nur in Entspannung gedeihen. Ich mußte hier an ein türkisches Sprichwort denken: »Die Eile ist die Schwester des Teufels!«

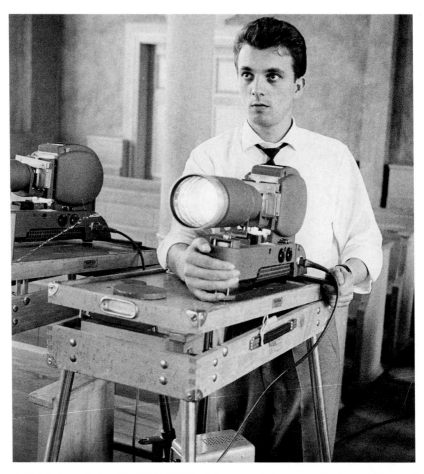

Rolf Scholer mit den PRADO 500-Projektoren – jeder war mit einem 300 mm f/2,8-Hektor-Objektiv ausgerüstet.

170

Immer hilfsbereites Amerika

Irgendwo in Alabama hatte ich einmal während der Fahrt mit einem großen Leihwagen, dessen Automatikgetriebe für mich noch absolut neu war, eine typisch amerikanische Begegnung. Wir fuhren meilenweit durch Sumpfwälder. Von den Bäumen hing spanisches Moos wie Trauerflor in grausilbrigen Fäden herab. Unter einem trüben, wolkenverhangenen Himmel spiegelten sich die Bäume hier und da im brackigen Wasser. Die Sümpfe erinnerten mich stark an die unzugänglichen Regenwälder Südostasiens. Es war eine gespenstische Stimmung.

Ich hielt an, um die Leica-Taschen aus dem Kofferraum zu holen. Dann stieg ich einen kleinen Hang hinab, um eine günstige Aufnahmeposition zu suchen. Dabei hatte ich aus Versehen den Deckel des Kofferraums offengelassen. Mit einem Mal hielt hinter meinem Auto ein großer weißer Amischlitten. Immer noch die Nazi-Erfahrung in den Knochen vermutete ich zuerst die Polizei, die mich nach meinem Ausweis fragen würde. Umso überraschter war ich, als der nette Riese, der neben meinem Wagen stand, mir die harmlose Frage stellte: »May I help you?«

Dann erfuhr ich, daß auf amerikanischen Landstraßen offenstehende Motorhauben oder Kofferraumdeckel »S.O.S.« bedeuteten. Ich bedankte mich etwas verlegen für die unerwartet angebotene Hilfe, die ich gar nicht benötigte.

Je weiter man in den USA nach Westen kommt, desto auffälliger wird die Hilfsbereitschaft, die einem die Menschen entgegenbringen.

Lebhafte Diskussion nach einem Vortrag in Budapest.

171

Vorträge auch in Frankreich?

Ich hätte im Jahre 1966 die Anfrage der Agfa-Gevaert aus Frankreich nach Lichtbildervorträgen glatt ablehnen können. Aber bei der letzten »Photokina« wurde ich von einem deutsch sprechenden Werbeberater dieser Firma aus Paris daraufhin angesprochen.

Sein hervorragendes Deutsch ersparte mir die Mühe, auf Französisch verhandeln zu müssen. Und so kamen wir ins Gespräch. Als ich mein Bedauern darüber ausdrückte, daß ich die Vorträge auf Deutsch wohl nur im Elsaß halten könnte, entgegnete er überrascht:

»Aber ich habe bereits 1940 in Torino Ihren italienischen Vortrag besucht. Natürlich wußte ich, daß Sie Deutscher waren. Ich staunte nur, mit welcher Souveränität Sie das Italienische beherrschten. Bis mich ein Kollege aus Milano aufklärte, daß Sie Ihre Vorträge zuerst sprechen lernten und dann vom Blatt ablasen – was ich nie bemerkt hatte! Das könnten Sie auch in Frankreich machen!«

Er verstand es, meine Schwäche auszunutzen. Denn nichts hörte ich lieber, als ein solches Kompliment auf meine mühsame Methode, über das Gehör Zugang zum Klang einer fremden Sprache zu finden. Ich erzählte ihm von meiner Begegnung mit Harold Lloyd, der mir nach meinem Vortrag noch geraten hatte, ja nicht meinen Akzent zu verlieren.

Mein Gesprächspartner mußte lachen und gab zu, daß trotz der allmählich schwindenden Animosität zwischen Franzosen und Deutschen ein deutscher Akzent beim französischen Publikum wohl nicht so gut ankäme, wie beispielsweise ein Deutsch radebrechender Franzose vor einem deutschen Publikum. In Deutschland wird ein französischer Akzent ja geradezu als charmant empfunden.

Wir waren uns beide im Klaren darüber, daß man in Frankreich stolz auf die Struktur und den akzentfreien Klang der eigenen Sprache war. Ich müßte also an Hand einer ausgezeichneten Übersetzung mehr Eifer denn je zuvor für das Einstudieren der korrekten Aussprache aufwenden. Als Vorsprecherin empfahl mir mein Gegenüber eine Sprecherin vom Radio Genève.

Nach zwei Monaten hatte ich das Manuskript samt dem Tonband der Dame aus Genf in der Hand. Mir blieben noch knapp zwei Monate bis zum Start in Paris. Daher nahm ich das Band zusammen mit einem kleinen Tonbandgerät auf eine Vortragsreise nach Holland mit. Von nun an übte ich in jeder freien Stunde.

In Groningen trug es sich zu, daß ich mit dem Tonband erst im Anschluß an den um zehn Uhr abends beendeten Vortrag üben konnte. Es muß etwa gegen 23 Uhr gewesen sein, als ich das Band einlegte. Ich hatte es mir bequem gemacht und war schon im Pyjama. Nach jedem Satz drückte ich die Stoptaste und las das Gehörte laut vom Text ab.

Als ich mitten in meinem Sprachtraining war, klopfte es plötzlich. Ich stellte das Gerät ab, ging zur Tür und öffnete einen Spalt. Im Flur stand der Hotelportier, der mich im Namen der Direktion darauf aufmerksam machte, daß ich ein Einzelzimmer gemietet hätte und Damenbesuch zu so später Stunde nicht gestattet sei.

Angesichts dieses grotesken Irrtums saß mir der Schalk im Nacken, und ich bat den guten Mann mit ernster Miene, mir dabei nur mühsam das Lachen verkneifend, dies der Dame doch selbst zu sagen. Er wand sich in seiner Verlegenheit und meinte, ich wisse ja nun Bescheid. Ich ließ jedoch nicht locker, öffnete die Tür und zog den Widerstrebenden ins Zimmer herein. Mit der Begründung, die Dame würde nicht auf mich hören, führte ich ihn ins Badezimmer und ließ ihn durch einen Vorhang in die halb im Dunkeln liegende Einzelbettnische blicken. Nichts! In seiner verblüfften Hilflosigkeit begann er mir leid zu tun, und ich machte Schluß mit dem grausamen Spiel. Ich schaltete das Gerät nochmals ein, und die Stimme meiner »Dame« war nun wieder zu hören. Zum Glück hatte er Sinn für Humor und konnte über diesen Irrtum von Herzen lachen. Diese kleine Geschichte wird auch heute noch gelegentlich auf Zusammenkünften älterer Leitz-Mitarbeiter genüßlich kolportiert.

Während meiner Vorträge in den späten 60er Jahren erweiterte ich mein »Arsenal« auf vier Projektoren; aber sie wurden immer noch alle von Hand bedient.

KAPITEL 18

Die Entstehungsgeschichte
meiner Bildagentur »ZEFA«

Im Herbst 1953 hielt ich einmal irgendwo auf der Autobahn südlich von Hannover den Wagen an. Trotz Sonne und blauem Himmel drohte im Westen eine bleigraue Wolkenwand in einer Farbe, die von den Franzosen »gris orage«, zu deutsch »gewittergrau«, genannt wird. Jeder Freund der farbigen Landschaftsfotografie weiß, daß bei einer derartigen Wettersituation die fieberhafte Suche nach einem passenden Vordergrund einsetzt. Nur ist der nicht immer ohne weiteres zu finden.

Ich hatte Glück. In der flachen, unbewohnten Landschaft baute sich in einiger Entfernung ein Fabrikkomplex auf, dessen Schornsteine sich bizarr gegen die unheilvoll wirkende Wolkenwand abhoben. Der gelblich weiße Qualm, den sie ausstießen, stieg dank der noch herrschenden Windstille steil in den Himmel empor.

Das im Auto stets bereit liegende Stativ war schnell aufgebaut, und mein Visoflex I-Gehäuse machte mir die Wahl des geeigneten Fernobjektivs leicht. Ich nahm das Hektor 135 mm und genoß den Blick auf die Mattscheibe mit dem fast plastisch wirkenden Bild. Ein kurzer Vergleich mit dem Bildfeld des 200 mm-Telyt zeigte, daß diese Brennweite einen zu engen Ausschnitt ergeben hätte: Die Rauchsäulen der Fabrik klebten regelrecht am oberen Bildrand, während beim 135 mm-Ausschnitt der uninteressante Teil des Vordergrunds durch eine leichte Schrägstellung des Querformats nach oben ausgeblendet blieb. Das drohende Dunkel des Himmels konnte sich gar nicht hoch genug über die Schlote erheben. Noch lag das volle Sonnenlicht auf Fabrik und Schornstein.

Ich zeigte damals dieses Dia in den Vorträgen gerne als typisches Beispiel und empfahl knappe Belichtungszeiten, um den Reiz solcher Gewitterlandschaften noch zu steigern. Wobei ich auf Grund der Seltenheit eben dieses Motivs den dringenden Rat gab, die beste Belichtung durch mehrere Aufnahmen zu sichern. Ich empfahl eine Reihenbelichtung mit halben Blendenwerten um das anfangs gemessene Resultat herum. Es wäre keine Verschwendung, wenn sogar zwei Aufnahmen mit den gleichen Belichtungswerten als Duplikate entständen.

174

Kein Markt für farbige Kleinbilddias

Während eines Vortrags in einer Stadt, die in der Nähe der Gegend lag, wo das Bild von der Fabrik entstanden war, sprach mich jemand an, der mir den Namen jener Firma nannte. Ich war so mit dem fotografischen Aspekt beschäftigt, daß ich gar nicht auf die Idee kam, mir die Adresse geben zu lassen. Bis man mich auf die Möglichkeit aufmerksam machte, das Bild an diese Firma zu verkaufen: »Die bringen jedes Jahr einen Firmenkalender heraus und könnten stolz sein, so ein schönes Foto zu bekommen.«

Ich notierte die Adresse und schickte den Leuten mein Dia. Dort akzeptierte man mein Angebot und überwies mir ein Honorar von DM 50.–. Obwohl dies heute etwa DM 200.– entspräche, paßte mir die Art der Preisfestsetzung überhaupt nicht. Meine Erfahrungen aus der Zeit des Hamburger Pressedienstes nützten mir hier wenig, da ich damals nicht um Preise feilschen mußte. Mein Protest wurde mit dem Hinweis abgetan, daß Bilder für Kalender stets mit der gleichen Summe honoriert würden. Im Übrigen handele es sich ja »nur um ein Kleinbilddia«.

Die Art wie Fotografen vor nunmehr bald vierzig Jahren behandelt wurden, ist heute unvorstellbar. Die abschätzige Meinung vom »zweitklassigen« Kleinbild hatte drucktechnische Gründe, die heute nicht mehr gelten. Solche Erfahrungen führten später zu Bemühungen, zwischen Fotografen und Bildabnehmern rechtlich klare Verhältnisse zu schaffen.

Ein paar Jahre später hatte ich ein ähnliches Erlebnis in Stuttgart. Ein Werbegrafiker sprach mich nach dem Vortrag an. Er interessierte sich für mein Dia von der Golden-Gate-Brücke in San Franzisko, von dem er ganz begeistert war. Ich war damals mit einer Spezialerlaubnis in einem der beiden Brückenpylone mit einem winzigen Einmannfahrstuhl nach oben gehievt worden und konnte trotz schlotternder Knie von einem schmalen Steg aus mit dem 35-mm-Weitwinkel in die gähnende Tiefe fotografieren. Nun wollte ein Verlag dieses schwindelerregende Foto als Titelbild für ein Jugendbuch verwenden, und ließ nach meinen Honorarvorstellungen fragen. Mein Angebot von DM 200.– wurde mit dem Hinweis abgelehnt, daß die Honorare limitiert seien; für den Titel ständen höchstens DM 150.– zur Verfügung. Wieder wies man auf die Schwierigkeiten hin, die der Druck von Kleinbilddias verursachte.

In diesem Fall wäre es mir schon möglich gewesen, das Dia zurückzufordern. Doch abgesehen davon, daß ich das Brückenmotiv natürlich doppelt hatte, wollte ich ganz einfach mal »etwas Gedrucktes« von mir sehen und sagte deshalb zu.

Die Anfänge einer großen Bildagentur

Ich tat mich damals mit einem Mann von großer labortechnischer Erfahrung zusammen, um Wege zu finden, Leica-Farbdias in ansehnliche 9 x 12 cm- (bzw. 4 x 5") Diapositive zu verwandeln. Wir nannten die gut aussehenden Duplikate »Farb-Doppel«.

Willy Vogt hieß dieser ideenreiche Mann, der Besitzer des V-Dia-Verlages in Heidelberg, für den ich bereits 1951 in Afrika Bilder gemacht hatte. Mit ihm gab es über Jahre hinweg einen engen Kontakt. Er hatte 1945 sein Fotogeschäft samt Labor im pommerschen Stettin verloren, das heute zu Polen gehört. Nach dem Krieg hatte er dann begonnen, sich mit einem kleinen Farblabor in Heidelberg unter schwierigsten Bedingungen eine neue Existenz aufzubauen. Heute gilt der V-Dia-Verlag als eines der führenden Unternehmen dieser Branche in Deutschland.

In den Fünfziger Jahren wurde der V-Dia-Verlag des öfteren von anderen Verlagen und Werbeagenturen nach einzelnen Dias aus seinen Schulserien gefragt. Willy Vogt erkannte, daß ein Markt für farbige Dias im Entstehen sei, auf dem Kleinbilddias allerdings keine Verwendung finden würden. Gesucht wurden vor allem Mittel- und Großformate. Im Dezember 1958 gründeten wir zusammen die »Zentrale Farbbild-Agentur« unter dem damaligen Kürzel »Z.F.A.«. Ich wußte, daß namhafte Bildagenturen in den Staaten ebenfalls farbige Dias in den Vertrieb nahmen; dies jedoch erst, nachdem sie sich mit Schwarzweißbildern schon längst einen großen Kundenkreis erschlossen hatten.

Ein Redakteur, der den Ein-Mannbetrieb in der Aufbauphase bewältigen sollte, war bald gefunden. Rund 4000 farbige Dias, davon ein großer Teil aus meinem Bestand und den Privatarchiven mir bekannter Leica-Freunde gehörten neben Autoren vom V-Dia-Verlag zum Stamm der neuen Agentur.

Gleich zu Beginn ging eine Rechnung schon mal nicht auf: Die neuen Kunden wollten unter unseren großen 9x12-Farbdoppeln aussuchen, die wir jedoch erst anfertigen konnten, wenn sie sich für ein Motiv entschieden hatten. Die Lösung sah so aus, daß wir zumindest eine größere Zahl mittelformatiger Dias archivieren und uns bei der Anfertigung der großen Duplikate von Leica-Dias auf besonders verkaufsträchtige Motive beschränken mußten.

Es dauerte etwa acht Jahre, bis die Agentur einigermaßen lief, und ungefähr 30000 Farbdias archiviert waren. Viele Freunde empfahlen mir in der ersten zähen Anlaufphase, aufzugeben und das mit den Leica-Vorträgen verdiente Geld nicht sinnlos zu vergeuden. Mein treuer Kompagnon Willy Vogt mußte mich wegen seiner eigenen Firma nach zwei Jahren verlassen und ich zog mit der »Z.F.A.« ins heimatliche Düsseldorf.

Mein Glaube an die Zukunft der Farbfotografie rührte von den Erfahrungen in den Bildbüros der GNS und DPA her. Ich wußte beispielsweise um die Gefahr, wie allein falsche Ablage der Bilder durch sogenannte »Zahlendreher« zur Zeitvergeudung führte. Zur Vermeidung der rein menschichen Fehler wurde das Registrieren neuer Archivbilder anfangs einer Lochkartenkartei anvertraut, die noch in die Computersteinzeit gehörte. Der Einsatz eines echten Computers war der nächste Schritt, wobei mir allerdings Anfang der Siebziger Jahre erfahrene Kaufleute prophezeiten, daß mir diese Investition das Genick brechen würde.

In diese Zeit fällt auch die Karriere eines jungen Soziologiestudenten, der in seinen Semesterferien bei uns im Stundenlohn die neu archivierten Dias unter Masken setzte, um anschließend die Texte aufzukleben. Eckart Grob schien von Anfang an ein heller Kopf zu sein, der Probleme erkannte und sich auch nicht scheute, über sie zu sprechen. Er war es auch, der meinen Entschluß, den »Sprung ins kalte Wasser der Computertechnik« zu wagen, befürwortete. Es dauerte nicht lange, bis ich ihn bitten mußte, sein Studium zu unterbrechen und uns im folgenden halben Jahr beizustehen.

Ich bin froh, daß ich den jungen Eckart Grob nicht nur das halbe Jahr in der Agentur behielt, sondern im Wissen meiner eigenen Grenzen und im Vertrauen auf seine administrativen Fähigkeiten ihn zum Manager der nunmehr voll im Computereinsatz stehenden Agentur werden ließ.

Ohne seine Hilfe und seinen persönlichen Einsatz wäre die Zentrale Farbbild-Agentur nicht zu ihrer heutigen Bedeutung herangewachsen. Seite an Seite mit meiner Tochter Sabine führt Eckart die ZEFA nun in die neunziger Jahre.

Dabei ist das unverständliche Kürzel Z.F.A. bereits während der siebziger Jahre in ZEFA umgetauft worden. Ein Name, den nun auch Kunden unserer Büros in London, Mailand, Paris, Zürich und Wien besser aussprechen können.

Das Leica-Format bleibt unschlagbar

Die Kategorie »Kleinbildfilm« umfaßt für mich als Leica-Fan das von Oskar Barnack bestimmte Urformat nicht präzise genug. Die Emulsionen des »35 mm-Formats« sind von Jahr zu Jahr verbessert worden. Im Frühjahr 1990 erschienen neue, niedrig empfindliche Emulsionen, die dem bisher schon als scharf und feinkörnig ange-priesenen Film gleicher 50 ASA -Empfindlichkeit noch deutlich überlegen sind. Sie sind bereits kaum mehr wegzudenken – nicht nur auf dem Gebiet der Menschenfotografie. Davon kann auch mein Sohn Klaus ein Lied singen, der sich vom Kameramann zum professionellen Menschenfotograf entwickelt hat und heute eine Säule des Familienunternehmens ist.

Neue Technologien werden die Verteilung farbiger Bildvorlagen auch in der Zukunft prägen. Die inzwischen möglich gewordene digitale Bildspeicherung ermöglicht zum Beispiel Bildkompositio-nen, bei denen mehrere Bildkomponenten zu einem neuen Bild zusammengesetzt werden. Bei diesem Verfahren können sowohl störende Bildelemente herausgenommen als auch fehlende ergänzt werden. Derart digital gespeicherte Bilder können dann über eine Datenleitung (ISDN) an jeden beliebigen Ort der Welt übertragen werden. Mit Hilfe der Elektronik können Bildsituationen manipu-liert werden, die sich dem Fotografen in Wirklichkeit nie stellen. So ist es scheinbar möglich, einen Standort zu ermitteln, von dem aus man die »Houses of Parliament«, »Big Ben«, »St. Paul's Cathedral« und die »Tower Bridge« auf einem Bild festhalten kann!

Diese modernen technischen Möglichkeiten bedeuten in letzter Konsequenz, daß die bei der ZEFA verfügbaren Farbfotos einem wesentlich größeren Kreis von Interessenten – zur gleichen Zeit! – zugänglich gemacht werden können.

KAPITEL 19

Als freischaffender Fotograf um die Welt

Bei meiner Rückkehr von einer ausgedehnten Vortragsreise durch Australien und Neuseeland im Jahre 1964 machte ich Zwischenstation in Hongkong. Meine von den beiden Auslandsvertretungen der Firmen Leitz und Agfa-Gevaert gemeinsam betreuten Lichtbildervorträge waren mit Bedacht in den australischen Frühling gelegt worden. Auf der Südhalbkugel ist es Frühling, wenn sich bei uns die ersten Herbststürme zeigen.

Um die weite Reise möglichst sinnvoll auszunutzen, hatte man am Ende meiner Vortragstournee im australischen Raum zwei Abende in Hongkong arrangiert. Anschließend war noch Bangkok vorgesehen und dann Indien, wo im November der Monsun bereits vorüber ist. Dort würde man meine Lichtbildervorträge in New Delhi, Bombay, Madras und Kalkutta als »brillante Projektion auf zwei großen Leinwänden« ab Mitte November ankündigen.

Hongkong – Ein Eldorado für Fotografen

Ähnliches geschah nun im weit fortschrittlicheren Hongkong. Der große Hörsaal der Universität war mit eigenen Riesenleinwänden auf die Doppelprojektion vorbereitet. Der Andrang interessierter Fotofreunde erinnerte mich an die Begeisterung, mit der man die Vorträge in den fünfziger Jahren in Europa und den USA aufnahm. Das Fernsehen hielt damals noch nicht als »Magnet im Pantoffelkino« die Menschen zu Hause fest. Zwischen beiden Vorträgen wurde vorsorglich eine Pause von acht Tagen gelegt, die ich zu fotografischen Streifzügen durch die britische Kronkolonie nutzen wollte.

Wie Tokyo ist Hongkong der Inbegriff von auf engstem Raum zusammengedrängten Menschenmassen. Und doch gibt es einen Unterschied. In Hongkong leben Menschen auf der Straße, oftmals Flüchtlinge aus der Volksrepublik, manchmal ohne ein Dach über dem Kopf. Manche wohnen in kargen Wellblechhütten; ein Teil konnte von den Engländern in den »resettlements«, dicht an der Grenze zu China, in Wohnblocks angesiedelt werden.

Sieht man dagegen die modernen, komfortablen Hotels, die zahlreichen Banken, die vornehmen Geschäfte und Villen der Reichen, so erscheint das Nebeneinander von bitterer Armut und großem Reichtum besonders kraß.

Bei dieser Fülle fotografischer Möglichkeiten mußte ich natürlich wohlüberlegt planen. Dabei halfen mir die ansässigen Mitarbeiter von Leitz und Agfa, die sich geradezu drängten, für mich Fremdenführer zu spielen. Von ortskundigen Fotoenthusiasten erfuhr ich bald, worauf ich mich zu konzentrieren hatte.

Es gab zwei Höhepunkte, die sowohl für das Archiv meiner Agentur als auch für meine Diavorträge von Interesse waren. Bei der Lektüre von Prospekten der Stadt war ich auf sie gestoßen, wobei ich die beiden Motive natürlich besser fotografieren wollte. Das eine Motiv war der weltbekannte Distrikt zahlreicher Läden für zollfreie Importwaren. Er lag in den dicht bevölkerten Seitenstraßen der repräsentativen »Nathan Road« in dem auf dem Festland liegenden Stadtteil Kowloon. Dort herrschte vor allem in den Abendstunden Hochbetrieb. In diesem »Shopping Center« konnte man alle nur erdenklichen Kameras samt Zubehör erstehen. Das ganze Leica-System war hier billiger als in Deutschland zu haben. Da mich ein Leitz-Mitarbeiter begleitete, konnte ich, ohne rot zu werden, den gerade neu auf den Markt gekommenen »schnellsten Film der Welt«, den Anscochrome 200 kaufen, der ja von der US-Konkurrenz der Agfa-Gevaert hergestellt wurde.

Der auf 200 ASA eingestellte Belichtungsmesser zeigte bei der Lichterflut des Ladenviertels eine sagenhaft kurze Zeit. Für mich waren die Unmengen an Reklameschildern in dieser geballten Massierung ein typisches Hongkongmotiv, das mir in einer solchen Vielfalt nicht einmal in New York begegnet war.

Was sich während des Tages als ein häßliches Gewirr von Röhren, Gerüsten und unförmigen Glaskästen an die düsteren Häuser klammerte, entpuppte sich bei Einbruch der Dunkelheit mit den Resten des letzten Tageslichtes als ein märchenhaftes Farbenspiel. Ich blieb mit meiner Leica natürlich nicht untätig, und es entstanden eine ganze Reihe von Dias, die sowohl auf der Leinwand als auch als Illustrationen in zahlreichen Reiseprospekten erscheinen konnten.

Mit Hilfe eines ortskundigen Führers gelangte ich auch bald an eine andere Stelle, die ich unbedingt fotografieren wollte. Das war ein Aussichtspunkt hoch oben in der Nähe des »Victoria Peak«, von dem sich in der Abenddämmerung ein umfassender Blick auf das Hafenrund im Kranz der riesigen Hochhäuser bot. Dank des hoch gelegenen Standorts würden sich die Konturen der Hochhäuser von Victoria am Abend deutlich gegen den hell schimmernden Wasserspiegel abheben. Unsere Stelle lag an einem bewaldeten Hang, der nur zu Fuß erreichbar war. Lange vor Einbruch der Dunkelheit stand ich mit meiner Leica-Ausrüstung samt Stativ in Begleitung meines Führers bereit.

Diesmal war ich nur mit den kürzeren Brennweiten ausgerüstet. Mir war klar, daß die in diesen Breiten äußerst kurze Dämmerungszeit weder das Auswechseln von Objektiven noch die Suche nach einem anderen Standort erlaubte. Die Zeit, in der man die besten Dämmerungsbilder machen konnte, betrug hier nur etwa fünf bis acht Minuten. Dabei unterliegt der Unerfahrene noch einem verständlichen Irrtum: Er wartet bei Beginn der Dämmerung oft zu lange, bis er es zur ersten Zeitbelichtung kommen läßt. Meiner Erfahrung nach sollte diese in einer frühen Phase der Dämmerung beginnen, da die Dias bei solchen Stimmungsbildern sowieso dunkler werden, als es unserem Augeneindruck entspricht.

Die farbigen Dias zeigte ich eine ganze Zeit lang in meinen Vorträgen. Sie verkauften sich auch gut in der Bildagentur, wo ich dank meiner Belichtungsreihen rund zehn gleichwertige Dias auf den Leuchttisch legen konnte. Das traf sich gut, denn 1964 hatten wir noch keine Möglichkeit, originalgleiche Diaduplikate herstellen zu lassen.
Drei Jahre später fand ich auf meinem Schreibtisch in Düsseldorf die zehn Hongkongdias wieder. Ein Reisebürokunde hatte reklamiert, daß die Skyline von Hongkong durch neue Hochhausbauten erhebliche Veränderungen erfahren habe, und die angebotenen Bilder daher leider nicht mehr »up to date« seien.

Natürlich mußte ich deshalb nicht extra wieder nach Hongkong reisen. Unsere mittlerweile recht guten Verbindungen machten die Wiederholung der Aufnahmen durch einen nach Fernost fliegenden ZEFA-Autor möglich. Groteskerweise waren aber auch diese neuen Bilder nach wenigen Jahren wieder überholt, weil nun auf der Festlandseite in Kowloon ebenfalls hohe Bauten entstanden waren.

Taifun über Hongkong

Bis ich wieder nach Hongkong kam, sollten fast zwanzig Jahre vergehen. Auf einem Flug nach Peking im September 1983 war nur eine Zwischenlandung in der Kronkolonie vorgesehen.

Auf dem Flughafen in Hongkong war jedoch an einen sofortigen Weiterflug nicht zu denken. Es war Taifunalarm gegeben worden. Alle Passagiere mußten schnellstens in den nahen Hotels von Kowloon Zuflucht suchen. Ich war über diesen Zwangsaufenthalt gar nicht betrübt. Hatte ich so doch eine angenehme Pause vor dem Weiterflug nach China.

Es war mein erster Taifun. Radio und Fernsehen trugen das Geschehen ins Hotelzimmer, wo ich es atemlos mitverfolgte. Der Orkan brachte im Hafen Schiffe zum Kentern und warf kleinere Boote wie Nußschalen aufs Ufer. Das dauerte die ganze Nacht. Am anderen Morgen war ich natürlich brennend interessiert, zu erfahren, was in meiner berühmten Lichterstraße, der »Nathan Road«, geschehen war, und machte mich auf den Weg dorthin. Trümmer auf der Straße ließen mich ahnen, mit welcher Wucht der Orkan hier in der vergangenen Nacht gewütet haben mußte. Fast alle Straßen waren für Autos noch gesperrt, zu Fuß konnte man aber über alle möglichen Hindernisse klettern. Feuerwehren waren damit beschäftigt, die Orkanschäden zu beseitigen. Alles war kaputt und grau und nicht mehr wiederzuerkennen.

Entdeckungen auf eigene Faust

Auf dem Rückweg von meiner Chinareise kam ich fünf Wochen später wieder durch Hongkong und nahm mir dieses Mal ein paar Tage Zeit, um ohne Ziel durch die Straßen zu bummeln. Voraussetzung für ein selbständiges Suchen nach geeigneten Motiven ist allerdings, daß man sich in der Fremde verständlich machen kann. Das ist in Hongkong trotz der überwiegend chinesischen Bevölkerung gut möglich.

Ich fragte mich zu dem pittoresken, jedem Touristen als sehenswert empfohlenen Ort Aberdeen durch. Er liegt in einem abgelegenen Teil Victorias. Höhepunkte sollten dort die kulinarischen Genüsse eines Schwimmenden Restaurants sein, das in der Mitte einer Bucht vor Anker liegt und nur durch Boote erreichbar ist. Ich staunte mehr über die Unmenge kleiner Fischerboote, die hier dicht an dicht vor Anker lagen. Aber wo ich auch stand oder hinzugehen versuchte, hier waren lauter Motive, die nur aus der Vogelperspektive eindrucksvoll wiedergegeben werden konnten.

Ringsherum nur hohe Wohnhäuser; keinerlei Bürobauten, in denen ich unter Umständen hätte fragen können, ob das Fotografieren aus einem der Fenster in den oberen Stockwerken oder besser noch vom Dach aus möglich wäre.

Ich überlegte, ob ich mir nicht doch wieder einen Führer nehmen sollte, da ich allein nicht weiterzukommen schien. Doch ich konnte mich nicht entschließen, meine Freiheit so einfach wieder aufzugeben.

Auf dem Weg zurück ins Hotel konnte ich beobachten, wie an der Anlegestelle der Fähre Touristen die in langer Reihe wartenden Rikschas mieteten. Wie im alten China wurden sie von einem Kuli zu Fuß gezogen. Ein junger Chinese hatte mich beim heimlichen Fotografieren beobachtet und sprach mich auf meine Leica M3 an. Seine Fragen zeigten, daß er sich in der Fotografie auskannte. Im Gespräch kam ich auf meine kleinen Nöte in Aberdeen zu sprechen und auf meine vergeblichen Bemühungen, dort zu den mir vorschwebenden Fotos zu gelangen. Er verstand mich sofort.

Bodenplatte mit zwei zusätzlichen Bajonettgewinden für die praktische Aufbewahrung von Ersatzobjektiven. Diese Spezialanfertigung gehörte ausnahmsweise mal nicht zum Leitz-Standardzubehör.

Verdächtige Fremdenführer

John, so hieß mein neuer Bekannter, war Student und er erklärte sich bereit, mir zu helfen. Für ihn gäbe es keine Schwierigkeiten, in einem geeigneten Haus die Erlaubnis zu erhalten, aufs Dach zu steigen. Ich bat ihn, mich zu begleiten.

Am anderen Morgen stand er nicht allein in der Lounge des Hotels. John stellte mir seine Freundin und zwei weitere Studenten vor. Sie alle waren an der Fotografie interessiert und wollten mir gern bei der Arbeit zusehen. Dies war mir zwar nicht so ganz recht, aber ich ließ mir dennoch nichts anmerken. Andererseits konnte ich nun zwei weitere Leica-Taschen mitnehmen. In der einen war die Leicaflex SL 2 mit kürzeren und mittleren Brennweiten, während in der anderen das 100 mm-Makro-Elmar und das lichtstarke 180 mm-Elmarit R f/2,8 steckten. Dazu noch der Extender 2x, mit dem ich beide Objektive auf Superteleweiten bringen konnte. Diese Tasche nahm ich immer nur dann mit, wenn der sichere Einsatz des Geräts sowie ein risikoloser Transport gewährleistet war.

Immerhin verfügte ich nun über eine kleine Trägerkolonne. Alleine wäre ich nur mit der M3 und den »Drei Unentbehrlichen«, den 35 mm-, 50 mm- und 90 mm-Objektiven losgezogen. Nun konnte ich fast die komplette Ausrüstung auf meine Begleiter verteilen. Die Selbstverständlichkeit, mit der das geschah, wäre mit einem Fotovertreter als Begleiter kaum möglich gewesen.

Als ich am Tag zuvor in Aberdeen herumstromerte, hatte ich mir ein Hochhaus gemerkt, von dem aus die Bilder wahrscheinlich zu machen waren. Das beste wäre natürlich, ein Flachdach vorzufinden, auf dem ich mehr Bewegungsfreiheit hätte. Wir betraten das Haus und fuhren mit dem Lift bis ins oberste Stockwerk. Dort entdeckten wir eine kleine Treppe, die aufs Dach führte. Eine Falltür, die nach außen gedrückt werden mußte, war von innen nur durch einen einfachen Riegel verschlossen. John schob ihn mit einem Griff zur Seite, drückte die Tür nach oben und sprang als erster aufs Dach. Flach war das Dach schon, aber leider war der Blick zum Bootshafen durch eine zwei Meter hohe Mauer versperrt.

John bat um Geduld. Er wollte eine Leiter besorgen, die mir die gewünschte Sicht ermöglichen sollte. Ohne mein Motiv überhaupt gesehen zu haben, begann ich, beide Kameras schon vorsorglich mit verschiedenen Brennweiten zu versehen. Einer der beiden Studenten neben mir inspizierte mit erstaunlichem Sachverstand meine

Geräte. Anerkennend meinte er, daß er mein Festhalten an der alten Leicaflex SL 2 verstehen könne, und dieses Modell auf dem Markt für ältere Leicas besonders geschätzt und auch teurer als modernere Reflex-Leicas sei. Wir sprachen dann von der separaten Belichtungsmessung mittels der Lichtmessung des praktischen Lunasix, eine Methode, die der junge Mann im Gegensatz zur üblichen Objektivmessung gern anwendete.

John kam mit einer einfachen Holzleiter zurück, die er an die Mauer lehnte. Ein etwas wackliges Unternehmen zwar, aber ich konnte so immerhin den Hafen einsehen. Mein Schußfeld war sogar ideal. Ich würde mit dem 50-mm-Objektiv von hier oben nicht nur ein Übersichtsbild von dem gesamten Dschunkenhafen machen können, sondern mit den längeren Brennweiten auch noch allerlei reizvolle Ausschnitte erwischen. Das Sonnenlicht fiel seitlich ein – alles war perfekt.

Meine Begleiter waren sachverständig genug, so daß ich nicht einmal von der Leiter herabsteigen mußte, um das Objektiv auszuwechseln. Ich reichte dem Studenten, der die Leicaflex offenbar gut kannte, einfach die Kamera hinunter und bat ihn, das Fünfziger herauszunehmen und das Elmarit 180 mm ins Bajonett zu setzen. Er machte das ganz routiniert. Als mich aber ein prüfender Blick durch den Sucher belehrte, daß vorerst mit dem Neuner mehr zu machen sei, reichte ich ihm das wuchtige Elmarit und ließ mir das 90 mm geben.

Als ich mich nach einiger Zeit umdrehte, um zu bestätigen, was für einen tollen Platz wir gefunden hätten, fiel mir als erstes auf, daß Johns Freundin nicht mehr da war und die drei Studenten leise miteinander sprachen, während sie meine beiden Taschen umgehängt hatten. Sie standen unmittelbar neben der offenen Falltür.

Mir schoß unwillkürlich der Gedanke durch den Kopf, daß, wenn sie dort schnell die Treppe hinunterstiegen und die Tür von innen verriegelten, ich nicht nur meine Sachen los, sondern dazu noch hier oben ausgesperrt sein würde. Was tun? Sollte ich von meiner Leiter mühselig herabklettern und meine Ausrüstung völlig unbegründet an mich reißen? Würde ich überhaupt schnell genug sein? Mir kam eine bessere Idee. Ich nahm die Leica ans Auge, stellte mit dem Neuner auf die Gruppe scharf und rief laut: »Hallo boys, keep smiling please!« Alle drei drehten die Köpfe nach oben und schauten überrascht zu mir herauf.

Mit ruhiger Stimme und dem Lob, daß sie als lustige Gruppe ein gutes Andenken für mich seien und ich sie deshalb noch zweimal fotografieren wolle, begründete ich diesen fotografischen Überfall.

Nach kurzem Blick auf die Zählscheibe der Leicaflex log ich dann, der Film sei bis auf die letzten drei Bilder zu Ende gewesen. Ich spulte den Film zurück, obwohl er kaum zur Hälfte belichtet war und steckte ihn mit der metallenen Filmbüchse demonstrativ in meine Hosentasche.

Ich weiß bis heute nicht, ob ich damals einer Selbsttäuschung oder gar einer fixen Idee zum Opfer gefallen war, oder ob ich einen bevorstehenden Raub nur dadurch verhinderte, indem ich die drei im wahrsten Sinn des Wortes »im Bild festgehalten hatte«. Als ich anschließend mit ihnen das Gespräch über Fotografie fortsetzte, war ich fast geneigt zu glauben, daß ich einer Täuschung unterlegen war. Wie gut war es doch, daß ich den bösen Verdacht nicht gleich ausgesprochen hatte.

Ich konnte nun die restlichen Bilder von Aberdeen auf dem neu eingelegten Film in aller Ruhe fotografieren. Da ich wußte, daß meine Begleiter mir gern beim Fotografieren zuschauen wollten, gab ich allen die Gelegenheit, von der Leiter aus mit der Leicaflex und dem Elmarit R 180 mm das Schwimmende Restaurant ganz groß zu betrachten.

Mittlerweile war auch Johns Freundin wieder aufgetaucht. Ich konnte mir – um meinen Verdacht zu überprüfen – die Bemerkung nicht verkneifen, ich hätte schon geglaubt, die fotonärrischen Männer seien ihr zu langweilig geworden. Sie war sichtbar um eine Antwort verlegen, worauf mir John diskret die Ursache erklärte: Sie habe im ganzen Haus nach einer Tür mit der Aufschrift »Ladies« gesucht.

Freunde aus Hongkong, denen ich diesen persönlichen Krimi erzählte, beglückwünschten mich zu meinem spontanen Einfall. Falls meine Begleiter wirklich das Weite gesucht hätten, wäre eine Fahndung aller Wahrscheinlichkeit nach kaum erfolgreich gewesen. Mein Fall hätte dann höchstens zu einer Glosse in den Hongkonger Zeitungen über die Naivität eines europäischen Fotonarren gereicht.

Wie ich auf Bali ins Messer lief

Als ich im Frühjahr 1969 eine fotografisch besonders erfolgreiche Arbeit über Leben, Tänze und Feste auf der Insel Bali nahezu abgeschlossen hatte, wurde mir klar, daß ich die imposante balinesische Landschaft bis auf wenige Aufnahmen vernachlässigt hatte. Dies lag auch an dem sonnigen Licht, das mich verständlicherweise fotografisch auf Märkten, in den Dörfern und vor den Tempeln regelrecht gefesselt hatte.

186

In der offenen Landschaft bedeutet ständige Sonneneinstrahlung Dunst und fehlende Fernsicht. Jeder Landschaftsfotograf kennt dieses Phänomen.

Erst als ein tüchtiger Regen niedergegangen war, und danach klarer Himmel und Haufenwolken die Chance erfolgreicher Landschaftsbilder boten, konnte ich eine Fahrt quer über die Insel planen. Bisher hatte ich für die vielen Menschenbilder auf der Insel einen geschickten Dolmetscher engagiert, der auch den Mietwagen fuhr. Er sprach fließend holländisch und verstand auch etwas deutsch. Der ältere Mann war während der holländischen Kolonialzeit in Indonesien aufgewachsen. An diesem Tag hätte ich eigentlich auf ihn verzichten können. Doch die Erfahrung hatte mich gelehrt, daß Fahren und ein umsichtiger Blick in die Landschaft zuviel auf einmal sind, um bei dem Verdacht auf ein gutes Motiv spontan stoppen zu können. Ein absolutes Muß für den begleitenden Fahrer ist, daß er ein ständiges Bummeltempo von ca. 30 bis 40 Stundenkilometern beibehält. Leider sind so geduldige Fahrer als Begleiter äußerst selten; doch mein indonesischer »Holländer« war entsprechend geschult.

Wir fuhren also kreuz und quer über die Insel, bis zu dem Vulkan »Gunnung Agung«, der für seine unberechenbare Aktivität berüchtigt war. Dem frommen Inselvolk hatte er mit seinen heftigen Ausbrüchen stets Kummer und Sorgen bereitet. Einige der Tempelzeremonien, die der Besänftigung der gekränkten Götter dienen sollen, hatte ich schon fotografieren können.

Den Jeep ließ ich an einem günstigen Platz stehen. Von hier aus sollte ein typisches Landschaftfoto mit rauchendem Vulkangipfel unter tiefblauem Wolkenhimmel entstehen. Neugierig drehte ich das Polfilter vor meinem prüfendem Auge. Dank der seitlichen Sonneneinstrahlung würde es hier seine volle Wirkung entfalten. Vom Auto aus waren es nur ungefähr dreißig Meter bis zu einer kleinen Gruppe breit gefächerter Dattelpalmen. Sie würden einen idealen Rahmen zur Landschaft im Hintergrund bilden. Die kleine Tasche mit den Objektiven 35, 50 und 90 mm lag bereit, in der M3 war ein 64 ASA Farbfilm eingelegt: Los ging es! Ich sprang aus dem Auto und machte mich auf den Weg zur Palmengruppe.

Später erfuhr ich, daß mir der Fahrer noch »Vorsicht!« nachgerufen hatte. Ich hatte jedoch nichts gehört und war über einen mit Buschbohnen bepflanzten Acker dahingestürmt. Ein Rest von Rücksicht ließ mich möglichst in die kaum sichtbaren Furchen neben den Bohnenstauden treten. Plötzlich spürte ich einen stechenden Schmerz im rechten Bein. Ich steckte irgendwo fest und mußte abrupt stehenbleiben. Um wieder freizukommen wagte ich mit dem linken Fuß einen Schritt vorwärts. Da traf mich ein zweiter scharfer Stich ins linke Bein. Verzweifelt blickte ich zurück zum Auto und sah, wie mein Fahrer mit beiden Händen wild gestikulierte und mich zum Umkehren aufforderte. Ich zog vorsichtig ein Bein nach dem anderen aus den im dichten Gestrüpp unsichtbaren Messern – oder was es auch immer war! – heraus. Wohlweislich den längeren Rückweg durch eine deutlich sichtbare Ackerfurche wählend, sah ich, wie sich meine ehemals weißen Hosen langsam blutrot färbten. Ich spürte auch, wie meine Schuhe innen feucht wurden.

Mein Fahrer half mir auf den Rücksitz, wo ich erst mal meine Wunden begutachtete. Ich schob meine lädierten Beine über das offene Seitenfenster des Jeeps in den Himmel, zog die Hosenbeine hoch und schaute nach, ob die Arterie etwas abbekommen hätte. Dies schien nicht der Fall zu sein; die Blutung begann auch bereits nachzulassen. Es tat nur höllisch weh.

Dann erfuhr ich, daß die Bauern sehr oft im Gestrüpp Bambusmesser gegen Felddiebe aufstellten.

In der Ambulanz der kleinen Stadt Den Pasar machte man Röntgenaufnahmen und gab mir den Rat, mich wegen der noch vorhandenen Bambussplitter in den Wunden antiseptisch behandeln zu lassen.

Gegen die heftigen Schmerzen erhielt ich erst in meinem Hotel ein Mittel. Der Direktor dort hatte sich vor wenigen Tagen als kundiger Leica-Fan herausgestellt und mir seine nagelneue Leica M4 gezeigt. Nun sorgte er für die Buchung eines Flugs nach Djakarta und des Weiterflugs nach Amsterdam innerhalb der nächsten 48 Stunden. Für die Reise saß ich in einem Rollstuhl.

Am Tag zuvor hatte ich von Djakarta aus nach Hause telegrafiert, mein Sohn solle mich doch mit dem Auto vom Flughafen Schiphol in Amsterdam abholen. So geriet niemand in Panik, denn ich ließ mich nach den anstrengenden Heimflügen des öfteren vom Flughafen abholen.

In Amsterdam angekommen bugsierte mich ein Steward der KLM im Rollstuhl durch den Zoll. So erblickte ich unter den Wartenden in der Ankunftshalle meinen hochgewachsenen, aus meiner Perspektive natürlich noch größer wirkenden Sohn auch eher als er mich. Im Strom der Fluggäste hielt er Ausschau nach einem mittelgroßen Mann, der eine Baskenmütze trug und links und rechts mit schweren Fototaschen beladen war. Ich ließ mich ihm bis vor die Füße schieben und sprach ihn sozusagen »von unten« aus an. Der Schreck über den Anblick des Vaters im Rollstuhl dauerte somit auch nur ein paar Sekunden, bis ich ihn überzeugen konnte, daß ich noch einmal davongekommen war.

Schattenseiten beim Karneval in Rio

Im Februar 1877 flog ich spontan zum Karneval nach Rio de Janeiro. Abgesehen davon, daß ich dort noch nie gewesen war, hatte ich mich auch deswegen zu raschem Handeln entschlossen, weil man in meiner ZEFA-Bildagentur neue Bilder vom Rio-Karneval gut brauchen konnte.

Bis vor wenigen Jahren hatten wir in Rio einen zuverlässigen Mitarbeiter. Er sorgte stets für neue Farbdias mit brasilianischen Motiven. Leider kam er bei einem Flugzeugabsturz über den Anden ums Leben. Wir waren alle sehr bestürzt, nicht nur weil wir einen begabten und fleißigen Mitarbeiter verloren hatten, sondern auch weil er noch relativ jung gewesen war.

Schon während der Zeit meiner Leica-Vorträge hatte er mich mehrmals aufgefordert, nach Brasilien zu kommen, um die Höhepunkte von Rio zur Karnevalszeit zu fotografieren. Ausgerechnet jetzt, da er nicht mehr lebte, und ich somit keinen ortskundigen Cicerone haben würde, mußte ich nach Rio! Unseren langjährigen Kunden konnten wir ältere Motive natürlich nicht zum zweiten Mal anbieten, weil sie schon einmal gesehen oder sogar verwendet worden waren.

In Rio angekommen glaubte ich, mit einem in portugiesischer Sprache verfaßten Empfehlungsbrief als Repräsentant einer führenden deutschen Bildagentur mit offenen Armen empfangen zu werden. Ich merkte jedoch sehr bald, daß die zuständigen Pressestellen ihre Landsleute offenbar bevorzugten. So konnte ich also kaum mit einem Ausweis für ungehinderte Arbeit während des Karnevalsumzugs rechnen.

Es gab keine andere Möglichkeit, als von einem Platz auf der Tribüne aus wenigstens am Höhepunkt des Karnevals teilzunehmen. Eintrittskarten dafür waren nur noch auf dem Schwarzmarkt zu haben. Der Hotelportier besorgte mir noch eine in letzter Minute für den stolzen Preis von umgerechnet rund hundert Mark.

Mit der Karnevalszeit bei uns in Köln, Mainz oder München hat der Karneval in Rio nur das Datum gemeinsam. Für einen Zeitraum von etwa hundert Stunden gerät die Millionenstadt völlig aus dem Häuschen. Vor allem der große Karnevalsumzug bietet ein einzigartiges Schauspiel und ist in seiner Pracht kaum zu überbieten. Riesige Plastikkarikaturen erinnern an Ereignisse aus Geschichte oder Politik des Landes. Revuemäßig ausstaffierte Festwagen fahren durch große mit Blumengirlanden geschmückte Triumphbogen. Phantastisch kostümierte Musik- und Tanzgruppen wiegen sich zu den pausenlos dröhnenden Samba-, Rumba- und Bossa-Nova-Rhythmen. Der nächtliche Schauplatz des Umzugs, eine vier Kilometer lange und neunzig Meter breite Straße, die »Avenida Presidente Vargas«, verwandelt sich in einen lärmenden Kessel ausgelassener, singender und tanzender Menschen. Diese turbulenten Szenen sind mit unserem heimischen Karneval nicht zu vergleichen:

Schneidender Wind bei bitterer Kälte, frierende Zuschauer mit hochgeklappten Mantelkrägen und roten Schnaps- oder Pappnasen sind bei uns daheim keine Seltenheit, während am gleichen Februartag der südamerikanische Sommer hier völlig andere Voraussetzungen schafft. Wegen der Wärme beginnt der Umzug am Abend und dauert die ganze Nacht hindurch bis in den frühen Morgen.

Dementsprechend hatte meine Ausrüstung auszusehen. Diafilme hatte ich in ausreichenden Mengen mitgebracht. Darunter viele Agfacolor CT 21, die damals zusammen mit anderen Marken wie Super Anscochrome zu den höchstempfindlichen Diafilmen gehörten. Mit einigem Neid sah ich später bei anderen Anlässen, wie Reporter noch höher empfindliche 400 ASA-Negativfilme in ihre Kameras einlegten. Für ihre Zeitungen und Magazine brauchten sie keine Farbdias für die Illustrationen.

Da ich mit 21/10 DIN-Filmen bei Nachtaufnahmen hart an die Grenze fotografischer Möglichkeiten geriet, hatte ich mir schon zu Hause die Hilfe eines erfahrenen Farblabors für die »forcierte« Entwicklung gesichert. (Die Prozedur wird meist »puschen« genannt, um z. B. ein bzw. sogar zwei höhere Blendenstufen zu erzielen.) So nahm ich die Zusicherung mit auf die Reise, im Notfall meine 21/10 DIN-Filme wie 24 DIN belichten zu können. Man würde mir dann eine Sonderverarbeitung zur höheren Ausnutzung der Empfindlichkeit ermöglichen. (Diese Bezeichnung ist die sachlich richtige, denn die Empfindlichkeit der Emulsion wird ja tatsächlich nicht gesteigert.)

Die Notwendigkeit, sich mit nächtlichen Motiven zu beschäftigen, verlangt natürlich den bevorzugten Einsatz lichtstarker Objektive. Von meiner Tribüne aus, also relativ nahe zu den Straßenszenen, würde ich mit der Leica M2 und den kürzeren Brennweiten die passende Ausrüstung haben. Das zu erwartende schwache Licht ließ mich das Summilux 35 mm f/1,4, das Summicron 50mm f/2 und das 90 mm-Tele-Elmarit f/2,8 nehmen.

190

In dem voraussehbaren Tohuwabohu durcheinander wirbelnder Menschen, die unter schwierigen Lichtverhältnissen fotografiert werden müssen, würde auch heute meine Wahl nicht anders ausfallen als damals: Nach wie vor ist das Meßsuchersystem bei schlechter Beleuchtung einer Scharfeinstellung auf der Mattscheibe überlegen.

Ich hatte mir frühere Rio-Bilder angesehen und dabei entdeckt, daß der Karnevalszug in den frühen Morgenstunden für die längeren Brennweiten einiges zu bieten hatte. So mußte auch die Leicaflex SL 2 mit den Objektiven Elmarit-R 135 mm f/2,8 und Elmarit-R 180 mm f/2,8 dabei sein.

Eine aller Voraussicht nach schlaflose Nacht wollte ich durch Vorausschlafen kompensieren. Mein nach hinten gelegenes Hotelzimmer erwies sich dafür als so vorteilhaft, daß ich statt um sechs Uhr nachmittags erst um acht Uhr abends aufwachte, um dann eilig in die bereitgelegten alten Jeans zu schlüpfen und mit einem Taxi vor Ort zu fahren.

Bei Betreten der Tribüne von der Rückseite her stand ich sehr bald vor meiner Reihe 4. Natürlich gab es keinen freien Platz mehr. Auf meinem saß bestimmt längst irgendein anderer. Mein Versuch, mit dem hochgehaltenen Ticket auf meinen Anspruch aufmerksam zu machen, schlug fehl. Ich war drauf und dran, mich wie ein auf Recht und Ordnung pochender Deutscher aufzuführen, der zum ersten Mal im sonnigen Süden Ferien machte. Ein Zuschauer in der Reihe vor mir mußte das bemerkt haben. Rasch klärte er mich in gebrochenem Englisch auf: »Forget your seat! Hurry up and try to find some space in in the upper rows.« Dabei zeigte er mit dem Daumen hinter sich nach oben, während er sich schon wieder ganz dem Geschehen auf der Avenida zuwandte, wo die ersten Samba-gruppen zu tanzen und zu singen begannen.

»Oben« – das war die Reihe 14 oder noch eine höher, in die ich mich jetzt wütend, aber ohne zu murren hineinzwängte. Hier war in der Tat noch ein Platz frei. Die Sicht auf die Straße von hier oben war nach rechts und nach links durch dichte Laubbäume eingeschränkt. Auch meine beiden Fototaschen auf den Boden abzustellen war hier unmöglich. Das Brett zu meinen Füßen war knapp fünfzehn Zentimeter breit, und darunter konnte man fast ungehindert auf den Grasboden in etwa acht Metern Tiefe sehen. Ich hatte keine andere Wahl, als die eine Tasche zwischen meine Beine zu klemmen und die andere auf den Schoß zu nehmen, denn auf der Bank neben mir gab es in dem Gedränge keinen Platz mehr.

Mein freundlicher Sitznachbar, der meine Not sah, tröstete mich und meinte, daß im Laufe der Nacht der eine oder andere Platz auch in den vorderen Sitzreihen frei werden würde. Es gäbe immer einige, die nicht bis zum Morgen bleiben wollten. Die könnten sich das auch leisten, da sie in der Nähe ihre eigenen Autos mit Chauffeur stehen hätten. Auf meinen Einwand, daß ein Taxi zu nehmen doch viel einfacher wäre, bekam ich zur Antwort: »Taxis sind während der Karnevalsnächte nur sehr schwer zu bekommen.« Etwas trotzig erwiderte ich, daß ich ja auch noch meine zwei Beine zum Laufen hätte. Da schaute er mich ganz erschrocken an: »Ja, wissen Sie denn gar nicht, wie gefährlich Rio in diesen Nächten ist? Besonders für Sie, mit Ihren vielen Kameras!«

Er erzählte mir von den zahlreichen Überfällen, die meist von kleinen, aus den Armenvierteln stammenden Banden verübt werden. Mitunter passsiere das fast unter den Augen der Polizei. Das Opfer, meist handele es sich um einzelne Passanten, werde von fünf oder sechs Kerlen in die Mitte genommen und ausgeraubt, ohne daß Vorübergehende mitbekommen können, was sich eigentlich abspielt. Wer sich wehre, könne seinen Mut leicht mit dem Leben bezahlen.

Ich erkannte meine Lage und bereitete mich im Stillen darauf vor, bis zum Morgen in meiner aussichtslosen Situation auf meinem fotografisch ebenso »aussichtlosen« Tribünenplatz auszuharren.

Natürlich blieb Zeit genug, auf den Mittelgang der Tribüne runterzusteigen und weiter vorn Probemessungen vorzunehmen. Dabei raubte ich jedoch einigen Leuten die Sicht. An ernsthaftes Fotografieren war also nicht zu denken. Ich hatte jedoch gemessen, daß ich bei Blende 2 mit Verschlußzeiten zwischen $\frac{1}{30}$ und $\frac{1}{125}$ Sekunde belichten könnte. Die Messung galt nur für den Abstand, in dem ich den Belichtungsmesser in die Szene hielt. Das reichte natürlich nie angesichts der Ausgelassenheit dort unten auf der Straße.

Zurück auf meinem Platz in luftiger Höhe hatte ich die düstere Vision, daß ich fotografisch vielleicht überhaupt nicht zum Einsatz kommen könnte, und begann, im Geiste meine Bilder vorzubereiten.

Weiter vorn ließe sich schon einiges machen. Anstatt mein Glück mit den viel zu raschen Tänzern zu versuchen, und nichts als Unterbelichtungen zu riskieren, müßte ich die Bewegungsunschärfe nicht nur in Kauf nehmen, sondern bewußt herbeiführen. Es gälte, aus der Not eine Tugend zu machen: mit variierenden Abblendungen und abgestuften Belichtungszeiten zwischen $\frac{1}{30}$ und $\frac{1}{8}$ Sekunde reizvolle Bewegungsunschärfen zu zaubern.

192

Als Bettler durch Rios Straßen

Mittlerweile war es nach Mitternacht, als ich ein dringendes menschliches Bedürfnis spürte. Mein Nachbar wies mir den Weg zu dem entsprechenden Ort neben einem Kiosk hinter der Tribüne. Ich bat ihn derweil, meinen schmalen Sitzplatz zu hüten. Die beiden Kamerataschen nahm ich natürlich mit, sagte aber, wie um mein Mißtrauen zu entschuldigen, daß ich an der Imbißbude ein paar Fotos machen wollte.

Als ich den Kiosk erreichte, hatte ich tatsächlich Appetit bekommen und setzte mich im Schein der Karbidlampen auf eine Bank, um eine Kleinigkeit zu essen. Hinter den Kulissen einer scheinbar sorglosen Welt, deren übermütiger Lärm und Gesang bis hierher zu hören war, erblickte ich Szenen bitterster Armut. Ich sah Gestalten, die im Halbdunkel hinter der Imbißbude auf der Suche nach Eßbarem waren. Ein alter Mann schleppte einen schmuddeligen Sack mit sich, in dem er allerlei Abfall sammelte. Schließlich schwang er den halbvollen Sack über die Schulter und verschwand, von Kopf bis Fuß eine jämmerliche Elendsfigur, im Dunkel der Nacht.

Ich stand auf, um mir nach dem Essen etwas Bewegung zu verschaffen und die Umgebung näher anzusehen. Da trat ich mit dem linken Fuß in eine breiige Masse, die wohl aus dem Küchenabfluß zu kommen schien. Der ganze Boden hier ähnelte in der Zusammensetzung eher undefinierbarem Morast als festem Untergrund. Ich verlor beinahe den Schuh in dem zähen Brei.

Bevor ich zurück auf die Tribüne kletterte, mußte ich mich erst einmal säubern. So konnte ich mich nicht unter Menschen wagen. Unter Menschen? Auf die Tribüne? Wollte ich dahin überhaupt zurück? Wo man mir meinen Sitzplatz vorenthalten hatte, in diese fotografische Sackgasse, aus der es bis zum Morgen keinen Ausweg zu geben schien?

Plötzlich hatte ich nur noch einen Wunsch: weg von hier; wenn auch nicht sofort raus aus Rio. Aber doch weg von diesem Ort. Zurück ins Hotel!

In diesem Moment ersann ich einen Plan, der mir schon etwas früher, beim Anblick des alten Mannes hätte einfallen sollen: Anonym und unbeachtet wollte ich durch die Straßen laufen; die beiden Leicas mit den fünf teuren Objektiven in einem schmutzigen Sack verborgen; uninteressant für Diebe und Straßenräuber, die überall lauerten und Passanten beutegierig musterten. Aber mich natürlich nicht! Ein alter Drecksack, ein Bettler, der einen Überfall nicht lohnt, das wollte ich in ihren Augen sein.

Ich stocherte in einer dunklen Ecke heimlich, um nicht beobachtet zu werden, in dem Gerümpel, das dort herumlag. Neben allerlei Plunder fand ich einen schmutzigen, leeren Kohlensack, in dem noch Kohlenstaub war. Ich brauchte nur mit beiden Händen einmal reinzufassen und hatte die prächtigste Schminke an den Fingern. Auch ohne viel Phantasie war leicht vorstellbar, wie ich mein Aussehen verändern könnte, wenn ich mir damit Hals und Gesicht einschmieren würde.

Meine schwarze Baskenmütze – eine hier recht beliebte Kopfbedeckung – war mir bei dem Gewühle mehrmals vom Kopf gefallen und sah nun ebenfalls so verkommen aus, daß sie sehr gut zu meinem neuen Aussehen paßte.

In meinem Kohlensack hatte ich aus Lumpen und zusammengeknüllten Zeitungen ein Polster für die kantigen Ledertaschen gemacht, so daß sie von außen nicht zu erkennen waren.

Vorsichtig ging ich zur Rückseite der Imbißbude zurück und steckte auch das andere Bein in den grauen Morast. »Schlupps!« machte es, als ich es wieder heranzog und die Verwandlung war perfekt.

Ich war nun bereit, in dieser Verkleidung den Rückweg anzutreten. Die Richtung hatte ich ungefähr im Kopf; bei meinem guten Orientierungssinn war mir von der Herfahrt zumindest die Himmelsrichtung noch in Erinnerung geblieben. Anfangs müßte ich mich parallel zu der festlichen Avenida halten, bis ich auf eine Straße geriete, die zum Atlantik führte. Von dort würde dann schon der »Zuckerhut«, Rios Wahrzeichen, zu sehen sein.

Nichts ist mir auf diesem langen, wahrscheinlich durch meine Umwege noch viel länger gewordenen Heimweg zugestoßen. Niemand nahm auch nur Notiz von mir; solche armseligen Bettlergestalten werden einfach übersehen. Den einzigen Beinaheunfall verursachte ich in meiner Unbedachtheit selbst: auf einer unbelebten Straße kam nämlich auf einmal ein Taxi angefahren, ein freies, wie ich an dem Leuchtschild auf dem Dach erkennen konnte. Ohne an den Anblick, den ich bot, zu denken, sprang ich unwillkürlich auf die Straße, um es anzuhalten. Natürlich machte der Fahrer keinerlei Anstalten, langsamer zu fahren, sondern steuerte sein Auto entweder aus Ärger oder zum Vergnügen auf mich zu und gab Vollgas. Das war ein stummes brasilianisches »Weg da!« Ich schaffte gerade noch den Sprung zurück auf den rettenden Bürgersteig.

194

Als ich endlich den Zuckerhut vor mir sah, dessen monumentale Silhouette sich deutlich gegen den Himmel abhob, fand ich den Rest des Weges zum Hotel im Handumdrehen. Gegen drei Uhr früh stand ich schließlich vor der verschlossenen Hoteltür. Ich hatte meine Armbanduhr aus der Leicatasche geangelt. Den Kohlensack warf ich in den Rinnstein. Im Hotel gab es dann große Schwierigkeiten. Der Nachtportier sah mich schon durch die Glastür und wies mit ausgestrecktem Zeigefinger zurück auf die Straße, was einem »Scher Dich weg!« gleichkam. Dann verschwand er. Ich fischte aus meinem Strumpf zwei Dollarnoten, die ich dort mit meinem anderen Geld am Abend zuvor versteckt hatte. Damit wedelte ich von draußen wie mit einem Blumenstrauß. Aber der Portier in seiner Loge winkte nur müde ab und tippte sich mit dem Finger an die Stirn. Eine Gebärde, die ich außerhalb Deutschlands eigentlich nur selten gesehen hatte.

Dann fiel mir ein, daß ich eine Adresskarte des Hotels, auf der meine Zimmernummer notiert war, auch in der Leica-Tasche hatte. Ich hängte mir die beiden Leicas um den Hals, hielt die Karte hoch und drückte die Klingel ohne den Knopf wieder loszulassen. Er konnte eigentlich nur noch die Polizei rufen.

Doch der Portier schien unsicher geworden und kam erneut an die Tür. Er öffnete sie vorsichtig und ließ sich die Karte geben. Sein Englisch war so schlecht wie mein Portugiesisch, aber ein paar international klingende Worte wie »Foto« und »Presse« sowie meine umgehängten Kameras schienen ihm klar zu machen, daß ich kein Penner sein könne. Er brachte mich schließlich in mein Zimmer, wo ich ihm an Hand meines Reisepasses, den ich im Koffer hatte, beweisen konnte, daß er keinen Verbrecher eingelassen hatte.

Der Tagesportier reagierte auf meinen Bericht über mein nächtliches Abenteuer am Tag darauf mit dem Ausruf: »That should be reported to the newspapers!«

KAPITEL 20

Einladung zu Vorträgen in China

Im Sommer 1983 erreichte mich eine Einladung der amtlichen chinesischen Nachrichtenagentur »Xinhua«. Darin hieß es, man wolle Presse- und Profifotografen sowie einige »handverlesene« Amateure mit den im Westen verlangten Qualitätsansprüchen an Farbfotos vertraut machen. Was dahinter steckte war klar: In dem sich nach Westen öffnenden Land wollte man baldmöglichst in der Lage sein, zeitgemäße Bilder für Publikationen aller Art exportieren zu können.

Eine Delegation der Pekinger XINHUA-Agentur hatte in der Londoner ZEFA-Filiale erfahren, daß »der Firmengründer, der früher so interessante und belehrende Vorträge über Farbfotografie gehalten habe, noch am Leben sei.

Als man mich fragte, ob ich auch in China solche Vorträge halten würde, sagte ich spontan zu. Natürlich konnte ich meine frühere Methode, Vorträge in fremden Sprachen vom Blatt zu deklamieren nicht auf Mandarin-Chinesisch anwenden. Wir einigten uns auf einen englischen Kommentar, der dann im Vortrag Satz für Satz übersetzt werden sollte.

Die Gastgeber von XINHUA in Beijing konnten sich von Art und Umfang meiner Vorträge kein rechtes Bild machen. Ihre Vorschläge erinnerten an die Wünsche mancher Kunden unserer Bildagentur, die beim Abruf von Diavorlagen »eine kleine Auswahl schöner Landschaften und typischer Großstadtansichten aus aller Welt« zu sehen wünschten.

Die Zusammenstellung eines Lehrvortrags bot angesichts der damals rund 700000 farbigen Dias im ZEFA-Archiv keine Schwierigkeiten. Mit Hilfe des Computers und des geschulten Gedächtnisses der Archivarinnen konnte ich 1000 Dias zur endgültigen Auswahl zusammentragen. Sie zeigten jede nur denkbare fotografische Qualität, auf die ich mein Publikum aufmerksam machen wollte: satte Farben, höchste Schärfe und wohlproportionierte Komposition. Vor allem galt es Motive auszuwählen, die eine breite Wirkung erwarten ließen.

Nicht alle der in die engste Wahl gekommenen Bilder waren Kleinbilddias. Etwa 40 der nach letzter Auswahl verbliebenen 300 Bilder waren 6x6-, 6x7- und 6x9 cm-Formate. Die 6x6 cm-Dias wurden als ansehnliche 4x4 cm-Verkleinerungen unter 5x5 cm-

Glasplatten gesetzt, während wir die anderen dank einer mittlerweile verbesserten Labortechnik in ausgezeichnete 24 x 36 mm-Duplikate verkleinern konnten. Der Anteil von Original-Leica-Dias war natürlich beträchtlich.

Schon während der Zusammenstellung der 300 Dias für die Chinavorträge zeigte sich, daß die übliche Dauer der Veranstaltungen von neunzig Minuten nur eingehalten werden könnte, wenn ein Teil der Bilder – z. B. Serien – in rascher Folge gezeigt würden. Das war mit der Pradovit-Projektion ohne weiteres möglich. Doch dieses selbst gesetzte Zeitlimit würde Schwierigkeiten mit der von Peking vorgeschlagenen Simultanübersetzung durch einen chinesischen Dolmetscher ergeben. Da die Leute von XINHUA in Peking sich an der Idee der Simultanübersetzung festgebissen hatten, gab es darüber ein ziemliches Hin und Her. Mein Argument, daß auch ein erheblich gekürzter Kommentar die Dauer des Vortrags auf mindestens 130 Minuten ausdehnen würde, konnte sie nicht überzeugen.

Schließlich beschloß ich, einfach nichts mehr von mir hören zu lassen. Ich wollte die chinesische Agentur zu ihrem Glück zwingen und hatte folgenden Plan gefaßt: Mein Text sollte in die chinesische Hochsprache Mandarin übersetzt werden. Über Verbindungen zu Presseleuten in Bonn fand ich einen vor der Machtergreifung Maos emigrierten chinesischen Übersetzer, der mir eine Sprecherin bei dem westdeutschen Rundfunk vermittelte. Die tägliche Ansage der Mandarin sprechenden Chinesin konnte sogar in China empfangen werden.

Das Manuskript eines 90-minütigen chinesischen Vortrags bestand aus sechzig Seiten handgeschriebener Schriftzeichen. Nun galt es, an den richtigen Stellen des Tonbandes elektronische Impulse für den Diawechsel aufzusetzen, was eine reichlich schwierige Arbeit darstellte. Sie hielt uns bis kurz vor meiner Abreise in Atem. Anhand meines deutschen Manuskripts mußte der Übersetzer im chinesischen Text den Wechsel der Dias genau markieren. Die charmante Rundfunkansagerin hörte sich zunächst meinen Vortrag – bei gleichzeitiger Projektion der Dias – an. Sie sprach fließend deutsch und verstand somit genau, worauf es ankam. Nach mühseliger Arbeit saßen die Impulse endlich alle an der richtigen Stelle.

Am Tage meiner Ankunft in Beijing hagelte es Proteste bei der XINHUA. Man wollte meinen Plan partout nicht befolgen. Ich schlug daher vor, mein Tonband samt Bildern einem kompetenten Gremium der chinesischen Agentur vorzuführen. Dessen Urteil wollte ich mich dann fügen. Ich hoffte nun, mit meinem kompakten

Tonbandvortrag das Eis zu brechen und bat die zwölf Gäste der Agentur in mein geräumiges Hotelzimmer. Das Tageslicht schirmte ich mit Wolldecken ab; als Leinwand dienten zwei mit Reißzwecken an die Wand gepinnte Bettlaken.

Bei einer kurzen Pause zum Wechseln der beiden 50er-Diamagazine stand einer der maßgebenden Männer der XINHUA-Agentur auf, streckte mir die Rechte entgegen und erklärte: »Ich habe keinerlei Einwände; der Text ist gut, die Sprache ist gut und die Bilder sind gut.« Alle klatschten Beifall und ich hatte endlich grünes Licht.

Bei der Zusammenstellung der Motive war mir von vornherein klar gewesen, daß jede Betonung westlicher Wohlhabenheit provozierend wirken müsse. Egal ob es sich um pompöse Autos, luxuriöse Swimmimgpools, Mädchen in mondäner Kleidung oder im Bikini handelte, es durfte nicht zu einer Art Gegenüberstellung von »Konsumismus« und Kommunismus kommen. Dagegen mußten alle nur denkbaren Beispiele für falsche und richtige Belichtungsmessung gezeigt werden. Auch ein Vergleich der integralen mit der selektiven Belichtungsmessung durfte nicht fehlen.

An dem Bild des in China durchaus bekannten Schweizer Matterhorns konnte ich zeigen, daß bei Sonnenaufgang der helle Berg aus dem nachtdunklen Tal nur selektiv gemessen werden kann. Auch im Fernen Osten sieht man Bilder aus unseren Breiten gern. Motive wie die »Tower Bridge«, der Eiffelturm oder die Akropolis lockerten den Lehrvortrag auf. Freundlichen Applaus erntete ich mit einer wirklich guten Aufnahme der Chinesischen Mauer. Das Gefühl einer weltumspannenden Gemeinsamkeit war so spürbar geworden. Die Quintessenz der lehrreichen Tricks und Tips aus der Welt der Fotografie war der Hinweis, daß bei aller Wertschätzung des technischen Fortschritts doch der Mensch hinter der Kamera entscheidend blieb.

Mein Publikum war natürlich streng auserlesen. Zahlreiche Besucher hatten ein Stativ mitgebracht und fotografierten während des Vortrags eifrig mit. Ein paar ganz Schlaue blitzten sogar die Leinwand an. Sollte ich ihnen den erfolglosen Spaß verderben?

Wenn ich sie durch den anwesenden Dolmetscher belehren ließe, verlören sie möglicherweise nur das Gesicht. Ich tat also gar nichts.

An jedem der drei Tage saßen schon 1200 Menschen bereit, wenn wir – morgens! – um neun Uhr begannen. Nach dem Applaus bei der Begrüßung des Gastes aus dem fernen Europa begann ich dann sofort mit der Projektion der fünf Meter breiten oder hohen Bilder

auf die Leinwände. Atemlose Stille, unterbrochen von Beifallsge-
murmel, war die Resonanz auf die Brillanz der Dias; Fotos von
Wellenreitern aus Hawaii, die auf riesigen Wellen balancierten, von
deren Kämmen sie nach vorn geschoben wurden; die lang belichtete
Sphinx von Gizeh im Vollmond mit einem kurzen – aber wohl kaum
verstandenen – Hinweis auf den »Schwarzschildeffekt«.

Bei allem Staunen meines Publikums möchte ich aber in aller
Deutlichkeit sagen, daß die chinesischen Amateurfotografen
durchaus nicht hinter dem Mond leben, sondern ein recht kritisches
Urteilsvermögen bewiesen. Dies zeigte sich bei Dias, die auch im
Westen zu den Favoriten zählten. So provozierten Bilder von hoher
fotografischer Qualität spontanen Applaus bzw. das Klicken von
Hunderten von Kameras. Solche Reaktionen waren immer nur sehr
kurz, so daß kein Wort des Kommentars verloren ging. Auch dies
war ein Beweis des Interesses, daß die Zuschauer meinem Vortrag
entgegenbrachten. Bei der Erstellung des Tonbandvortrags hatten
wir zu Hause natürlich keine Pausen für Lachsalven vorgesehen.

Ein bei seiner Botschaft akkreditierter englischer Fotograf
erklärte mir nach einer meiner morgendlichen Veranstaltungen,
daß die Leute in ihren winzigen Wohnungen keinen Platz für
Diaprojektor und Leinwand hätten. Farbdias, noch dazu in solch
einer Brillanz wie die von mir gezeigten, seien hier so gut wie völlig
unbekannt gewesen. Die Menschen hätten Bilder dieser Art noch
nie erlebt. Kein Wunder, daß sie staunend dasaßen und den Mund
nicht mehr zubekamen.
Auf dringende Bitte der Studenten haben wir dann in der Aula
der Universität Beijing vor 2000 Studenten – darunter vielen aus der
Dritten Welt – noch eine Diaschau gegeben, während der es noch
wesentlich lebhafter zu ging als in der Stadt. In Shanghai kamen wir
dem erwarteten Andrang mit der Ankündigung von zwei Wiederholungen zuvor.
Wieder zu Hause erreichte mich ein Brief aus China: »...your
slide presentation has aroused great interest amoung our photo-
graphers. We have received many requests from various units in
Beijing and other parts of China eagerly demanding presentations
of your slide show. We would be very much obliged if you could
send us the slides and recording tapes...«

Ein kurzes Nachwort

Dr. Paul Wolff hat die Meßsucher-Leica M3 nicht mehr erlebt. Und er hätte über 75 Jahre alt werden müssen, um die erste Leicaflex noch in den Händen halten zu können. Seine starke Autorität, die er in der Beurteilung der damaligen Möglichkeiten des Leica-Systems hatte, läßt die hypothetische Frage verständlich erscheinen, ob Wolff auf die Reflexkamera umgestiegen oder bei der Meßsucherkamera geblieben wäre.

Ich hatte mich schon vor Jahren mit der Leica M6 ihres geringen Gewichts wegen wieder angefreundet. Die handliche Form der M6 erinnert mich an das Modell I, die erste Leica, die ich 1930 in der Hand hielt; allerdings ohne den steil aufragenden Zeigefinger des FOGRO-Entfernungsmessers. Durch den ebenfalls eingebauten Belichtungsmesser spare ich kostbare Zeit. Und leise ist die M6 nach wie vor! Zusammen mit dem kleinen Elmarit 35mm kann ich sie genauso diskret wie ihre Vorgängerin vor 60 Jahren aus der Hosentasche ziehen.

Da ich den Umgang mit einer großen Zahl verschiedener Brennweiten gewöhnt war, brauchte ich eine Weile, um einzusehen, daß auch eine am Gewicht orientierte Fotoausrüstung von Nutzen sein kann: sie zwingt zur Konzentration. Meine M6 paßt mit dem Elmarit-M 28mm f/2,8, dem Summicron-M 35mm f/2, dem Summilux-M 50mm f/1,4 und dem sagenhaften Summilux-M 75mm f/1,4 in eine Tasche mit den Maßen 25x25x12 cm. Das ist alles an Gerät, was ich mitnehme, wenn ich zu Fuß unterwegs bin. Manchmal drückt mich der Verzicht auf ein großes Weitwinkel. Dann verstaue ich den Tagesvorrat an Filmbüchsen einfach woanders und mogle auf den freien Platz in der Tasche noch das Elmarit-M 21mm f/2,8. Der 21mm-Spezialsucher kann sogar auf der Kamera stecken bleiben oder ruht – zumal er recht kostspielig ist – in einem Spezialledertäschen.

Wenn ich über viel Platz und ein Fahrzeug verfüge, nehme ich auch schon mal die Leica R4 zusammen mit dem Apo-Macro Elmarit R 100 f/2,8, dem Elmarit R 135mm f/2,8 und dem Elmarit R 180mm f/2,8 mit. Dazu vielleicht noch den Extender R 2x. Es wäre ein großer Fehler, eine solch vielseitige und einsatzfähige Ausrüstung mitzunehmen, ohne ein solides Stativ dabei zu haben.

Diese vorsichtigen Empfehlungen, wie auch der Hinweis des Verfassers auf die »kleine« Leica M6-Ausrüstung sind unter anderem auch auf sein Alter zurückzuführen. Er hofft zu dem Zeitpunkt, da dieses Buch in Druck geht, seinen 78. Geburtstag begehen zu dürfen.

BENSER
GALERIE

Mädchenportraits auf Bali (Bilderläuterungen siehe übernächste Seite)

»Onkel Tom« von den Bahamas

Ein wesentliches Merkmal der Leica »M« war für die Aufnahme von »Onkel Tom«
entscheidend. Der alte Mann mit dem ausladend breiten Strohhut über einer
»Landschaft von Gesicht«, das geradezu nach dem Querformatbild schrie, wollte
sich auf keinen Fall fotografieren lassen. Er verkaufte auf dem Markt in Nassau
handgeflochtene Körbe und Hüte und hatte ganz und gar nichts dagegen, daß ich
reihenweise andere Leute mit seinen imposanten Hauptbedeckungen ablichtete.
Bei sich selbst wollte er es jedoch auf keinen Fall dulden. Trotzdem gelang es mir,
auch ihn zu erwischen. Nach einigen vergeblichen Versuchen, die er stets durch
rechtzeitiges Abtauchen vereitelte, kam dieses Bild dank des leisen Leica »M«-
Verschlusses zustande. Ich konnte ihn im Gewimmel seiner Kunden für einen
kleinen Moment im M-Sucher anpeilen. Das geringe Verschlußgeräusch übertönte
ich mit einem kurzen Räuspern. Nur wer die Spannung kennt, die sich bei solchen
heimlichen Portraits einstellt, kann das Vergnügen ermessen, das ich nach der
Rückkehr des Films aus der Entwicklung empfand.

Mädchenportraits auf Bali (Bilder siehe vorige Doppelseite)

Aus kurzem Abstand gemachte Aufnahmen von Menschen wie diese beiden Portraits aus Bali sollten möglichst vom Hintergrund gelöst fotografiert werden. Das ist bei den beiden jungen Tänzerinnen aus Bali der Fall. Eine trägt ihre für balinesische Tänze typische blütengeschmückte Tracht, während die andere im sanften Schatten noch mit der Schminkarbeit beschäftigt ist. In beiden Fällen habe ich mit nahezu offenen Blenden fotografiert. Die volle Blendenöffnung läßt den Hintergrund in Unschärfe abgleiten. So steht der Kopf scharf, klar und geradezu plastisch im Raum.

Die in beiden Bildern sehr unterschiedliche Beleuchtung zwang natürlich zur Nahmessung auf die hell leuchtende Blumenkrone der einen und auf die im Halbschatten liegende Gesichtspartie der anderen Tänzerin. Da beide Bilder zwar nicht unbemerkt aufgenommen wurden, aber bei weitem keine große Vorbereitung erlaubten, mußte ich mit dem vorhandenen Licht und der Umgebung vorlieb nehmen.

Natürlich benutzte ich eine längere Brennweite. Dabei hatte ich die Möglichkeit, entweder die Leica M2 mit dem mich faszinierenden Summarex 85 mm f/1,5 oder die ganz neue Leicaflex – das erste Modell! – mit dem ebenfalls neuen Elmarit 90 mm f/2,8 einzusetzen. Die zwei Bilder könnten mit beiden Ausrüstungen gemacht worden sein; nach über 25 Jahren weiß ich allerdings nicht mehr, welche ich tatsächlich verwendet hatte.

Katze in einem Antiquitätenladen

Ein Altstadtbummel in Athen ist mir durch diesen Schnappschuß einer Katze, die auf dem Kopf einer Bronzestatue lauert, unvergeßlich geworden. Wie dieses merkwürdige Foto zustande kam, auf dem die »antike« Dame mit ausgestrecktem Arm nach dem Tier zu greifen scheint, ist eine Anekdote für sich:

Mein erster Besuch in Griechenland im Jahr 1952 war vor allem der Suche nach neuen Bildern für meine Vorträge gewidmet. Ich hatte offen gestanden hauptsächlich antike Gebäude, vor allem die vielen Möglichkeiten rund um die Akropolis, im Sinn. Doch als wir dann diesen Antiquitätenladen betraten, muß ein kleiner Luftdurchzug die links neben der Tür hängenden Ketten in Bewegung gesetzt haben. Die Katze hatte nur noch Augen für die vermeintliche Beute. Kein Gedanke an eine sorgfältige Punktmessung auf das helle Fell im dunklen Umfeld. Die einzige Aufnahme, die möglich wurde, bevor die Katze ihren Platz wieder verließ, gestattet gerade noch die Messung der Entfernung. Ich habe keine Ahnung welche Blende und Belichtungszeit ich nahm, aber der Agfacolorfilm war bestimmt nicht »schneller« als 12/10 DIN.

Netzfischer auf Bali (Bild nächste Doppelseite)

Die dramatische Sonnenuntergangsstimmung mit der Silhouette eines Fischers beim Auswerfen seines Riesennetzes gehörte ebenfalls für einige Zeit zu den bildlichen Höhepunkten meiner Diavorträge.

Es handelt sich hier jedoch um keinen zufälligen Schnappschuß, sondern um eine arrangierte Aufnahme mit einem Modell. Der Fischer war zur Abendstunde an den einsamen Strand bestellt worden. Zuerst ließ ich den Mann bis zu den Oberschenkeln ins Wasser gehen und folgte ihm im Abstand von etwa fünf Metern. Die ersten Probewürfe mit dem Netz zeigten aber im Blickfeld des Leuchtrahmens, daß ich auch mit dem 35mm-Weitwinkel nur aus der Froschperspektive hätte fotografieren können. Sonst wäre der Horizont hinter dem ausgeworfenen Netz störend in der Bildmitte erschienen. Dazu hätte ich mich tief ins Wasser ducken müssen.

Fotografisch wirkungsvoller erschien jedoch die Gestalt des auf dem nassen Ufersand stehenden Fischers, wobei ich den Mann beim Auswerfen seines Netzes gegen Himmel, Sonne und Meer fotografieren konnte, ohne dabei naß zu werden.

Merkwürdigerweise bin ich nie darauf angesprochen worden, daß der Mann zwar ein tadelloses Modell, aber angesichts des flachen Wassers vor ihm kaum ein erfolgreicher Fischer gewesen sein könne.

Schatten einer Pferdedroschke (Bilderläuterungen siehe nächste Seite)

Alte Frau mit ihrer Katze

Hier stelle ich Ihnen nicht nur eine alte, in Gedanken versunkene italienische Bauersfrau auf der Treppe ihres einfachen Hauses vor, sondern auch ein Bild, das mit der kleinen Katze zu ihren Füßen Ruhe und Gelassenheit ausstrahlt. Das Licht des ausklingenden Tages unterstützt nicht nur die verhaltene Farbgebung, sondern spiegelt auch im übertragenen Sinne den sich dem Ende zuneigenden Lebens-abend wieder. Die geschlossene Form und der besinnliche Ausdruck von Mimik und Gestik der Alten vertiefen Ruhe und Harmonie dieses Bildes.

In den fünfziger Jahren gab es eine Zeit, in der ich durch den Visoflex-Ansatz der Leica M3 mit dem 135 mm-Objektiv über die Mattscheibe gebeugt die ideale Einstellung und den richtigen Moment zu finden hoffte, um so ein vorbildlich gestaltetes Genrebild machen zu können. Es gelang mir trotz des süditalienischen Dialekts eine kleine Unterhaltung zustande bringen, in die sie ihre einfache Lebensgeschichte mit einflocht. In der Zwischenzeit konnte ich in aller Ruhe vom Stativ aus meine Aufnahmen machen.

Schatten einer Pferdedroschke (Bild siehe vorige Seite)

Dieses Motiv gehört vielleicht schon zur Reihe der nostalgischen Bilder, die man seinen Enkeln einmal näher erklären wird müssen. Pferdedroschken dieser Art findet man nur noch selten. Die helle Mauer, auf der sich die Umrisse dieser klassischen Droschke abzeichnen, wird heute wahrscheinlich nur noch die Umrisse von Taxis wiedergeben, für die allerdings kein aufmerksamer Amateurfotograf seine Kamera mehr zücken würde. Auf der Kykladeninsel Mykonos gehörten Ende der fünfziger Jahre solche mit Pferden bespannten Droschken noch zum Alltag.

Zur Technik bei dieser Aufnahme ist weiß Gott nicht viel zu sagen. Belichtung und Blende hätte auch ein absoluter Laie bald herausgehabt. Man muß nur darauf achten, die ganze Szene so von der Seite aufzunehmen, daß der eigene Schatten draußen bleibt.

»Cash around the clock«

Die Bantufrau, die im südafrikanischen Johannesburg auf der Straße sitzt und ihren kleinen Laden ausgebreitet hat, um Kettchen und andere Handarbeiten zu verkaufen, muß das Stadtgebiet vor Sonnenuntergang verlassen haben und in ihr Wohngebiet zurückgekehrt sein.

Für mich war der Kontrast der armseligen Eingeborenenfrau mit ihrem winzigen Bauchladen vor einer Tag und Nacht dienstbereiten Bank so faszinierend, daß ich diese Szene, die auch in Anbetracht der südafrikanischen Apartheidpolitik journalistischen Wert besaß, unbedingt aufnehmen wollte. An sich wäre ein Foto mit langer Brennweite, bzw. einem Teleobjektiv von der anderen Straßenseite aus viel leichter gewesen, weil ich dann unbemerkt von der Frau hätte arbeiten können. Aber der ständige Strom von Fußgängern, Rädern und Autos riß kaum ab. Gab es jedoch mal einen Moment freien Durchblicks, so war die Bantufrau gerade in diesem kurzen Augenblick nicht in idealer Aufnahmeposition.

Die einzige Möglichkeit einer Aufnahme bestand also im nahen Kontakt mit der Szene mit unauffälliger, aber ständiger Aufmerksamkeit und reaktionsschneller Auslösung. Als unbezahlbar erweist sich immer wieder, daß die Meßsucher-Leica die Beobachtung des Motivs auch im Moment der Aufnahme zuläßt.

Buschnegerkind in seiner »Badewanne«

Man sieht es dieser Szene gewiß nicht an, daß sie 500 Kilometer von der nächsten menschlichen Ansiedlung entfernt in einem sogenannten »Buschnegerdorf« fotografiert wurde – mitten im tiefsten südamerikanischen Dschungel in Surinam, dem ehemaligen Niederländisch-Guayana.

Meine ganze Fotoausrüstung bestand aus der Leica M6 mit drei Objektiven. Der Grund war eine Empfehlung der Reiseleitung für derlei Abenteuerreisen: Leichtes, wasserdichtes Gepäck wegen der langen Fahrten in offenen Booten auf den Urwaldflüssen. Heftige Regenfälle und andere nasse Einflüsse könnten nicht ausgeschlossen werden. Die M6 hatte den Vorteil der geringsten Anfälligkeit. Die Elektronik für die Belichtungsmessung schreckte mich nicht, da mit ihr außer der Belichtungsmessung nichts ausfallen konnte.

Das kleine Kerlchen in seiner Waschschüssel jammerte zum Steinerweichen; ich war ihm trotz der selektiven Messung durch das 90 mm-Elmarit doch etwas zu nahe auf den Leib gerückt. Ein weißes Kind in einer schwarzen Schüssel wäre, fotografisch gesehen, weniger problematisch gewesen – aber nur halb so fotogen!

Die »Coppa Cabana« in Rio de Janeiro

Auf den ersten Blick dominiert die an ihrem Ende nach links schwingende Strandkurve als Diagonale. Der in der sommerlichen Hitze leere Teil des Strandes rechts unten sowie das tiefblaue Wasser des Atlantiks links oben stellen zwei Hell-Dunkelgegensätze dar, die gleich gewichtig erscheinen, auch wenn man das Foto auf den Kopf stellt.

Das Bild ist vom Dachgarten eines der großen Hotels gemacht worden, die am Saum der Coppa Cabana in schwindelnde Höhen gebaut wurden. Erneut erweist sich der Blick von oben nach unten als besonders geeignet, durch Wahl einer nicht zu kurzen Brennweite ganz konzentriert einen Ausschnitt aus der Totalen zu fotografieren.

Ganz gewiß ist mit der heutigen Leica-Technik ein Zoom-Objektiv wie das 35–90 mm-VARIO-ELMAR das bequemste System, mit dem sich der ideale Ausschnitt erzielen läßt.

Mohammedaner mit seinen Frauen

Wie konnte ich es wagen, in einem von Moslems wimmelnden marokkanischen Viertel diesen Araber mit seinen verschleierten Frauen aus handgreiflicher Nähe zu fotografieren, ohne einen stürmischen Protest zu verursachen?

Knapp drei Schritte von dieser Szene entfernt stand ich in einer dunklen Ecke des Bazars von Marrakesch und bemerkte mit wachsendem Staunen, daß keiner der auf mich Zugehenden irgendwelche Notiz von mir nahm. Ich hielt zeitweilig sogar die schußbereite Leica fast provokativ ans Auge. Wie war das möglich?

Die Erklärung ist einfach: Die Vorübergehenden wurden an dieser Stelle für kurze Zeit von einem durch die Dachluke kommenden Sonnenstrahl indirekt stark geblendet. Man sieht an den Lichtsäumen der Gewänder beider Frauen, daß dieser Strahl im Gegenlicht einfiel. Eine weiße Wand links neben mir wirkte nämlich wie ein Spiegel, und so konnte ich wie im Schutz einer Tarnkappe ohne Scheu fotografieren.

Kalksteinbruch auf Haiti

Als ich auf einem Tagesausflug von Port-au-Prince auf Haiti den Kalksteinbruch »La Boule« entdeckte, schienen die vier Arbeiter als Silhouetten vor dem hellen, fast monochromen, aber nicht eintönig wirkenden Hintergrund ein Foto wert.

Leider arbeiteten sie alle auf der linken Seite des Steinbruchs. Ich hätte sie gerne etwas anders arrangiert, wußte aber aus Erfahrung, daß Versuche, Laien wie Filmkomparsen führen zu wollen und zu glaubwürdigen Posen zu überreden, völlig sinnlos waren. Geduld war somit der einzige Weg zu einem guten Bild.

Ich setzte mich auf den Rücksitz des Leihwagens und behielt die Leica mit dem Elmarit 90 mm auf dem Schoß. Zum Schein studierte ich eine Straßenkarte der Insel. Mit einem Auge war ich jedoch immer bei meinem Motiv. Es dauerte eine Zeit lang, bis sich die untere Gruppe auf die rechte Seite bewegte. Dabei unterhielten sich alle vier durch Zurufe und verharrten in der entspannten Haltung einer typischen Arbeitspause. Das nutzte ich zum Schuß.

Drehen Sie das Bild einmal auf den Kopf und lösen Sie sich dabei ganz von der gegenständlichen Betrachtung der Szene. Das ist ein alter Malertrick, mit dem man das Werk auf Ausgewogenheit von Formen und Farben kontrolliert. Ich glaube, mein Bild besteht diese Prüfung.

Kettenkarussel in der Dämmerung

Die Dämmerstunde ist für jeden erfahrenen Fotografen in ihrer Mischung aus schwindendem Tageslicht und bereits leuchtenden Kunstlichtquellen eine kurze, aber erfolgversprechende Zeit für interessante Hell-Dunkelaufnahmen.

Ein höher empfindlicher Farbfilm, z. B. 400 ASA, sollte eingesetzt werden, um bewegte Szenen mit Sicherheit scharf wiedergeben zu können. Es sei denn, man möchte mit langsameren Belichtungszeiten absichtlich verwischte Konturen erreichen, wodurch mitunter sehr reizvolle Resultate erzielt werden.

Das hier gezeigte Kettenkarussel wurde bereits in früher Dämmerung fotografiert. Mit der 1/500 Sekunde Verschlußzeit gerät man an die Grenze der Unterbelichtung. Das bekommt dem Bild aber ausgezeichnet, weil die knappe Belichtung einen noch gar nicht vorhandenen Nachtcharakter hervorzaubert, und der Kontrast zwischen dunklem Blau und dem rotgelb leuchtenden Karusseldach besonders intensiv hervorgehoben wird.

Schafherde auf einer griechischen Landstraße

Wahrscheinlich ist dieses Bild besonders lehrreich, wenn man weiß, wie es entstanden ist. An einem herrlichen Sommerabend auf dem griechischen Peleponnes überholte ich diese nach Hause reitende Bäuerin mit ihrer dicht gedrängten Schafherde. Beim Blick auf die vor mir liegende Landstraße wurde mir klar, daß dies im Gegenlicht ein verlockendes Motiv sein würde. Aus der üblichen Augenhöhe hätte aber die Abstufung von Schafen, Bäuerin und stillem Hintergrund nicht so gelingen können, wie Sie es hier sehen. Die Lösung war, ein paar hundert Meter vorauszufahren und mich dort in aller Ruhe vorzubereiten.

Gedacht, getan! Das Schiebedach erlaubte es mir, den kleinen Hochsitz auf dem Dach von innen zu erklimmen. Nun konnte mich die gemütlich von hinten herantrappelnde Herde umrunden. Mit dem 35 mm und der leicht schräg gehaltenen Leica M2 entstanden aus zweieinhalb Metern Höhe mehrere Bilder. Im Leuchtrahmen war die Bewegung der Tiere gut zu beobachten. Das ferne Mittelmeer ließ ich am oberen Rand nur als Saum erscheinen.

Dieses Motiv wollte ich natürlich mehrmals aufnehmen, da jedes neue Bild eines mobilen Objekts eine Variation darstellt. 200 Meter weiter parkte ich meinen Wagen also wieder und setzte mich von neuem aufs Dach. Wenn mir jetzt nur kein Fahrzeug in die Quere kommt!

Ritueller Affentanz (»Ketjak«) auf Bali (Bild nächste Doppelseite)

Bei einem zweiten Besuch auf Bali hatte ich einen ehrgeizigen Plan: Ich wollte die für Touristen meist bei Tageslicht veranstalteten Vorführungen des »Ketjak«, des Tanzes der Affen, ihrem geheimnisvollen Charakter entsprechend einmal anders fotografieren. Bei Nacht wirkte die von rituellen Gesängen begleitete Bali-Göttersaga im Licht nur weniger Fackeln sehr viel eindrucksvoller. Mir schien das so oft verschmähte Blitzlicht die geeignetste Lichtquelle zu sein. Denn von Highspeed-Colorfilmen war damals noch keine Rede.

Ich konnte mit Hilfe des Hauptblitzes, der die 120 eingeborenen Tänzer in einer riesigen Höhle – den »Elephant Caves« – beleuchtete, zusätzlich einen Folgeblitz auslösen, der auch Servo-, Sklaven- oder Tochterblitz genannt wird. Das geschieht über eine Fotozelle. Diesen Zweitblitz versteckte ich hinter einer Kultfigur inmitten der Tänzer, um im Hintergrund einen kleinen Teil der Gruppe gesondert anzuleuchten. Die Aufführung enthielt einige Höhepunkte, die ich gerne mehrmals fotografiert hätte. Das war aber leider nicht möglich, da die Dorfbewohner nicht in der Lage waren, den rituellen Tanz zu unterbrechen, geschweige denn einzelne Passagen zu wiederholen. Sie befanden sich während der ganzen Vorführung in einer Art Trance. Das Engagement dieser Truppe kostete damals – man schrieb das Jahr 1968 – nur zwanzig U.S.–Dollar.

Thirty years of poster art. Top left; 1934, Top right; 1952, Bottom; 1966.

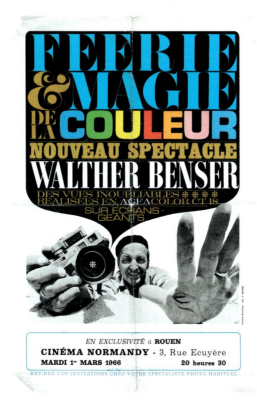

die Pilotbilder ist ein Leica-Gehäuse gesondert eingesetzt, während die Hassel-blad-Magazine die Pilotdaten für 12 verschiedene Szenen enthalten. Nun kann in der sorgfältigen Betrachtung dieser Pilot-Dias genau festgestellt werden, welche Szenen eine Korrektur der Entwicklungszeit fordern und welche nicht. Ein großer Teil der ganzen Produktion braucht keine Korrektur. Bei den Szenen, deren Dias in der Dichte etwas verbessert werden soll, reicht bereits die Korrektur um ein Drittel Blendenstufe, in wenigen Fällen wird das Forcieren (auch »Puschen« genannt) um ½ Blende notwendig. Hierunter fallen z. B. Aufnahmen im starken Gegenlicht, bei denen die optimal richtige Dichte erreicht werden soll.

Diese nachträgliche Beeinflussung belichteter Filme ist angesichts der sehr konstanten Lichtverhältnisse in der Karibik und den Malediven relativ einfach. Mein Sohn braucht deshalb nur selten einen Belichtungsmesser. Ein kurzer Blick auf den Sonnenstand und die Beleuchtung der meist recht farbigen Szenen lassen ihn seiner Erfahrung folgen. Er hat nach seinen jüngsten Aussagen für die 100 ASA-Farbfilme regelrechte Standard-Belichtungszeiten nämlich ½₅₀ Sek. bei Blende 11 für die »übliche« Beleuchtung inkl. der Reflektorhilfen; dagegen bei Aufnahmen im Schatten bzw. Gegenlicht-Dias ¼₂₅ Sek. bei Blende 8.

Bei der endgültigen Auswahl unter mehreren tausend Dias spielen deshalb Belichtungsfragen keine Rolle mehr. Nun gibt es zahlreiche andere Gründe bei der Bestimmung der für's ZEFA-Archiv geeigneten Bilder. Es kommen Kriterien zum Zuge, die ja vor allem bei bewegten Szenen mit Menschen dank der notwendigen Verwendung motorisch betriebener Kameras unvermeidliche Ausrutscher ent-decken. Dies sind z. B. geschlossene Augen, die halboffenen beim Rufen oder Reden festgehaltenen Münder und viele andere Unstimmigkeiten, die jeder kennt, der die Vorteile der filmverzehrenden »Winder« nutzt und ihre Nachteile in Kauf nimmt.

Eine Bildagentur geht auf Reisen (Erläuterung zur vorigen Doppelseite)

Mitten im europäischen Winter herrschen sowohl in der Karibik als auch auf den Malediven im Indischen Ozean ideale Lichtbedingungen bei sommerlichen Wassertemperaturen. Derart wettersicher organisiert unsere ZEFA dort im Januar oder Februar fotografische Expeditionen mit dem Thema: Urlaubsvergnügen mit Sonne, See und Strand.

Jedem Amteurfotografen auf der Jagd nach lebendigen Urlaubsbildern ständen die Haare zu Berge, wenn er so arbeiten müßte wie mein Sohn Klaus und seine Frau Heide, die ebenfalls Berufsfotografin ist. Neben der umfangreichen Kameraausrüstung, die von einem technischen Assistenten betreut wird, kümmern sich zwei weitere sogenannte Stylisten um die vier bis sechs Fotomodelle. Deren Requisiten, neben Strand- und Badekleidern auch Liegestühle, Bälle, Gummimatratzen und andere Kleinigkeiten, müssen natürlich aus Europa mitgebracht werden.

Obwohl die fotografische Expedition der ZEFA-Gruppe zwei Wochen dauert, kommen erfahrungsgemäß nur 7 Tage für den intensiven fotografischen Einsatz in Frage. Die andere Zeit wird neben der An- und Abreise auch für eine ganze Reihe technischer Vorbereitungen gebraucht, wozu auch mehrere Tage intensiver aber wohldosierter Sonnenbestrahlung aller Modelle gehören. Sie schließt natürlich jeden Sonnenbrand aus.

In den dann folgenden Einsatztagen verbrauchen die beiden neben rund 150 Leica-Filmen auch nahezu 500 Rollfilme. Der Sohn muß mit Rücksicht auf solche Kunden, die Druckvorlagen im Mittelformat haben wollen, mehrere Hasselblad-Kameras für 6 x 6 cm-Dias einsetzen, während seine Frau die 36er Kleinbild-Filme belichtet.

Interessant ist nun, wie sich die beiden gegen Belichtungsfehler schützen. Für beide Formate sind sogenannte »Pilot-Belichtungen« vorgesehen. Der Sinn solcher Pilot-Aufnahmen: Für jedes neue Motiv wird auf einem Pilotfilm eine einzige Aufnahme belichtet, wobei natürlich die Szene technisch und gestalterisch sorgfältig besprochen und vorbereitet wird. Die als korrekte Belichtung erkannte Zeit und Blenden-Einstellung wird als Pilotaufnahme notiert. Die dann für die Produktion vorgesehenen Filme werden sehr exakt mit diesen Belichtungszeiten eingesetzt. Für die Leica-Dias kommt es meist zum Einsatz von 2 oder 3 ganzen Filmstreifen, so daß es im Schnitt zu rd. 100 Bildern der gleichen Szene kommt, während die 6 x 6 cm-Aufnahmen in den Hasselblad-Magazinen à 12 Dias meist auf 60 bis 84 Bildern kommen. Die Aufgaben sind für beide Fotografen – abhängig von der Gestaltung des Motivs – äußerst verschieden: Auf einem weißen einsamen Strand stehende bunte Liegestühle haben sich mit Palmen und blauem Himmel als typische 6 x 6 cm-Druckvorlagen schon als ideal für riesige Plakate erwiesen, während eine so quirlige Szene, wie sie sich mit den jungen Menschen auf dem Katamaran darstellt, ein typisches Motiv für die Leica ist. So unterschiedlich aber die Szenerie, so gleichmäßig, ja akribisch genau ist der Einsatz der Filme. Sie müssen beide, ob Kleinbild – oder Rollfilm, nicht nur das gleiche Fabrikat und die gleiche Empfindlichkeit aufweisen, sondern auch die gleiche Emulsionsnummer haben. Das wird schon lange im erprobten Einvernehmen mit dem Lieferanten vor der Abreise sichergestellt.

Nach der Rückkehr werden zuerst nur alle Pilotfilme ganz normal entwickelt. Wie erinnerlich, enthalten sie Bild für Bild lediglich eine einzige Belichtung von jeder Szene, nach der 60 bis 100 Dias belichtungsgleich fotografiert wurden. Für

Dieser »Schnappschuß« zeigt fröhliche junge Leute auf einem Katamaran. Die ganzseitige Szene (rechts) ist das Ergebnis intensiver Vorbereitungen. Mein Sohn Klaus steht mit der – motorisierten – R3 im Wasser, wobei er alternierend im und Quer- Hochformat arbeitet. Natürlich kann er verschiedene Brennweiten einsetzen, die ein hinter ihm stehender Assistent bereit hält.

Trotz der offensichtlich idealen Beleuchtung zwischen 7 und 10 Uhr morgens und 16 bis 18 Uhr wird das Sonnenlicht oft mit einem Reflektor (rechts) in die Szene gestreut.

Hier trägt mein Sohn Klaus nicht nur mehrere R3 Leicas zusammen mit dem kolossalen 400-mm-Televit, sondern auch die Verantwortung für das Gelingen einer minuziös geplanten Unternehmung.

Ängstliche Kinder vor der Kamera

Den scheuen Blick des indischen Hirtenknabens sowie den entsetzten Gesichtsausdruck seines Schwesterchens verdanke ich einem besonderen Umstand, der
ursprünglich nichts mit der Leica zu tun hatte. Beide Kinder, die im Tempelbezirk
von Mahabali Puram bei Madras ihre Ziegen hüteten, mußten wie meine Frau und
ich – die beiden einzigen Touristen! – vor einem plötzlichen Gewitter in eine
trockene Felsnische flüchten. Doch der Temperatursturz war nicht die alleinige
Ursache ihres Zitterns, sondern auch der fremde Mann, der sich ihnen langsam
näherte, dabei mit einer Hand an diesem verdächtigen Rohr drehte, das sie
unentwegt betrachtete, und durch ein anderes Rohr auf seine großen Füße starrte.

Furchterregend wie ein sich anschleichendes Raubtier muß ich ihnen wohl
vorgekommen sein, mit meinem Visoflex I samt senkrechter Einstellupe und dem
135 mm-Elmarit f/2,8 (mit Adapter am Spiegelreflexansatz). Das Mädchen zeigt
sein Entsetzen, indem es die Finger gegen die Zähne preßt. Ihr Bruder, der das
drohende Auge des Objektivs ignorieren will, blickte scheu zur Seite.

Mit einem Stück Schokolade entschädigten wir die beiden schließlich für den
ausgestandenen Schrecken, und bald machten sie sich fröhlich auf den Heimweg.

Indische Bauern bei der Feldbestellung

Das von 1964 stammende Bild einer geradezu biblisch anmutenden Szene gehört zu jenen freudigen Überraschungen, von denen man »eine Kurve vorher« noch keine Ahnung hat. Jeder Freund der Fotografie träumt von solchen Augenblicken. Es muß ja nicht gleich in Indien sein, obgleich dieses Land ein Paradies für Fotografen ist.

Ich entdeckte die Szene in der Nähe von Benares. Das Bild entstand noch mit dem Visoflex II und dem Elmarit 135 mm an der Leica M3. Die 50 ASA des Agfacolor CT 18 erlaubten bei der notwendigen Blende 5,6 bis 8 nur die $\frac{1}{125}$ Sekunde. Mit der zwei Jahre später herausgekommenen Leicaflex wäre ich noch etwas schneller gewesen. Mein Instinkt riet mir, das von mir sonst gern benutzte Stativ nicht aufzustellen, sondern sofort mit dem Fotografieren zu beginnen. Der Bauer entdeckte mich leider schon bei der ersten Runde und weigerte sich, seine Arbeit fortzusetzen. Vier Bilder hatte ich aber bereits im Kasten.

Der hohe Standort von der auf einem Hügel verlaufenden Straße und das reizvolle Gegenlicht der bereits tief stehenden Nachmittagssonne machen die Verdichtung durch die längere Brennweite besonders deutlich.

Aus hellem Tag wurde dunkle Nacht (Bild nächste Doppelseite)

Es goß wie aus Kübeln auf die Autobahn. Schließlich entschied ich mich zu einem Halt unter einer Brücke. Aus dem stehenden Auto heraus staunte ich über den Mut – oder vielmehr den Unverstand! – der Vorbeirasenden, wie gleichgültig sie trotz der Gefahr des Aquaplanings auf der nassen Straße den Fuß auf dem Gaspedal ließen.

Als der Regen etwas nachließ, kam ich auf die Idee, diese Situation im Bild festzuhalten. Noch war es zwar heller Tag, doch alle Autos hatten natürlich die Scheinwerfer eingeschaltet. Ich kletterte mit der Leica-Tasche die steile Böschung nach oben und hatte von der Höhe der Brücke aus eine phantastische Sicht: dicht auf dicht folgende Autos in Lichterketten bis zum Horizont und sprühende, hell erleuchtete Wasserfontänen.

Der Regen hatte nahezu aufgehört. Hinter mir erschien zwischen dunklen Regenwolken die tief stehende Sonne. Meine Belichtungsmessung zeigte für 100 ASA nur $\frac{1}{60}$ Sekunde bei Blende 5,6. Ich brauchte aber für die schnellen Autos und die rechts und links hochspritzenden Wasserfontänen eine kürzere Verschlußzeit. Bewußt unterbelichtend schoß ich mit $\frac{1}{125}$, dann mit $\frac{1}{250}$ Sekunde, und schließlich zog ich die Blende auch noch von 5,6 auf 8 zu. Hier sehen Sie nun das »am besten« unterbelichtete Bild: Aus hellem Tag wurde dunkle Nacht.

Getanzt wie gesprungen

Trotz des inhaltlichen Gegensatzes beider Bilder – die Tänzerin schwingt mit ihrem Schleier Arabesken in den dunklen Bühnenhimmel; der Pferdebursche zwingt das widerspenstige Rennpferd mit einem Halfter zum Gehorsam – haben sie eines gemeinsam: Die graziöse Tanzszene vor einem dunklen Hintergrund und das Pferd wie ein Scherenschnitt vor der dunstig-hellen Ferne, beide Male steht der Bildextrakt scharf konturiert vor einem verschwommenen oder unsichtbaren Hintergrund. Eine solche Gegenüberstellung hätte ich zur Zeit meiner Vorträge sehr gerne nebeneinander in Doppelprojektion auf zwei großen Leinwänden gezeigt und dabei dann auch die verschiedenen Orte der Aufnahmen erwähnt. Aber leider gab es die beiden Dias damals noch nicht. Das Bild der Tänzerin entstand 1983 beim Besuch eines chinesischen Theaters in Shanghai und das nach einem Rennen spazierengeführte Pferd 1987 in Indiens Hauptstadt Neu Delhi.

Büffelherde in einer Gasse von Alt Delhi

Anläßlich meiner 1964 veranstalteten Leica-Vorträge in Indien landete ich in einem kleinen, ruhigen Hotel von Delhi. Für den November war es noch recht heiß. Ich öffnete das einzige Fenster des nach hinten hinaus gelegenen Zimmers und entdeckte eine ärmliche, aber fotografisch ungemein reizvolle, schmale Gasse. Da ich nur einen Nachmittag hatte, um hier fotografisch aktiv zu werden, dauerte es nicht lange, bis ich mit der Leica M3 und einem 50-mm-Objektiv am Fenster stand. Die Objektivmessung von oben auf dunkles Pflaster und hell gekleidete Passanten war mir zu vage. Da mußte eine vernünftige Lichtmessung Abhilfe schaffen. Schnell huschte ich durch finstere, für Gäste kaum vorgesehene Gänge hinunter und maß unten mit meinem zum Himmel gerichteten LUNASIX samt der für die Lichtmessung vorgeschalteten Kalotte bei Blende 2 und 2,8 $\frac{1}{250}$ Sekunde.

Als sich kurze Zeit später die ersten dunklen Tiere durch die schmale Gasse drängten, war die Frau mit dem hellen Kopftuch noch nicht zu sehen. Dann erschien sie von rechts im Umfeld meines Leuchtrahmen-Meßsuchers. Ich wartete kurz mit dem Auslösen, bis sie fast in die Bildmitte schritt.

Wie man dank des Suchers gegen Unvorhergesehenes gesichert ist, zeigte mir auch das in der Gegenbewegung von links mit dem Wassereimer ins Bildfeld eintretende Mädchen. Ich konnte es buchstäblich »voraussehen«, bevor es in meinem 50-mm-Objektivrahmen erschien.

Auf dem Kornmarkt von Marrakesch

Einen Schritt abseits der Touristenpfade beginnt Afrika. Wer es erleben will, der kann es auch erleben.

So in der großen Medina, der Altstadt von Marrakesch, mit ihrem Gewirr enger Gassen und Höfe. Diesen Winkel im Soukh der Getreidehändler fand ich rein zufällig. Eine ähnliche Szene habe ich dort nie wiedergesehen.

Die beleuchtete Mitte empfand ich in ihrem dunklen Rahmen fast wie eine Vision aus biblischer Zeit. Ich stand anfangs hinter einer Menschenmauer von Einheimischen. Die Leica auf dem Rücken verbergend drängte ich mich behutsam vor. Um nicht durch umständliche Manipulationen an der Kamera aufzufallen, mußte ich meine Belichtungszeit für den 15/10 DIN Film unter Berücksichtigung der hellsten Bildstellen schätzen.

Die schnell zufassende M3 Leica mit dem 35 mm-Weitwinkel war entscheidend. Die kurze Zeit, die ich brauchte, um die Leica ans Auge zu reißen und auf den alten Mann scharf zu stellen, trug mir bereits lauten Protest ein. Aber ich hatte ja schon mein Bild im Kasten und machte mich eilends aus dem – reichlich vorhandenen! – Staub.

»Crawford Market« in Bombay

In jedem indischen Reiseführer mit einer Beschreibung von Bombay wird dieser Markt als besonders sehenswert geschildert. Vom Morgengrauen bis in den frühen Nachmittag hinein bietet sich ein bewegtes und farbiges Schauspiel: Berge von Obst und Gemüse, große Fleisch- und Fischstände – eine typische Marktszenerie mit all seinen Düften und Gerüchen, samt lauten Ausrufern und gestenreichem Feilschen um Preise.

Auf diesem pittoresken Markt empfiehlt sich ein schnelles und unauffälliges Zugreifen mit der Kamera, wenn die Natürlichkeit der Menschen im Bild erhalten bleiben soll. Selten stößt man auf Proteste; meist versuchen die Menschen sogar, sich in Fotopositur aufzubauen. Der Fotograf tut deshalb gut daran, sich selbst nicht in Szene zu setzen. Er sollte die Kamera möglichst nicht am Tragriemen wie üblich vor sich hertragen. Wenn ich nicht auffallen will, verstecke ich die Leica, allerdings so griffbereit wie möglich. Ich halte sie z.B., wie Paul Wolff es immer tat, mit einer Hand auf dem Rücken.

So konnte ich hinter dem Zitronenhändler mein Bild in aller Ruhe abwarten und diesen Moment völlig unbeobachtet aufnehmen. Das geschäftige Treiben im Hintergrund bot mir einen willkommenen Kontrast zur eigentlichen Handlung im Vordergrund.

Hochzeitsgäste im Elendsquartier von Alt Delhi

Dieses Foto kam ganz zufällig zustande, als ich auf dem Weg zu meinem Hotel mit einem Taxi durch Alt Delhi fuhr. In der Abenddämmerung sah ich bunte Gruppen von Hindus, die – wie der Taxifahrer mir erklärte – Gäste einer indischen Hochzeit waren. Ein längerer Halt an dieser Stelle war nicht möglich, zumal ich, sobald ich mich mit der Kamera gezeigt hätte, sofort von zahlreichen Kindern umringt worden wäre. Als der Fahrer gerade im Begriff war weiterzufahren, bemerkte ich direkt über uns eine Brücke, die über das Viertel führte. Ich bat ihn, so schnell wie möglich dorthin zu fahren und mich auf der Brücke abzusetzen. Gleichzeitig zahlte ich ihm den auf der Taxiuhr stehenden Betrag und einen Dollar Trinkgeld dazu. Noch während der Fahrt setzte ich mit besorgtem Blick auf den abendlichen Himmel das 50 mm-Summikron ins Bajonett der M3 und stellte die Blende auf die volle Öffnung f/2.

Das Gitter des Brückengeländers diente mir als willkommenes Stativ in Anbetracht der gemessenen Belichtungszeit von ⅕ Sekunde. Bald nach den ersten Aufnahmen begannen einige der Leute, die in Frauen- und Männergruppen getrennt zusammenhockten, auf mich aufmerksam zu werden. Da die Dämmerung mittlerweile ½ Sekunde Belichtungszeit erforderte, konnte ich mich nach einer Reihe von Fotos zufriedengeben.

Angeln am Strand des Indischen Ozeans

Der verhältnismäßig enge Ausschnitt ist durch den Blick von einem hohen Standort aus möglich geworden. Aus dem Fenster im vierten Stock eines in Colombo am Indischen Ozean gelegenen Hotels konnte ich dieses Bild aus der Vogelperspektive machen. Die starke Brandung, in der das Schwimmen so gefährlich war, daß selbst der Angler vor jeder Welle etwas nach hinten flüchten mußte, brachte eine ständige Bewegung in die Szene.

Da ich von oben in aller Ruhe meinen Bildausschnitt bestimmen konnte, wählte ich hier bewußt die Diagonale. Sie verleiht dem Foto, verglichen mit senkrechten oder waagrechten Bildelementen, eine eigene Spannung. Die dunklen Konturen des vom oberen Bildrand hereinragenden Palmenzweigs verstärken den Eindruck der Tiefe.

Ein kleiner Trick: Der leichtfüßige Angler hatte nämlich in Wirklichkeit am rechts liegenden Ozeanufer seine Angelrute mit der rechten Hand gehalten. Ich habe die Vergrößerung aber »kontern« – also seitenverkehrt abziehen – lassen. Das war durchaus ratsam, da dieser Trick die Dynamik der von links anrollenden Wellen steigern hilft.